CGE 模型的构建与应用：理论与实践指南

涂涛涛 著

科学出版社
北京

内 容 简 介

本书系统地介绍 CGE 模型的构建与应用，帮助读者掌握经济模型的实际操作。书中首先提供 GAMS 软件的操作指南，并详细讲解社会核算矩阵的构建与平衡方法。其次，逐步引入复杂的经济模型，涉及封闭与开放经济体中的消费、生产决策、中间投入品以及技术进步等。最后，详细展示 CGE 模型在粮食安全、收入分配、价格波动和贸易自由化等领域的实际应用。

本书内容结构由浅入深，既适合经济学类、资源环境类专业的本科生与研究生，也为科研人员及政策分析师提供了重要的参考，尤其适合在高校教学和政策模拟研究中使用。通过模块化设计与丰富的实例代码，读者能够逐步掌握 CGE 模型的构建与应用，提升解决实际经济问题的能力。

图书在版编目（CIP）数据

CGE 模型的构建与应用 ：理论与实践指南 / 涂涛涛著. -- 北京 ：科学出版社，2025. 7.--ISBN 978-7-03-082018-1

Ⅰ. F224.0-62

中国国家版本馆 CIP 数据核字第 20254Q1Y40 号

责任编辑：陶 璇 / 责任校对：贾娜娜
责任印制：张 伟 / 封面设计：有道文化

科学出版社 出版
北京东黄城根北街 16 号
邮政编码：100717
http://www.sciencep.com

北京凌奇印刷有限责任公司印刷
科学出版社发行 各地新华书店经销

*

2025 年 7 月第 一 版 开本：720×1000 1/16
2026 年 1 月第二次印刷 印张：14 1/4
字数：288 000

定价：158.00 元

（如有印装质量问题，我社负责调换）

前　言

在 2010 年，我有幸参加了南京农业大学经济管理学院组织的可计算一般均衡(computable general equilibrium，CGE)模型培训班，开启了我与 CGE 模型的不解之缘。在这次培训中，我接触到了澳大利亚学派的 CGE 模型方法，并使用一般均衡建模软件包(general equilibrium modeling package，GEMPACK)完成了多项模拟分析。凭借所学知识，我撰写了有关贸易领域的工作论文，顺利发表在《国际贸易问题》杂志上。尽管澳大利亚学派的 CGE 模型在应用求解方面非常高效，但是，基于 GEMPACK 构建的 CGE 模型常给人一种“黑箱”的感觉。其原因在于，在 GEMPACK 中，非线性模型的方程会被展开成一阶泰勒级数，从而将非线性模型线性化。通过这一过程，模型的非线性方程被近似为模型变量的增量或变化率的线性方程。在转换后的线性模型中，变量不再是其原始值，而是基于一个初始基准状态的偏离值或相对变化率。GEMPACK 通过将这些偏离值或增长率代入线性化方程，从而建立了一个易于求解的线性方程组。然而，这样处理的后果是线性化处理的方程无法清晰地呈现经济变量之间的经济逻辑关系，从而引起读者的困惑。2011 年，在国际食物政策研究所(International Food Policy Research Institute，IFPRI)游良志研究员的帮助下，我接触到了世界银行学派的 CGE 模型，并开始使用通用代数建模系统(general algebraic modeling system，GAMS)开展建模工作。GAMS 软件独特的代码与理论高度一致的特性，让模型的原理不再深藏于复杂的算法中，阅读代码即等同于理解模型的理论逻辑。这也成为本书选择 GAMS 软件构建 CGE 模型的原因之一。

在方法论的选择上，不存在所谓的“最优方法”，而只有最适合的工具。任何研究方法在应用时，都有其适用的边界。当前，计量经济学中的因果识别方法，如双重差分法、断点回归、合成控制法等已在学术界得到广泛应用。然而，基于历史数据的计量方法在应对突发事件和预测新政策的效果上存在局限性。即使是将机器学习与因果识别相结合的创新方法，也无法完全解决统计模型对新事件的评估瓶颈。与之相比，CGE 模型在处理复杂的经济体系以及评估外部冲击的广泛经济影响方面具有独特的优势。它能够模拟经济主体间的多重交互关系，通过对制度、经济结构等背景因素的控制，评估外部冲击或政策干预的效果。CGE 模型的应用有其独特的价值。具体而言，CGE 模型适用于以下三类情景：①当分析对象缺乏历史数据支持，无法直接运用计量经济学方法时，例如，评估经济政策的潜在影响或预测经济结构变革带来的效果；②所研究的问题具有显著的宏观经济反馈机制或均衡效应；③分析的重点不仅仅是某一经济变量的总量，而是更关注整个经济系统的内部信息与动态变化。

需要明确的是，我们并非认为 CGE 模型优于计量经济学方法或机器学习方法，而是要指出，在特定情景下，CGE 模型是适合的分析手段。适配的研究工具比使用“最前沿”的方法更为关键。例如，若数据符合普通最小二乘法(ordinary least squares，OLS)分析的前提条件(包括线性关系、独立性、同方差性、误差的正态性、无多重共线性、无遗漏变量等)，那么，最经典的 OLS 同样适用。

同时，因果关系的识别本身是富有挑战性的哲学与实证问题。以火柴点燃蜡烛的实验为例，若实验组点火，蜡烛燃烧，对照组未点火，蜡烛不燃，则似乎可判断“点火是燃烧的原因”。但在真空环境下，即使点火，蜡烛也无法燃烧。这表明，因果关系依赖于特定的条件，若环境变化，因果效应也可能消失。同样地，基于计量经济学的因果识别往往假定“其他因素不变”，但现实中，当外部条件变化时，因果效应也会受到影响，这是传统双重差分法、断点回归、合成控制法难以解决的。相比之下，CGE 模型的优势在于能够模拟经济主体之间的复杂互动，允许对不同制度背景、经济结构等因素进行调整，从而评估外部冲击或政策干预的经济效应。因此，在分析环境变化下的经济效应时，CGE 模型为基于计量经济学的因果识别方法提供了有益补充。

然而，学习和应用 CGE 模型的过程并不轻松，需要扎实的经济学理论基础和编程能力。同时，由于 CGE 模型的构建与实际应用在国内仍较为稀缺，研究往往依赖既有模型的拓展，基于模型本身的创新尚待深化。本书的撰写目标在于帮助读者从基础到高级系统学习 CGE 模型构建，特别是 GAMS 程序的应用。本书从最基础的 GAMS 程序架构入手，涵盖了常用的控制符、循环语句等内容，通过实例代码和中文注释帮助读者理解每段代码的功能，降低学习难度。本书详细介绍最小二乘法、交叉熵法与行列调整(row and column scaling，RAS)法的应用，特别是不同方法在处理数据平衡中的精度差异。此外，本书逐步带领读者进入更加复杂的经济模块，从消费和生产模块入手，过渡到封闭经济与开放经济模型的应用，阐述有偏技术进步和中间投入品的设定。在这一过程中，通过模拟人口老龄化情景下的技术进步效应，帮助读者加深对 CGE 理论与实际应用的理解，并形成系统的知识网络。本书还围绕粮食安全、收入分配、价格波动和贸易自由化等问题，展示 CGE 模型在实际经济政策分析中的广泛应用。

本书的撰写得到了教育部人文社会科学研究规划基金“农业技术进步路径对中国粮食供给安全的影响机理及其效应分析研究”(项目编号：21YJA790050)和“国家大宗蔬菜产业技术体系产业经济与发展政策研究”(项目编号：CARS-23-F01)的资助。同时，在写作过程中，得到了李星君、成思佳、胡宇翔等同学的帮助和支持。特别感谢 IFPRI 的游良志研究员、俄勒冈州立大学的杰夫·雷默(Jeff Reimer)教授、上海财经大学的张欣教授、中国农业大学的张玉梅教授、魁北克大学的安德烈·勒梅兰(André Lemelin)教授及厦门大学的陈烨博士在 CGE 领域的悉心帮助和指导。最后，感谢家人对我的理解和支持。

由于作者水平有限，书中难免存在不足之处，恳请读者批评指正。

涂涛涛

华中农业大学经济管理学院

2025 年 3 月 31 日

目　录

第一章 绪 论

在当前复杂的经济环境中，政策制定者面临着众多挑战，尤其是在评估政策变化对经济影响的过程中。CGE 模型作为一种重要的分析工具，具有不可或缺的作用。在经济建模领域，没有绝对最优的模型，只有适合特定问题的模型。以计量经济模型与 CGE 模型的比较为例，传统计量经济模型擅长利用历史数据解释过去的经济现象，但在评估突发事件的经济影响方面存在局限性。与传统计量经济模型相比，CGE 模型在评估突发事件的经济影响上表现优异。例如，周梅芳等(2020)量化分析了新冠疫情对中国宏观经济和行业产出的影响，并评估了政府应对措施的有效性，这充分展示了 CGE 模型在处理突发事件和全球性大事件中的优势。CGE 模型有两个显著特点，使其在政策分析中具备优势：一是它充分考虑不同部门、经济主体与市场间的交互影响，能够揭示间接效应和非预期效应；二是该模型基于经济理论构建，模拟结果易于用经济直觉解释，并可通过真实数据量化经济影响。此外，与局部均衡模型和投入产出模型等经济政策评估模型相比，CGE 模型也有其自身优势。具体而言，局部均衡模型关注个别经济部门，而 CGE 模型则着眼于整个国民经济，考虑机构和经济主体间的相互作用及连锁反应。投入产出模型将经济视为唯一行为主体，忽视了生产能力的约束，并假设投入与产出间存在固定系数，而 CGE 模型兼顾消费者、企业、家庭和政府的行为特征，放松了固定系数的假设，考虑供需的动态变化。

然而，由于其内在的复杂性，许多读者往往将 CGE 模型视为“黑箱”，因此对其望而却步。同时，许多研究者由于无法深入了解 CGE 模型各模块之间的内在逻辑，往往依赖于现有的 CGE 模型进行应用研究。尽管理论模块相对完整，但这些现有模型最大的局限性在于，往往无法全面考虑东道国的实际经济结构。因此，研究者有必要开发具有独立原创性的 CGE 模型，以更好地描绘研究对象经济体的实际状况。本书的主要目的是通过介绍 CGE 模型的基本原理及其在 GAMS 中的实现，为研究者提供参考，帮助他们构建符合自身研究需求的 CGE 模型。根据建模软件的不同，CGE 模型可分为澳大利亚学派和世界银行学派。前者主要使用 GEMPACK，而后者则以 GAMS 为建模工具。本书将重点介绍基于 GAMS 构建的 CGE 模型，原因在于 GAMS 在处理复杂经济模型时具备更强的灵活性和扩展性，有助于更精确地模拟经济现象和政策效果。

本书的特别之处在于，它不仅深入探讨了 CGE 模型的理论模块，还结合

GAMS 代码示例，系统性地指导读者掌握模型构建的全过程。通过模块化分解组合的方法，读者能够清晰地理解 CGE 模型中各子模块的理论基础及其组合技巧，为构建原创模型奠定坚实的基础。此外，书中还详细介绍了社会核算矩阵(social accounting matrix，SAM)的构建与平衡，以及 GAMS 软件的基本操作，旨在使读者能够灵活应用所学知识。此外，本书详细展示了 CGE 模型在粮食安全、收入分配、价格波动与贸易自由化等领域的实际应用。通过理论与实践的结合，帮助读者深入理解模型构建的技巧与应用场景，并为未来的政策模拟和经济研究提供方法论支持。

本书分为三个主要部分：首先，提供 GAMS 软件的操作指南；其次，从基础到高级系统性地介绍 CGE 模型的理论及其应用；最后，给出模型在粮食安全、收入分配、价格波动与贸易自由化等领域的具体应用。具体内容框架如下：第二章介绍 GAMS 软件的使用方法，包括基本程序结构、美元控制符和循环语句。第三章则讨论 SAM 的平衡方法，涵盖最小二乘法、交叉熵法和 RAS 法，并对这三种方法的精度进行比较。第四章重点探讨 CGE 模型中的消费与生产模块的理论框架，并在赫克歇尔-俄林-萨缪尔森(Heckscher-Ohlin-Samuelson，HOS)模型中引入有偏技术进步，模拟分析人口老龄化背景下技术进步的影响。第四章的模型主要研究生产与消费决策的独立性，而第五章则分析一个同时包含这两类决策的封闭经济体。为此，第五章探讨了自给自足经济体的长期与短期模型，加入中间投入品和有偏技术进步的设定，并进一步模拟人口老龄化背景下技术进步的经济效应。第六章进一步考虑小国与大国情形下的开放经济体，在开放经济体条件下分析贸易税或补贴、生产税或补贴、消费税或补贴，以及要素税和补贴等情况。同时引入中间投入品、有偏技术进步、阿明顿设定和联合生产等设定。第七章介绍最小二乘交叉熵法(least squares cross-entropy，LSCE)的平衡方法，基于修正的 LSCE 平衡法编制最新的 2020 年中国宏观 SAM 表。此外，利用《2020 年中国投入产出表》、《2020 年中国资金流量表》、《2020 年国际收支平衡表》、《中国统计年鉴 2021》及世界贸易综合解决方案(world integrated trade solution，WITS)数据库等资料，进一步构建 2020 年细化农业部门的 47 部门 SAM 表。最后，第八章至第十二章主要涉及 CGE 模型的具体应用实践。其中，第八章和第九章分别从城镇化和技术进步的视角探讨粮食安全问题；第十章关注技术进步与收入分配的关系；第十一章涉及价格波动；第十二章则分析贸易自由化的经济效应；而第十三章在总结全书关于 GAMS 操作与 CGE 模型构建及应用的理论与实践成果的基础上，指出了当前面临的技术和数据挑战，并展望了未来将机器学习等新兴技术与 CGE 模型融合以提升经济政策分析能力的发展方向。

本书不仅旨在帮助研究人员深入理解 CGE 模型的构建方法与技巧，同时也为未来的研究方向拓展提供了方法论。本书按照从基础到高级的顺序组织内容，读者可以循序渐进，逐步掌握从 GAMS 软件操作到 CGE 模型理论及应用的各个层面。第二章提供的 GAMS 基本程序结构、美元控制符和循环语句等内容，使读者在动手实践之前，具备必要的编程基础。通过实例代码和中文注释，帮助读者理解每一段代码的功能，降低学习难度。第三章深入介绍最小二乘法、交叉熵法和 RAS 法，强调数据的准确性对模型结果的重要性，使读者理解如何处理和应用数据。比较不同平衡方法的精度，帮助读者在实际应用中选择合适的技术。第四章、第五章和第六章分别针对消费和生产模块、自给自足经济体和开放经济体的模型，深入讲解基本原理，并逐步引入复杂概念，如有偏技术进步和中间投入品设定。通过人口老龄化背景下的技术进步模拟，具体化理论的实际应用，增强读者对经济学原理的理解。此外，在理论模块介绍部分(第四章至第六章)，后续章节会引用前面章节的内容，加深读者对各个模块之间联系的理解，形成系统性知识网络。第七章介绍 LSCE 平衡方法，基于修正的平衡法编制 2020 年中国宏观 SAM 表以及细化农业部门的 47 部门 SAM 表。第八章至第十二章围绕粮食安全、收入分配、价格波动和贸易自由化等主题进行深入探讨，让读者看到 CGE 模型在不同领域的实际应用。通过这样的内容安排，读者不仅能掌握 CGE 模型的基本原理，还能在 GAMS 编程的实际应用中获得实践经验，进而增强他们解决实际经济问题的能力。随着经济环境的不断变化，研究者需要不断优化模型的复杂性、提高模拟的准确性，并扩展模型的应用领域。希望本书能够为读者在政策模拟和经济研究的道路上提供启发，助力他们不断前行。

第二章　GAMS 软件入门与操作

GAMS 是一种高级建模语言，专为经济政策定量分析、大规模经济模型研究项目而设计。它以结构化且可扩展的方式定义模型，并具备强大的数据处理能力。GAMS 简洁的模型表达形式，使非专业程序人员也能快速掌握并高效地进行数学建模。GAMS 的另一个显著特点在于，它将问题的数学表示与求解方法分离。模型编码只涉及模型本身的数学逻辑，而不依赖具体的求解算法。GAMS 在学术界和工业界广泛应用，尤其在构建 CGE 模型方面具有重要地位。本书将通过大量实例和注释，系统讲解 GAMS 的语法与功能，帮助读者全面理解程序设计的原理与细节。

第一节　GAMS 的基本程序结构

一、运输问题的完整示例

GAMS 程序本质上是一个具有固定结构的文本文件，文件后缀为“.gms”。在该文件中，模型的变量、参数和方程会按照 GAMS 语言的规定格式进行描述。GAMS 首先会检查程序文本中的语法错误，随后将其转换为求解算法可以识别的形式，并交由指定算法进行求解。求解结果和相关信息会保存到后缀为“.lst”的列表文件中，供建模人员分析。

虽然 GAMS 程序的结构固定，但其应用非常灵活。程序的基本结构通常以关键词开头，以分号结束。GAMS 代码编写的一项重要原则是，所有变量、参数和方程在使用前必须先定义，否则会导致错误。本节将通过一个具体示例介绍 GAMS 程序的基本结构。

问题描述：假设某农场主拥有两个农场，生产相同的农产品，并将这些产品运往三个市场销售以获取利润。每个市场有不同的最低需求量和收购价格，同时，运输农产品的过程中也会产生成本。农场主需决定如何将农产品合理分配至各个市场，以最大化总利润并满足市场需求。该问题综合考虑了运输成本和销售价格，是使用 GAMS 进行建模的一个良好示例。接下来，我们将这一问题转化为数学方程进行建模表述。

设定 $x(i,j)$ 为农场 i 对市场 j 的农产品运输量， $p(j)$ 为市场 j 的收购价格，

$c(i,j)$ 为农场 i 到市场 j 的单位运输成本。总利润(profit)的最大化目标函数为

$$\text{profit} = \sum\nolimits_{i,j} x(i,j)p(j) - x(i,j)c(i,j), \quad i=1,2; j=1,2,3 \tag{2-1}$$

设定 $s(i)$ 为农场 i 的最大产量，$d(j)$ 为市场 j 的最低需求量，则农场 i 的最大产量约束为

$$\sum\nolimits_j x(i,j) \leqslant s(i), \quad i=1,2; j=1,2,3 \tag{2-2}$$

市场 j 的最低需求量约束可表示为

$$\sum\nolimits_i x(i,j) \geqslant d(j), \quad i=1,2; j=1,2,3 \tag{2-3}$$

设定两个农场的最大产量分别为 $s(1)=50$ 和 $s(2)=60$ 。市场最低需求量与收购价格、农场到市场的单位运输成本数据详见表 2-1。

表 2-1　市场最低需求量与收购价格、农场到市场的单位运输成本

参数		市场 1	市场 2	市场 3
收购价格 $p(j)$		12	14	11
市场最低需求量 $d(j)$		15	20	25
农场到市场的单位运输成本 $c(i,j)$	农场 1	3	2	1
	农场 2	1	2	3

求解上述农场运输问题的基础 GAMS 程序详见程序 2-1，接下来的介绍将围绕该程序进行深入探讨。

程序 2-1　求解农场运输问题的 GAMS 程序

```
*使用//作为行末注释
$eolcom //
*定义农场和市场集合
SETS
    i 农场 /plant1, plant2/
    j 市场 /market1, market2, market3/;

*定义参数
PARAMETERS
    s(i)  农场 i 的产品供应量
    d(j)  市场 j 的产品需求量
    c(i,j) 农场 i 到市场 j 的单位产品运输成本
    p(j)  市场 j 的单位产品销售价格;
```

(二)数据

GAMS 提供了多种数据输入方式，包括参数、标量和表等，每种方式对应不同的数据结构。在 GAMS 建模过程中，数据输入通常基于先前声明和定义的集合，因此数据输入的代码块通常紧随集合定义之后。

标量数据输入适用于维度为零的参数，这类参数独立于已定义的集合。在使用标量输入数据时，需使用关键词 SCALAR，并在声明标量名称后添加解释性文本以便于理解。随后，可以为标量赋初值，或在程序的其他部分对其赋值。以下是一个使用标量输入数据的示例：

```
SCALAR    con   constant   /1/;
```

其中，SCALAR 是用于声明标量数据的关键词，con 是标量名称，constant 为其解释性文本，语句末尾为该标量赋初值。标量适用于独立于集合的单一数值。

参数数据输入主要用于处理基于集合的列表型数据，使用关键词 PARAMETERS 进行声明。参数可以通过集合索引进行定义和初始化，例如，为每个农场集合 i 中的农场元素声明并初始化农产品产值 $s(i)$。在赋值时，首先指定集合索引，接着在空格后输入对应的值，不同参数之间则以逗号或行尾间隔。以下示例代码块展示了农场农产品产值、市场农产品需求量和价格的数据输入：

```
PARAMETERS
    s(i)  农场 i 的产品供应量
    d(j)  市场 j 的产品需求量
    p(j)  市场 j 的单位产品销售价格;

PARAMETERS
s(i) / plant1 50
        plant2 60 /
d(j) /market1 15
      market2 20
      market3 25 /
p(j) /market1 12
      market2 14
      market3 11 /;
```

其中，在第一个参数输入代码块中，我们声明了与已定义集合相关联的三个参数：农场 i 的产品供应量 $s(i)$、市场 j 的产品需求量 $d(j)$以及市场 j 的单位产品销售价格 $p(j)$。随后，在第二个代码块中对这些参数进行了初始化赋值。

虽然在此示例中，这三个参数的索引维度均为一维，但 GAMS 允许使用

PARAMETERS 代码块来声明和初始化更高维度的参数。为此，需在索引标签之间使用“.”进行分隔。对于未指定的索引组合，GAMS 默认其值为 0。未明确指定的参数在后续引用中可能引发意外行为，因此需要特别注意。例如，运输成本参数涉及农场和市场两个索引，其数据输入可以如下进行：

```
PARAMETERS   c(i,j) 农场 i 到市场 j 的单位产品运输成本;
PARAMETERS
c(i,j)
      /plant1 .market1 3
      plant2 .market1 1
      plant1 .market2 2
      plant2 .market2 2
      plant1 .market3 1
      plant2 .market3 3/;
```

在上述代码中，我们首先声明了运输成本参数，并将农场集合 i 作为第一索引，市场集合 j 作为第二索引。在第二个 PARAMETERS 代码块中，对运输成本参数 $c(i，j)$进行了初始化。每个数据项按照基本形式输入，两个索引间通过“.”进行分隔。

对于二维或更高维度的数据，除了使用 PARAMETERS 关键字进行列表形式的输入外，用户还可以选择使用 TABLE 关键字进行表格形式的输入。这种方式比 PARAMETERS 更加简洁。在 TABLE 语句中，数据输入类似于矩阵，GAMS 通过对齐与换行来读取数据，因此在输入时需特别注意格式。此外，TABLE 语句与 SCALAR 和 PARAMETERS 不同，一次只能初始化一个参数，因此，若需初始化多个多维数据，需要使用多条 TABLE 语句。例如，上述农产品运输成本的导入也可以按如下方式使用 TABLE 语句进行：

```
PARAMETERS  c(i,j) 农场 i 到市场 j 的单位产品运输成本;
TABLE c(i,j)
            market1  market2  market3
plant1      3        2        1
plant2      1        2        3       ;
```

使用 TABLE 语句进行数据导入不仅更加直观，还能在一个代码块中初始化多个参数，极大地提高了信息密度。用户在输入 TABLE 关键字后，可以以矩阵形式对参数进行赋值，行与列分别代表不同的索引，这种数据组织方式既直观，又易于检查。

尽管 TABLE 语句适合直接在代码中输入数据，但在实际建模过程中，更常见的是从现有的数据源中导入数据。接下来，我们将介绍如何从文本文件(.csv)和

Microsoft Excel(.xlsx)文件中读取数据。

从文本文件(.csv)中读取数据相对简单，只需结合 TABLE 语句与相应指令，就能直接从文本文件中导入数据。例如，考虑前面提到的农产品运输成本数据，这次我们将数据存储在名为 SampleData.csv 的文件中，然后在 GAMS 程序中进行导入。SampleData.csv 文件在 Excel 中打开时，与普通表格无异；若用记事本打开，则数据内容以逗号进行分隔，见图 2-1。

图 2-1　使用记事本打开的 SampleData.csv 文件内容

如图 2-1 所示，这是一个典型的以逗号分隔的文本文件。接下来，我们将在 GAMS 程序中导入这个文件：

```
PARAMETER    c(i,j) 农场 i 到市场 j 的单位产品运输成本;
TABLE
c(i,j)
$ONDELIM
$INCLUDE SampleData.csv
$OFFDELIM
;
```

在 TABLE 代码块中，尽管保留了参数声明部分，但参数的初始化方式有所不同。$ONDELIM 命令用于更改 GAMS 编译器处理 TABLE 代码块的方式，使其能够接受以逗号分隔的数据，而不再依赖于对齐格式。执行$INCLUDE SampleData.csv 命令后，GAMS 会将 SampleData.csv 文件作为代码的一部分读取，以便在 TABLE 代码块中使用。$OFFDELIM 命令则用于恢复编译器的默认处理方式。此示例展示了美元控制符在 GAMS 编程中的应用，关于其他美元控制符选项的详细信息将在相关章节中进行介绍。

从 Microsoft Excel 导入数据则较为复杂，因为 GAMS 无法直接处理 Excel 文件。这时，需要借助 GDX(GAMS data exchange)工具进行数据读取。GDX 工具有多种不同的版本，提供不同的功能，因此选择合适的工具时应参考《GAMS 用户手册》。我们将重点介绍最常用的 GDX 工具之一——GDXXRW 工具，它在数据处理中的应用非常广泛。

接下来，继续使用导入农产品运输成本的例子。首先，需要将数据存储在一个名为 SampleData.xlsx 的 Excel 文件中。这个 Excel 格式是非常常见的。SampleData.xlsx 中存储的数据如图 2-2 所示。

	A	B	C	D	E
1		market1	market2	market3	
2	plant1	3	2	1	
3	plant2	1	2	3	
4					
5					

图 2-2　SampleData.xlsx 中存储的数据内容

我们在 GAMS 程序中调用外部命令 GDXXRW 来读取 SampleData.xlsx 文件并将数据导入 GDX 文件中。具体操作如下：

```
* 使用 GDXXRW 从 Excel 文件读取数据
$ONECHO > GDXXRW_in.txt
input='SampleData.xlsx'
par=c rng=A1:D3 cdim=1 rdim=1
$OFFECHO
* 调用 GDXXRW
$CALL GDXXRW @gdxxrw_in.txt

* 加载数据
$GDXIN SampleData.gdx
$LOAD c
$GDXIN
```

在上述代码中，我们首先通过外部命令$ONECHO 和$OFFECHO 创建了一个配置文件，用于以 GDXXRW 工具读取 SampleData.xlsx。该配置文件名为 gdxxrw_in.txt，包含了文件名(input 部分)和数据读取范围。par 参数指定要读取的参数名称，而 rng 参数定义了数据文件中实际数据单元格的范围，包括索引和数值。“cdim=1 rdim=1”则表示数据范围内的行索引和列索引分别为第一列和第一行，以便与参数的集合索引对应。

随后，我们调用 GDXXRW 工具，按照配置文件将数据转换为 GDX 文件。通过外部命令$GDXIN 将 GDX 文件导入 GAMS，并使用“$LOAD *c*”读取参数 *c*。最后，使用$GDXIN 关闭 GDX 文件。通过这些步骤，我们成功将 Microsoft

Excel 格式的数据导入 GAMS 中，极大地提高了数据处理的灵活性和效率。

(三)变量与边界

在建模过程中，涉及的变量通常是经济建模中的内生变量或运筹学中的决策变量，这些变量在模型求解前通常是未知的。在 GAMS 中，变量的定义与参数类似，但存在一些区别。变量在实际计算之前没有确切值，因此必须为其指定一个取值范围，以帮助求解并提供合理的结果解释。

GAMS 提供了九种关键词用于定义变量类型，主要包括正负性和连续性等属性。本章将重点介绍三种主要的变量类型：自由变量(FREE VARIABLE)、正变量(POSITIVE VARIABLE)/负变量(NEGATIVE VARIABLE)以及整数变量(INTEGER VARIABLE)。通过合理选择和定义这些变量类型，模型的求解效率和结果的有效性都将得到提升。

自由变量：顾名思义，其取值范围是“自由”的，这种变量没有额外的限制，默认下限为负无穷，上限为正无穷，是 GAMS 中的默认变量类型。在 CGE 建模中，如果一个变量的正负值具有方向性，将其定义为自由变量可能是合适的选择。然而，在数学规划中，范围过大的变量可能导致较高的可行解搜索成本和潜在的结果无界。因此，即使是自由变量，也应尽可能给出明确的取值范围，以加快求解速度并获得最优解。

在代码块中，变量部分使用 VARIABLE 关键词进行定义。用户可以在该关键词前添加指定的类型关键词来定义变量类型。例如，在农产品运输销售的示例中，利润被定义为自由变量。如果利润为正，则表示盈利；如果利润为负，则表示亏损。这样清晰的定义有助于模型求解的有效性和结果的可解释性。

```
FREE VARIABLE  profit  总利润;
```

从模型理论角度来看，上述设计是符合现实的。在设定目标变量时，应避免设定过于狭窄的取值范围，以免导致模型无解。与之前的代码块一样，用户可以在指定位置添加解释性文本，建议尽可能详细地进行描述，以便在解释模型结果时提供参考。此外，与参数类似，我们也可以为变量添加索引，以表示一组互不相同的变量。GAMS 对变量的数量没有限制，只要在合理范围内，GAMS 都能进行求解。以农产品运输消费为例，我们继续进行说明：

```
POSITIVE VARIABLE x(i,j)  从农场 i 运往市场 j 的产品数量;
```

在上述代码中，我们将变量类型指定为 POSITIVE VARIABLE(正变量)，这意味着这些变量只能取非负值，从而确保运输量始终为非负数，排除了反向运输的可能性。代码块中，我们为从农场到市场的运输量声明了相应的变量，并引入了

农场集合 *i* 和市场集合 *j* 作为索引。这表明，该 GAMS 变量实际上包含了一组六个传统意义上的内生变量。通过这种方式，可以用较少的变量构建一个庞大的模型，减少用户的编程工作量。需要注意的是，GAMS 允许在编程过程中多次声明同一变量，但要求后续声明与先前输入的信息不产生矛盾。例如，我们可以对运输量变量进行多次声明：

```
VARIABLE x(i,j)  从农场 i 运往市场 j 的产品数量;
POSITIVE VARIABLE x;
```

多次声明与单次声明在功能上是一致的，具体选择取决于编程习惯和表达的清晰度。然而，需要注意的是，如果变量类型已经明确，再次声明为其他类型会导致错误。接下来介绍的第三类变量是整数变量，这类变量只能在指定的边界范围内取整数值，默认下限为 0，默认上限为正无穷。整数变量在某些特定建模过程中至关重要，以下是一个相关的例子：

```
INTEGER VARIABLE  x(i,j)  从农场 i 运往市场 j 的产品数量;
```

在该段代码中，运输量被限定为整数变量。如果需要额外要求其为正值，则应在 GAMS 的变量属性部分设置下限，再次声明为 POSITIVE VARIABLE(正变量)会导致错误。接下来，我们将通过示例说明如何修改变量属性。

变量属性是一组规定变量取值、缩放因子和分支优先级等的数值，对于模型求解至关重要。在求解 CGE 模型时，最常用的属性包括设定变量的取值范围、固定值和活动级别。变量的取值可以分为两类：第一类是用户设定变量的取值范围，要求 GAMS 求解程序找到最优解；第二类是用户将某变量的取值设定为固定值，以考察其固定时对模型的影响。对于前者，可以使用“.lo”和“.up”后缀来修改变量的下界和上界；对于后者，可以使用“.fx”来设置固定值。变量属性的修改通常通过赋值语句实现，下面我们将给出示例：

```
x.lo(i,j)=10;
x.up(i,j)=40;
```

以及：

```
x.fx("plant1","market1")=20;
```

上述的例子展示了如何在 GAMS 中使用赋值语句修改变量属性。赋值语句不需要特定关键词，等号左侧是待赋值的变量属性，右侧是对应的值。变量属性依赖于变量本身，因此后缀应紧跟在变量名之后，随后是变量的索引。

如果需要修改变量组内的所有变量，只需将索引设为对应的集合名即可。对于只需修改特定变量属性的情况，如上述例子中的代码“x.fx("plant1", "market1") = 20;”

所示，只需在索引中指定该变量即可。在 GAMS 中，特定索引的输入需要将集合元素名用引号括起来，以区分变量名。赋值语句的末尾需加上英文分号，以表示语句结束。如果存在相互矛盾的赋值语句，GAMS 将执行最后的赋值语句。

在 GAMS 建模过程中，变量必须通过特定后缀区分其不同类型的取值属性，这是确保模型求解和结果分析准确性的关键环节。除变量声明、方程定义及部分编译器指令场景外，所有变量使用时均需附加相应后缀。例如，变量的水平值需添加“.l”后缀，该值反映变量在模型求解后的最终取值；变量的边际值需标注“.m”后缀，表示目标函数或约束条件对该变量的灵敏度分析结果。未正确使用后缀会导致 GAMS 无法识别所需变量的具体类型，进而影响计算结果的准确性。关于后缀的具体应用规范，我们将在后续的求解结果导出部分通过实例进行详细说明。

(四) 方程

方程是 GAMS 建模过程中的关键环节。用户可以轻松地将由常数、数学运算符、函数、参数和变量等构成的代数关系作为约束条件加入 GAMS 程序中。由于 GAMS 语言以集合为核心设计，方程的构建同样可以在集合层面进行。用户只需输入 GAMS 变量的代数关系，GAMS 会自动将该约束条件映射到所有符合条件的内生变量上，这大大减少了重复编程的工作量，并便于用户检查方程。

在编写方程代码块时，与其他代码块类似，需要以一个关键词作为起始。方程代码块的主要作用分为两类：一是方程的声明；二是方程内容的定义，且声明部分优先于定义部分。方程声明部分的关键词为 EQUATIONS。依赖集合的方程称为索引方程，而不依赖集合的方程称为标量方程。对于索引方程，用户需在方程名后添加一个集合作为索引，以集中声明一组方程；而标量方程则无须索引。GAMS 允许用户在方程名后添加解释性文本，以增强代码的可读性。此外，用户还可以在方程声明语句的最后为方程添加属性，如缩放因子或初始值。以下是一个关于农产品运输销售的示例：

```
EQUATIONS
    supply(i)   农场 i 的供应限制
    demand(j)   市场 j 的需求约束条件
    profit_eq   定义目标函数;
```

在方程部分，我们声明了三个约束：针对农场集合 i 的供给约束 supply(i)、针对市场集合 j 的需求约束 demand(j)，以及包含目标变量的 profit_eq 约束。为了便于用户理解代码块的含义，我们在每个方程名后添加了解释性文本。

方程代码块的另一个重要组成部分是方程的定义。定义部分没有专门的关键词，用户在声明方程后可以使用特定的语法进行定义。首先，应指定方程名称，名称后可附加索引及逻辑条件，以控制方程的生成。逻辑条件之后必须使用两个连续的“.”，这是 GAMS 用于识别方程定义的语法，表示代数部分的开始。最后，方程定义应以分号结束。需要注意的是，GAMS 中表示左右两侧表达式关系的符号与传统代数表达式有所不同，例如，“=e=”表示等式，“=g=”表示左侧大于等于右侧，而“=l=”则表示左侧小于等于右侧。以下是一个有关农产品运输销售的示例：

```
supply(i).. sum(j, x(i,j)) =l= s(i);
demand(j).. sum(i, x(i,j)) =g= d(j);
profit_eq.. profit =e= sum((i,j), (p(j) - c(i,j)) * x(i,j));
```

如上所示，这三个方程的定义与在 EQUATIONS 部分中声明的方程一一对应，且定义部分遵循了前文提到的特定语法。第一个方程规定所有农场的供给总量应小于等于总产量；第二个方程要求运输到市场的农产品数量大于等于每个市场的最低需求量；第三个方程则是目标变量的定义方程，表示利润的计算公式。GAMS 支持多种类型的约束，除了常见的代数运算，用户在特定情况下还可以使用逻辑方程进行布尔代数运算，具体用法可参考《GAMS 用户手册》。

在定义方程时，可能会涉及除法或外生函数(如对数运算)。这些操作对数据有一定的限制，例如，0 不能作为除数或对数的真数。在简单建模中，这些限制通常容易满足，但处理大量数据时，确保数据符合这些限制的成本可能会迅速增加。为了应对这一问题，可以采用两种方法：首先，限制相关变量的取值范围，如设置一个极小的正数作为下限，以确保其能参与除法或对数运算而不违反规则；其次，使用美元控制符施加逻辑条件，将不符合运算限制的值排除在外。关于美元控制符的具体操作和代码实现，将在后续部分详细介绍。

(五)建模与求解

在建模阶段，用户可以对即将构建的模型系统进行声明。按照 GAMS 的编程逻辑，模型声明代码块需以关键词 MODEL 作为开头。标准的模型声明代码块包括四个部分：第一部分为关键词 MODEL；第二部分为模型系统的名称；第三部分为关于模型的解释性文本；第四部分是最为关键的，用户需指定纳入模型系统的方程。如果需要包含所有方程，只需在模型声明后添加 ALL；若只纳入部分方程，则需列出这些方程的名称。以下是一个农产品运输销售的示例：

```
MODEL trans_sale /ALL/;
```

在上述代码中，我们声明了一个名为 trans_sale 的模型系统，并将前文中声明的所有方程纳入其中。除此之外，我们还可以采用以下形式进行声明：

```
MODEL trans_sale /supply,demand,profit_eq/;
```

这种声明方式与直接使用 ALL 的效果完全一致。

在完成模型声明后，用户可以使用求解语句对模型进行求解。这个过程包括几个步骤：第一，使用 SOLVE 关键词启动 GAMS 对模型进行求解；第二，指定要求解的模型名称；第三，设定目标变量和优化方向，包括最大化(MAXIMIZING)或最小化(MINIMIZING)；第四，根据模型类型选择合适的求解器。以下是一个简单的示例：

```
SOLVE trans_sale USING LP MAXIMIZING profit;
```

上述例子展示了以下关键信息：首先，需要对 trans_sale 模型系统进行求解，优化目标是最大化目标变量 profit；其次，使用的求解器类型为线性规划模型(代码中的 LP)，因为模型方程中没有非线性项或离散变量。

GAMS 软件在接收到求解命令后，会首先检查模型中的变量和方程，确保用户正确定义了模型，并确认目标变量是标量。其次，GAMS 将用户编写的模型转化为求解系统可接受的形式，并设计一个可行的解决方案策略。最终，转化后的模型及解决方案中的参数会被传递给默认求解器。求解器处理后，将返回相应的结果。如果用户有其他可用于处理相同模型类型的求解器，可以通过编译器指令便捷地进行修改。

(六)结果导出

在 GAMS 软件给出最终求解结果后，可以使用一系列工具提取结果数据并生成报告。这些工具包括简单的 DISPLAY 语句和更复杂的将结果导出到外部数据文件的方法。接下来，我们将重点介绍这两种方法。

DISPLAY 语句的使用非常简单，用户只需输入 DISPLAY 作为代码块关键词，并在代码块中输入希望 GAMS 展示的集合、参数、变量、方程等。对于集合和参数，用户可以直接指定其名称；而对于包含属性的变量和方程，则需在其后紧跟需要展示的后缀名。如果需要在 DISPLAY 语句中添加解释性文本，可以使用单引号或双引号将其括起来，放在 DISPLAY 关键词后。多个需要展示的量之间用逗号分隔，语句最后以分号结束。需要注意的是，DISPLAY 语句不会展示默认值，即零值。例如，在求解农产品运输销售问题后，可以使用如下代码输出最终求解结果：

```
DISPLAY x.l, profit.l;
```

上述代码旨在展示 GAMS 软件中运输量 x 的水平值以及目标变量利润 profit 的水平值，即我们所求解的结果。为了提取结果数据并生成报告，我们可以将结果导出到外部数据文件中。本节将重点介绍如何将数据输出到文本文件(.csv)和

Microsoft Excel(.xlsx)中。

在将数据结果输出到文本文件(.csv)时，我们通常使用 GAMS 自带的 FILE 和 PUT 语句。以下代码示例展示了如何将农产品运输销售示例中的农产品运输量和利润结果输出到文本文件(.csv)中：

```
FILE csvfile /'output.csv'/;
csvfile.pc = 5;
* 激活 CSV 文件并开始写入
PUT csvfile;
* 写入标题
PUT "Variable x values:"/;
* 写入集合 i 作为列标题
PUT "";
loop(i,
    put i.tl:20;
);
PUT /;
* 写入集合 j 作为行标题，并填入 x 的值
LOOP(j,
    PUT j.tl:20;
    loop(i,
        PUT x.l(i,j):12:2;
    )
    PUT /;
);
* 写入利润值 profit 作为最后一行
PUT "Profit" profit.l:12:2;
* 结束写入操作
PUTCLOSE;
```

首先，我们使用 FILE 语句声明了一个名为 csvfile 的文本文件，该文件在 GAMS 外部的文件系统中被命名为 output.csv。接下来，通过赋值语句将该文本文件设置为逗号分隔值(comma-separated values, CSV)文件格式。

随后，我们使用 PUT 语句打开该文本文件，并开始写入内容。用户可以自由指定写入的内容。在示例代码中，我们进行了多次写入操作，包括文本、变量的索引和水平值等。写入文本非常简单，只需在 PUT 语句后用单引号或双引号括起要写入的文本即可。为了在文件中换行，我们在文本后添加了反斜杠。

接下来，我们使用嵌套循环 LOOP 向文件中写入运输量 x 的索引和对应值。

为了对齐索引和数值，我们在 output.csv 文件第二行的开始处插入了一个空格，这通过 PUT 语句写入空文本实现。在写入索引时，我们指定了农场集合 i 和市场集合 j，并在集合名称后加上后缀 “.tl”，该后缀用于在循环中显示集合中各个元素的名称，作为索引。当写入目标变量时，我们直接在 PUT 语句后指定要写入的文本和变量。

最后，我们使用 PUTCLOSE 命令关闭文本文件。在 PUT 语句之后，我们使用两个指示符来控制字段的宽度和小数位数，如“:12:2”，这些指示符用冒号分隔，确保输出数据的宽度和样式一致，提高了输出的可读性和整洁性。

我们最终在文本文件中写入的内容为：

```
"Variable x values:"
"","plant1","plant2"
"market1",0.00,15.00
"market2",25.00,45.00
"market3",25.00,0.00
"Profit",1255.00
```

上述生成的 output.csv 文件的数据用记事本软件打开的格式如图 2-3 所示，用 Excel 软件打开的内容格式见图 2-4。

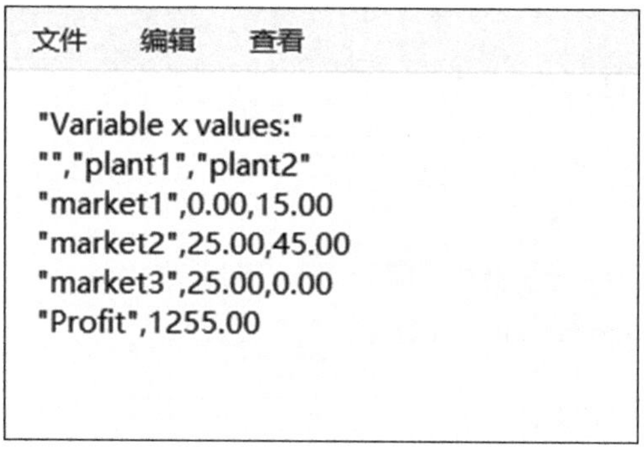
文件　编辑　查看

"Variable x values:"
"","plant1","plant2"
"market1",0.00,15.00
"market2",25.00,45.00
"market3",25.00,0.00
"Profit",1255.00

图 2-3　使用记事本打开的 output.csv 文件内容

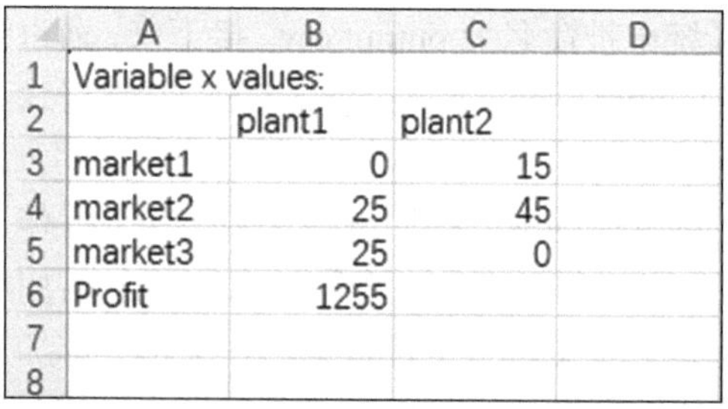

	A	B	C	D
1	Variable x values:			
2		plant1	plant2	
3	market1	0	15	
4	market2	25	45	
5	market3	25	0	
6	Profit	1255		
7				
8				

图 2-4　使用 Microsoft Excel 软件打开的 output.csv 文件内容

向 Excel 中输出数据时，需要使用 GDX 工具作为数据转换的中介。我们通过 EXECUTE 语句和 GDXXRW 工具完成数据的转换和写入操作。EXECUTE 语句是 GAMS 系统中用于调用和执行外部程序的强大命令，它不仅允许在模型执行期间与操作系统交互，还能执行命令行命令。与之不同的是，美元控制符用于模型的编译阶段，执行一些编译时的操作，如读取数据、调用其他 GAMS 模型和脚本等，而 EXECUTE 语句则主要用于模型的执行阶段，通常用于数据写入文件和运行后处理脚本等。

EXECUTE 语句有多种变种，用于执行特定操作。在将数据输出到 Excel 文件时，我们主要使用 EXECUTE 语句及其变种 EXECUTE_UNLOAD 语句。EXECUTE_UNLOAD 语句用于将数据保存为 GDX 文件，而 EXECUTE 语句则调用 GDXXRW 工具，将 GDX 文件中的数据写入 Excel 文件中。以下是一个输出运输销售模型结果的示例：

```
EXECUTE_UNLOAD 'results.gdx',x,profit;
$ONECHO > gdxxrw_out.txt
text="Variable X" rng=A1
var=x.l rng=A2
text="Variable Profit" rng=A5
var=profit.l rng=A6
$OFFECHO
EXECUTE  'GDXXRW results.gdx @gdxxrw_out.txt';
```

在上述代码中，我们首先使用 EXECUTE_UNLOAD 语句将运输量 x 和利润 profit 的结果保存到名为 results.gdx 的 GDX 文件中。接着，我们编写了一个批处理文本文件 gdxxrw_out.txt，其中包含了一系列指令，用于将数据写入指定位置。最后，我们通过 EXECUTE 语句调用 GDXXRW 工具，执行了这些指令，将数据写入 Excel 文件中。最终输出到 Excel 文件中的内容如图 2-5 所示。

	A	B	C	D	E
1	Variable X				
2		market1	market2	market3	
3	plant1		25	25	
4	plant2	15	45		
5	Variable Profit				
6	1255				
7					
8					

图 2-5　results.xlsx 包含的数据内容

第二节　美元控制符

美元控制符(dollar control options)并非 GAMS 语言的一部分，而是 GAMS 软件中的特殊指令，用于控制编译器的行为，具有丰富的应用场景。在前文中，我们已经提到了一些使用美元控制符调用外部命令的例子，如通过$ON/OFFDELIM 改变代码块的运行方式、通过$INCLUDE SampleData.csv 载入外部数据，以及使用$CALL GDXXRW @gdxxrw_in.txt 调用外部程序。

书写美元控制符命令时，用户需以美元符号“$”开头，后跟需要执行的选项关键词。由于美元控制符命令并非 GAMS 语言的一部分，因此无须使用分号结束。美元控制符功能丰富，接下来将系统介绍数据控制和文件操作这两类常用的用法，并提供相应的示例。

一、数据控制

美元控制符命令用于指导和控制 GAMS 编译器的行为。例如，用户可以通过美元控制符控制输入、输出数据的格式，并开启或关闭检查功能。在前文中提到的$ON/OFFDELIM 命令用于控制是否开启分隔符数据语句，这在读取以逗号分隔的文本文件(.csv)时非常有用，而$ON/OFFDIGIT 命令则用于控制 GAMS 对数据精度的检查，允许用户对编译器行为进行更精细的控制。

另一个常用的编译器指令是$ON/OFFMULTI，用于控制编译器如何处理多条数据语句或表格。在默认情况下，编译器只允许对同一符号进行一次初始化，即不允许重复赋值。启用$ONMULTI 命令后，GAMS 将允许对同一符号进行多次初始化，并将后续的数据语句与之前的条目合并。这在数据分布在多个文件或代码块时尤其有用。例如：

```
SET i / i1*i5 /;
PARAMETER x(i) / i1 1, i2 2, i3 3 /;

$ONMULTI
PARAMETER x(i) / i4 4, i5 5 /;
$OFFMULTI

DISPLAY x;
```

在上述代码中，我们首先声明了一个集合 i。使用 GAMS 提供的简便写法，我们可以通过指定首尾两个元素名，中间用星号连接，来声明所有中间的元素。在示例中，这种简便的声明方式包含了 i_1、i_2、i_3、i_4、i_5 五个元素。这种方法大大提高了声明大量相似元素的效率。

在首次对部分 $x(i)$的值进行初始化后，我们激活了$ONMULTI 命令，以允许对 $x(i)$进行重复初始化，从而完成所有 $x(i)$的初始值设定。最终输出的 x 为：

```
----      8 PARAMETER x

  i1 1.000,    i2 2.000,    i3 3.000,    i4 4.000,    i5 5.000
```

二、文件操作

在 GAMS 中，大量的文件操作通过美元控制符命令完成，例如，调用数据文件、读写 GDX 数据文件、压缩/解压缩文件以及加密文件等。在特殊情况下，我们还可以使用$CALL 命令调用外部程序，进行更复杂的操作。综合使用这些美元控制符命令可以大大简化文件处理过程。

前文中，我们使用了如$CALL、$INCLUDE、$GDXIN/OUT、$LOAD/UNLOAD 等命令。这些命令在读取数据文件和输出求解结果中发挥了重要作用。具体而言，$INCLUDE 命令用于将指定的文本文件内容插入当前 GAMS 程序的指定位置，它不仅可以插入以逗号分隔的文本文件(.csv)，还可以插入其他子 GAMS 程序，从而简化主程序文件。而$GDXIN/OUT 命令用于处理 GDX 文件的输入和输出，通常与$LOAD/UNLOAD 命令配合使用，形成完整的数据读取和写入操作。在完成读取和写入后，用户可以再次使用这些命令来关闭 GDX 文件。

第三节　循 环 语 句

在 GAMS 编程语言中，循环语句是流程控制结构的重要组成部分，主要用于模型执行阶段(而非编译阶段)实现迭代操作和条件性程序流程。由于编译和执行阶段的不同，美元控制符引领的条件编译主要用于声明和定义，而编程流程控制则仅允许包含执行语句。

在构建 CGE 模型时，我们经常需要处理动态模型或进行迭代求解，此时循环语句显得尤为重要。GAMS 支持四种基本的循环结构：LOOP、WHILE、FOR 和 REPEAT。其中，WHILE 和 FOR 的用法与其他编程语言类似，而 LOOP 和 REPEAT 则具有 GAMS 的特色。此外，GAMS 还设计了 BREAK 和 CONTINUE 等语句以辅助循环控制。接下来，我们将详细介绍每种循环结构的使用方法。

一、LOOP 循环

在上文的数据输出部分，我们已经涉及了 LOOP 循环结构，通过遍历索引集合的元素，将对应的运输量 x 写入文本文件(.csv)。接下来，我们将对 LOOP 循环进行更详细的介绍。

LOOP 循环的主要目的是对索引集合中的每个元素执行一组语句。它通常用于迭代计算、与 SOLVE 语句联合进行多场景求解，以及使用 PUT 语句输出数据和报告。在 GAMS 中，LOOP 语句的起始关键词为 LOOP，后面紧跟一个括号内的索引集合。索引集合后，用户可以添加一条或多条执行语句作为循环的主体，每条语句以分号结尾。LOOP 循环会依次对索引集合中的每个元素执行循环主体内的语句，执行顺序与索引元素的顺序一致。以下是一个示例：

```
SET i /i1*i5/;
SCALAR sumcount /0/;
LOOP(i,
    sumcount=sumcount+1;
);
DISPLAY "Total count: ", sumcount;
```

在上述示例中，我们计算了一个集合中元素的数量。LOOP 语句会遍历索引集合 *i* 中的每一个元素，每次循环都会在原有标量 sumcount 的基础上加 1，从而计算出整个集合中的元素总数。根据需要，循环的主体部分可以进行调整，甚至可以在其中嵌套另一个 LOOP 循环，以处理更复杂的情况，如在输出数据过程中处理多个索引的情形。

二、WHILE 循环

与主流编程语言中的 WHILE 循环机制相似，GAMS 同样采用条件判断驱动的迭代结构来实现代码块的重复执行。当逻辑条件为真时，循环将持续进行；只有当逻辑条件变为假时，或者通过其他命令终止时，循环才会结束。因此，WHILE 语句存在潜在的无限循环风险。特别是在循环过程较复杂时，必须设计终止机制，例如，设置最大循环次数。以下是一个简单的示例：

```
SCALAR x /1/;
SCALAR count /0/;
SCALAR maxCount /5/;

WHILE(x < 10 and count < maxCount,
    DISPLAY "Value of x: ", x;
    x=x+1;
    count=count+1;
);
DISPLAY "Loop exited after ", count, " iterations with x = ", x;
```

在上述代码中，WHILE 语句中的逻辑条件由两个表达式组成：左侧的表达式限制了变量 x 的取值范围，右侧的表达式限制了循环次数。两个表达式通过 and 连接，意味着只要任一表达式不满足，WHILE 语句就会终止循环。在 WHILE 循环的主体中，我们加入了对 x 的累加运算和循环次数的计数语句，以确保循环在次数超过预期时能够及时终止。

三、FOR 循环

在 GAMS 中，FOR 循环用于在指定范围内重复执行代码，通常用于遍历集合、执行迭代操作或重复某个操作。与 WHILE 语句和 LOOP 语句相比，FOR 语句更加紧凑。FOR 语句通过一个标量来控制循环过程，这个标量可以在循环主体中使用，也可以仅用于控制循环。虽然 FOR 循环本身不包含条件控制，但用户可以在循环主体中插入其他条件循环结构。以下是一个简单的示例：

```
SCALAR start /1/;
SCALAR end /10/;
SCALAR i,j;
FOR (i=start to end by 1,
    DISPLAY "Current iteration number: ", i;
    j=i**2
    DISPLAY "Square of ", i, " is ", j;
);
```

在上述代码中，我们声明了用于控制循环的标量及其范围。在 FOR 语句中，我们指定了遍历的方式，包括初始位置、末位置和一个始终为正的增量。在当前设置下，循环从小到大遍历。如果需要从大到小遍历，只需将 to 修改为 downto。

四、REPEAT 循环

GAMS 中的 REPEAT 循环语句允许用户至少无条件执行一次循环主体，然后再判断逻辑条件。如果逻辑条件不满足，循环将继续执行，直到条件为真时退出循环。REPEAT 循环是 GAMS 四种循环结构中唯一一种以逻辑条件作为退出条件的结构。以下是一个示例：

```
SCALAR a / 1 /;
SCALAR limit / 10 /;
REPEAT (
   a=a+1;
   DISPLAY a;
   limit=limit-1;
```

```
until a=5 or limit=0 );
```

上述代码中，我们同样设计了最大循环次数的限制。我们使用 REPEAT 语句对标量 *a* 进行累加，并设置了最大循环次数为 10。REPEAT 语句首先执行了一次循环主体，然后对逻辑条件进行判断，该逻辑条件限制了标量的值以及循环次数，只要两个条件中的一个得到满足，REPEAT 语句就会退出循环。

第三章　社会核算矩阵的平衡方法

SAM 是构建 CGE 模型的重要数据基础，其编制的准确性直接影响模型的政策评估效果。理论上，SAM 表的行和与列和应保持平衡，但由于数据来源和统计口径的差异，初始 SAM 表通常存在不平衡现象。因此，需采用合理的方法进行调平，以确保 CGE 模型模拟的科学性和有效性。为了解决这一问题，常用的方法包括最小二乘法、交叉熵法和 RAS 法。

第一节　最小二乘法

假定 SAM 表有 n 行，且为 $n\times n$ 的矩阵。SAM 表中的每一个元素表示列账户对行账户的支付。定义 $\overline{T}$ 为原始未平衡 SAM 表的交易矩阵，其交易流量 $\overline{T}_{i,j}$ 为列账户 j 对行账户 i 的支付；定义 T 为平衡后 SAM 的交易矩阵，$T_{i,j}$ 为交易流量。所有 SAM 表平衡方法均基于原始未平衡 SAM 表 $\overline{T}$，并且根据特定的距离定义，找到与 $\overline{T}$ 尽可能接近的平衡 SAM 表。最小二乘法对距离的定义如下：

$$z_{\mathrm{LS}}=\sum_{i}^{n}\sum_{j}^{n}\left(\frac{T_{i,j}}{\overline{T}_{i,j}}-1\right)^{2} \tag{3-1}$$

需要强调的是，式(3-1)中距离的定义关注的是平衡前后交易流量的百分比变动，因此可以有效剔除因不同元素数量级差异带来的估计偏差。此外，许多用于平衡 SAM 表的数学算法要求输入矩阵为非负矩阵。负数会导致这些算法无法收敛或产生无效结果，从而影响平衡的准确性。

为了避免负数对估计的干扰，本章借鉴了 Robinson 等(1998)的处理方法，对 SAM 表进行非负化处理：即对于负值的交易流量 $\overline{T}_{i,j}$，将其设为 0，并将其绝对值加到 $\overline{T}_{j,i}$。因此，本章所使用的平衡方法的基础数据是经过非负化处理后的 SAM 表。

具体而言，平衡 SAM 表的最小二乘法代码详见程序 3-1。

程序 3-1　平衡 SAM 表的最小二乘法代码

```
*使用//作为行末注释
$eolcom //
SET AC;    //定义集合 AC
```

```
*从 Excel 文件 SAM-unbalanced.xls 中的范围 SAM!b1:W1 导入集合 AC
$CALL "GDXXRW SAM-unbalanced.xls set=AC rng=SAM!b1:W1 cdim=1"
*打开 GDX 文件 SAM-unbalanced.gdx
$GDXIN SAM-unbalanced.gdx
*从 GDX 文件中加载集合 AC
$LOAD AC
DISPLAY AC;   //显示集合 AC 的内容

SET ACNT(AC) 不包含 TOTAL 的集合;   //定义不包含 'TOTAL' 的集合 ACNT
*设置 ACNT 中包含所有元素，但不包括 'TOTAL'
ACNT(AC)=YES;  ACNT('TOTAL')=NO;

*定义 AC 的别名 ACP、ACPP，定义 ACNT 的别名 ACNTP、ACNTPP
ALIAS
 (AC,ACP,ACPP)
 (ACNT,ACNTP,ACNTPP)
 ;
DISPLAY ACNT,ACNTP; //显示 ACNT 和 ACNTP 的内容

*定义参数 SAMinitial
PARAMETER SAMinitial(AC,ACP);
*从 Excel 文件 SAM-unbalanced.xls 中的范围 SAM!a1:V22 导入 SAMinitial
*数据
$CALL  "GDXXRW  SAM-unbalanced.xls  par=SAMinitial  rng=SAM!a1:V22
rdim=1 cdim=1"
*打开 GDX 文件 SAM-unbalanced.gdx
$GDXIN SAM-unbalanced.gdx
*从 GDX 文件中加载 SAMinitial 数据
$LOAD SAMinitial
*结束 GDX 文件的读取
$GDXIN
;

*检测负值并进行处理
SET
RED(AC,ACP)     定义集合 RED 存储负的 SAM 交易流量
RED1(AC,ACP)    定义集合 RED1 作为 RED 的对称集
;
```

```
PARAMETER
SAM0(AC,ACP)      定义参数 SAM0 存储正的 SAM 表
REDSAM(AC,ACP)    定义参数 REDSAM 存储负的 SAM 值
REDSAM1(AC,ACP)   定义参数 REDSAM1 作为 REDSAM 的对称结果
SAM1(AC,ACP)      定义参数 SAM1 存储最终调整后的 SAM 表
;

*检测负值并将其标记到 RED 集合中
RED(ACNT,ACNTP)$(SAMinitial(ACNT,ACNTP) LT 0)=yes;
*检测对称位置的负值并标记到 RED1 集合中
RED1(ACNTP,ACNT)$(SAMinitial(ACNT,ACNTP) LT 0)=yes;

REDSAM(ACNT,ACNTP)=0;  //初始化 REDSAM 为 0
*负值复制到 REDSAM 中
REDSAM(ACNT,ACNTP)$RED(ACNT,ACNTP)=SAMinitial(ACNT,ACNTP);
*对称位置的负值复制到 REDSAM 中
redsam(ACNTP,ACNT)$red(ACNT,ACNTP)=SAMinitial(ACNT,ACNTP);

*计算消去负值后的 SAM 表 SAM0
SAM0(ACNT,ACNTP)=SAMinitial(ACNT,ACNTP)-REDSAM(ACNT,ACNTP);

*计算原始 SAM 表的行和与列和，并判断是否相等
PARAMETER  SAMBALCHK(AC)    用来求解行和与列和之差;
SAM0('TOTAL',ACNT)=SUM(ACNTP, SAM0(ACNTP,ACNT));  //计算每行的总和
SAM0(ACNT,'TOTAL')=SUM(ACNTP, SAM0(ACNT,ACNTP));  //计算每列的总和
*计算行和与列和之差
SAMBALCHK(ACNT)=SAM0('TOTAL',ACNT)-SAM0(ACNT,'TOTAL');

DISPLAY SAM0,SAMBALCHK;  //显示原始 SAM 表和行和与列和之差

*定义变量和方程
VARIABLES
   SAM(AC,ACP)    要调整的 SAM 表中的各个数值
   z              目标函数的数值
;

EQUATIONS
sumsquare      目标函数
```

```
balance        行和与列和相等的平衡条件
;

*定义目标函数，计算误差平方和
sumsquare  ..z=e=sum((ACNT,ACNTP)$SAM0(ACNT,ACNTP),(abs(SAM(ACNT,A
CNTP)/SAM0(ACNT,ACNTP)-1))**2);

*定义平衡条件，使每行的加总等于每列的加总
balance(ACNT)..sum(ACNTP,SAM(ACNT,ACNTP))=e=sum(ACNTP,SAM(ACNTP,A
CNT));

*给变量赋初始值，并进行模型的定义和求解
SAM.l(ACNT,ACNTP)=SAM0(ACNT,ACNTP);  //给变量 SAM 赋初始值
*对初始 SAM 表中为 0 的值进行约束，使其在调整后的 SAM 表中仍然为 0
SAM.fx(ACNT,ACNTP)$(SAM0(ACNT,ACNTP)=0)=0;
*对初始 SAM 表中为正值的数值进行约束，设置其下限为 1e-10
SAM.lo(ACNT,ACNTP)$(SAM0(ACNT,ACNTP)>0)=1e-10;

MODEL sambal /ALL/;   //定义模型 sambal，包含所有的变量和方程
*使用非线性规划 (DNLP) 方法求解模型，最小化目标函数 z
SOLVE sambal USING DNLP MINIMIZING z;

*返回负值到初始位置并计算平衡后的行和与列和
REDSAM1(ACNT,ACNTP)=0;
REDSAM1(ACNT,ACNTP)$RED1(ACNT,ACNTP)  = SAM.l(ACNT,ACNTP);
REDSAM1(ACNTP,ACNT)$RED1(ACNT,ACNTP)  = SAM.l(ACNT,ACNTP);
SAM1(ACNT,ACNTP)=SAM.l(ACNT,ACNTP)-REDSAM1(ACNT,ACNTP);

SAM1('TOTAL',ACNT)  = SUM(ACNTP, SAM1(ACNTP,ACNT));
SAM1(ACNT,'TOTAL')  = SUM(ACNTP, SAM1(ACNT,ACNTP));
SAMBALCHK(ACNT)  = SAM1('TOTAL',ACNT)  - SAM1(ACNT,'TOTAL');

DISPLAY SAM1, SAMBALCHK,z.l;

*将调整后的 SAM 表数据导出到 GDX 文件 test1.gdx 中
EXECUTE_UNLOAD 'test1.gdx', SAM1;
*将 GDX 文件 test1.gdx 中的 SAM 表数据导出到 Excel 文件 SAM-OLS.xls 中，
*并存储在 sheet1 表的范围 a1 处
```

```
EXECUTE 'GDXXRW.exe test1.gdx O =SAM-OLS.xls par= SAM1
rng=sheet1!a1';
```

第二节　交叉熵法

一、直接交叉熵法

在 SAM 表中，令所有交易流量的加总值为

$$H = \sum_{i}^{n}\sum_{j}^{n} T_{i,j} \tag{3-2}$$

$$\bar{H} = \sum_{i}^{n}\sum_{j}^{n} \bar{T}_{i,j} \tag{3-3}$$

将 SAM 表各个交易流量与加总值相除，得到如下参数：

$$a_{ij} = T_{i,j} / H \tag{3-4}$$

$$\bar{a}_{ij} = \bar{T}_{i,j} / H \tag{3-5}$$

在直接交叉熵法中，平衡前后 SAM 表数据之间的偏离程度定义如下：

$$z = \sum_{j}^{n}\sum_{i}^{n} a_{ij} \ln \frac{a_{ij}}{\bar{a}_{ij}} = \frac{1}{H}\sum_{j}^{n}\sum_{i}^{n} T_{i,j} \ln \frac{T_{i,j}}{\bar{T}_{i,j}} - \ln \frac{H}{\bar{H}} \tag{3-6}$$

为了控制平衡后 SAM 表元素的变动幅度，平衡后的 SAM 表还应满足如下约束条件：

$$-0.1 \leqslant G = \frac{T_{i,j} - \bar{T}_{i,j}}{\bar{T}_{i,j}} \leqslant 0.1 \tag{3-7}$$

$$0.8 \leqslant \text{Hratio} = \sum_{i}^{n}\sum_{j}^{n} T_{i,j} / \sum_{i}^{n}\sum_{j}^{n} \bar{T}_{i,j} \leqslant 1.2 \tag{3-8}$$

式(3-7)和式(3-8)旨在防止平衡后 SAM 表与平衡前 SAM 表之间的交易流量差异过大。其中，G 表示平衡后交易流量与平衡前交易流量的相对变化率，而 Hratio 则表示两者的交易流量总和的比值。式(3-7)要求平衡后 SAM 表中的每个交易流量在平衡前相应交易流量的 0.9～1.1 倍中取值；式(3-8)确保平衡后 SAM 表的交易流量加总值在平衡前 SAM 表交易流量加总值的 0.8～1.2 倍中取值。

由于直接交叉熵法的代码与最小二乘法在导入集合定义、从 Excel 导入 SAM 表的数值以及检测负值并处理等方面相似，我们仅列出了两者存在差异的部分代码，如程序 3-2 所示。

程序 3-2　平衡 SAM 表的直接交叉熵法部分代码

```
* 定义初始数据流总数的参数
PARAMETER H0     初始数据流总数 ;
H0=sum((ACNT,ACNTP),SAM0(ACNT,ACNTP));    //计算 SAM0 的总和，作为初始数
                                           //据流总数

* 定义变量
VARIABLES
   SAM(AC,ACP)     要调整的 SAM 表中的各个数值
   H               要调整的 SAM 表的总值
   Hratio          调整和原始两个总数的比例
   z               目标函数的数值
   G(AC,ACP)       用来存储 SAM 元素变化百分比
;

* 定义方程
EQUATIONS
   totalsum        计算调整后 SAM 的总和
   directentropy   定义目标函数，使用直接交叉熵的概念
   balance         保持 SAM 的平衡条件
   Hratiodef       定义 Hratio 为 H 和 H0 的比值
   condition1      定义与 G 相关的方程
   ;

* 计算调整后 SAM 的总和
totalsum..  H=e=sum((ACNT,ACNTP),SAM(ACNT,ACNTP));
* 定义 Hratio 为调整后总和与初始总和的比值
Hratiodef..  Hratio=e=H/H0;
* 定义目标函数
Directentropy..z=e=sum((ACNT,ACNTP)$SAM0(ACNT,ACNTP),(1/H)*SAM(AC
NT,ACNTP)*log(SAM(ACNT,ACNTP)/SAM0(ACNT,ACNTP)))-log(Hratio);
* 保持 SAM 的平衡条件
balance(ACNT).. sum(ACNTP,SAM(ACNT,ACNTP))=e=sum(ACNTP,SAM(ACNTP,
ACNT));
* 定义 G 的方程，G 为 SAM 元素变化的百分比
condition1(AC,ACP)$SAM0(AC,ACP)..  G(AC,ACP)=e=  (SAM(AC,ACP)-SAM0
(AC,ACP))/SAM0(AC,ACP);
```

```
* 给变量赋初始值
SAM.l(AC,ACP)=SAM0(AC,ACP);  //SAM的初始值为SAM0的值
H.l=H0;  //H的初始值为H0
* 定义Hratio的上下界，控制调整的幅度
Hratio.lo=0.8;  //对 Hratio 进行约束，设置其下限为 0.8
Hratio.up=1.2;  //对 Hratio 进行约束，设置其上限为 1.2
* 定义G的上下限，使其变化范围在 -0.1 到 0.1，控制SAM元素变化的幅度
G.lo(AC,ACP)$SAM0(AC,ACP)=-0.1;
G.up(AC,ACP)$SAM0(AC,ACP)=0.1;
* 确保SAM0中为0的元素在SAM中也保持为0
G.fx(AC,ACP)$(SAM0(AC,ACP)=0)=0;

* 确保SAM中为0的元素在平衡后也保持为0，并且为正数元素设置下界
SAM.fx(ACNT,ACNTP)$(SAM0(ACNT,ACNTP)=0)=0;
SAM.lo(ACNT,ACNTP)$(SAM0(ACNT,ACNTP)>0)=1e-10;

* 定义模型并使用非线性规划求解，最小化目标函数 z
MODEL sambal /ALL/;
SOLVE sambal USING NLP MINIMIZING z;
```

二、系数交叉熵法

平衡后 SAM 表的系数矩阵 A 定义如下：

$$A_{i,j} = T_{i,j} / y_j \tag{3-9}$$

式中，y_j 为 SAM 表第 j 列之和。类似地，可以定义初始未平衡 SAM 表 $\overline{T}$ 的系数矩阵 $\overline{A}$。在系数交叉熵法中，平衡前后 SAM 表数据之间的偏离程度定义如下：

$$z = \sum_{i}^{n}\sum_{j}^{n} A_{i,j} \ln\left(A_{i,j} / \overline{A}_{i,j}\right) \tag{3-10}$$

除了上述距离定义外，其他约束条件与直接交叉熵法相同。平衡 SAM 表的系数交叉熵法的部分代码见程序 3-3。

程序 3-3　平衡 SAM 表的系数交叉熵法部分代码

```
*定义初始数据流总数的比例系数 Abarij，用于存储每个元素相对于其列总和的比率
PARAMETER Abarij(AC,ACP);
Abarij(ACNT,ACNTP) = SAM0(ACNT,ACNTP) / SAM0('TOTAL',ACNTP);

*定义变量与函数
```

```
VARIABLES
   SAM(AC,ACP)      要调整的 SAM 表中的各个数值
   H               要调整的 SAM 表的总值
   Hratio           调整和原始两个总数的比值
   z               目标函数的数值
   G(AC,ACP)        用来存储 SAM 元素变化百分比
   Aij(AC,ACP)      计算后的比例系数
;
*定义方程
EQUATIONS
   totalsum         计算总值
   coefficient      定义 Aij
   CE              熵目标函数
   balance          平衡条件
   Hratiodef        定义 Hratio
   condition1       定义 G 相关的方程
;
*定义方程的具体表达式
*计算调整后的 SAM 表的总值
totalsum..  H =e= sum((ACNT, ACNTP), SAM(ACNT, ACNTP));
*定义 Hratio，即调整后的总值与初始总值的比值
Hratiodef..  Hratio =e= H / H0;
*定义比例系数 Aij
coefficient(ACNT, ACNTP)..  Aij(ACNT, ACNTP)  =e= SAM(ACNT, ACNTP)
/ sum(ACNTPP, SAM(ACNTPP, ACNTP));
*熵目标函数，用于衡量调整后的 SAM 与初始 SAM 之间的差异
CE..  z =e= sum((ACNT, ACNTP)$Abarij(ACNT, ACNTP), Aij(ACNT, ACNTP)
*  (log(Aij(ACNT, ACNTP))  - log(Abarij(ACNT, ACNTP))));
*平衡条件，确保每行的总和等于每列的总和
balance(ACNT)..  sum(ACNTP,  SAM(ACNT,  ACNTP))  =e=  sum(ACNTP,
SAM(ACNTP, ACNT));
*计算 SAM 元素的变化百分比 G
condition1(ACNT,  ACNTP)$SAM0(ACNT,  ACNTP)..  G(ACNT,  ACNTP)  =e=
(SAM(ACNT, ACNTP)  - SAM0(ACNT, ACNTP))  / SAM0(ACNT, ACNTP);

*给变量赋初始值
SAM.l(AC, ACP)  = SAM0(AC, ACP);   //调整后的 SAM 表初始值赋值
H.l = H0;  //调整后的总值 H 初始值赋值
```

```
*对 Hratio 进行约束，使其为 0.8～1.2
Hratio.lo = 0.8;
Hratio.up = 1.2;

* 给 Aij 赋初始值、定义上下限
*比例系数 Aij 的初始值设为 Abarij
Aij.l(ACNT, ACNTP) = Abarij(ACNT, ACNTP);
*定义 Aij 的上下限
Aij.lo(ACNT, ACNTP) = 0;
Aij.up(ACNT, ACNTP) = 1;
*对 Abarij 为 0 的位置，固定 Aij 为 0
Aij.fx(ACNT, ACNTP)$(Abarij(ACNT, ACNTP) = 0) = 0;

*定义 G 的上下限，表示调整后每个元素的变化幅度在 -10%～10%
G.lo(ACNT, ACNTP)$SAM0(ACNT, ACNTP) = -0.1;
G.up(ACNT, ACNTP)$SAM0(ACNT, ACNTP) = 0.1;
*对 SAM0 为 0 的位置，固定 G 为 0
G.fx(ACNT, ACNTP)$(SAM0(ACNT, ACNTP) = 0) = 0;

*原始 SAM 表中为 0 的值，平衡后的 SAM 表中仍然为 0，原始 SAM 表中的符号被复制过来
SAM.fx(ACNT, ACNTP)$(SAM0(ACNT, ACNTP) = 0) = 0;
*对初始值为正的 SAM 元素设置下限，避免其为 0
SAM.lo(ACNT, ACNTP)$(SAM0(ACNT, ACNTP) > 0) = 1e-10;

*建立模型并求解
MODEL sambal /ALL/;  //定义包含所有变量和方程的模型 sambal
*使用非线性规划 (DNLP) 方法求解模型，最小化目标函数 z
SOLVE sambal USING DNLP MINIMIZING z;
```

第三节　RAS 法

在已知行总和与列总和目标值的情况下，RAS 法通过迭代调整矩阵中的元素，使其行列总值逐步接近目标值(张欣，2023)。具体来说，该方法利用矩阵现有总值与目标总值的比例进行调整，直至最终达到平衡状态。平衡 SAM 表的 RAS 法的 GAMS 代码见程序 3-4。

程序 3-4　平衡 SAM 表的 RAS 法的 GAMS 代码

```
*使用//作为行末注释
$Eolcom //

*利用 Excel 表导入集合的定义
SET AC;
*从 Excel 文件 SAM-unbalanced.xls 中导入集合 AC 的定义,范围是从单元格 SAM!b1
*到 SAM!X1
$CALL "GDXXRW SAM-unbalanced.xls set=AC rng=SAM!b1:X1 cdim=1"
$GDXIN SAM-unbalanced.gdx
$LOAD AC
DISPLAY AC;

*定义集合 ACNT，它包含 AC 中的所有元素，但不包括 'TOTAL' 和 'TARTOT'
SET    ACNT(AC) 不包含 TOTAL 的集合;
ACNT(AC) = YES;  ACNT('TOTAL') = NO;   ACNT('TARTOT') = NO;

*定义别名
ALIAS
 (AC,ACP,ACPP)
 (ACNT,ACNTP,ACNTPP)
 ;
DISPLAY ACNT,ACNTP;

* 从 Excel 导入具体 SAM 表的数值
PARAMETER SAM0(AC,ACP);  //定义参数 SAM0 来存储初始的 SAM 数据
*从 Excel 文件 SAM-unbalanced.xls 中导入 SAM0 的数据，范围是从单元格 SAM!a1
*到 SAM!X24
$CALL  "GDXXRW  SAM-unbalanced.xls  par=SAM0  rng=SAM!a1:X24  rdim=1
cdim=1"
$GDXIN SAM-unbalanced.gdx
$LOAD SAM0
$GDXIN
;
DISPLAY SAM0;

*求出原始 SAM 表的行和与列和，并判断是否相等
PARAMETER  SAMBALCHK(AC)   用来求解行和与列和之差;
```

```
SAMBALCHK(ACNT)    = SAM0('TOTAL',ACNT) - SAM0(ACNT,'TOTAL');
*显示原始 SAM 表和行和与列和之差
DISPLAY SAMBALCHK ;
*定义变量 SAM
VARIABLES
SAM(AC,ACP)      要调整的 SAM 表中的各个数值;
SAM.l(AC,ACP)= SAM0(AC,ACP);
DISPLAY SAM.l;

*原始 SAM 表中为 0 的值，平衡后的 SAM 表中仍然为 0，原始 SAM 表中的符号被复制过来
SAM.fx(ACNT,ACNTP)$(SAM0(ACNT,ACNTP)=0)=0;
SAM.lo(ACNT,ACNTP)$(SAM0(ACNT,ACNTP)>0)=1e-10;
SAM.up(ACNT,ACNTP)$(SAM0(ACNT,ACNTP)<0)=-(1e-10);

*定义参数 rowdis 和 condis 来存储行和列的误差，定义 maxdis 和 iter
*maxdis 用于存储最大误差，iter 用于记录迭代次数
PARAMETERS
rowdis(AC)
condis(AC)
maxdis
iter;
*初始化 maxdis 为 0.1，iter 为 1
maxdis=0.1;
iter=1;

*迭代平衡过程
*在每次迭代中，通过比例调整行和列的数据以进行平衡，并计算行和列的误差
*更新 maxdis 和 iter，直到最大迭代次数为 20000 或 maxdis 小于 1e-10 时停止
*迭代
WHILE(iter<20000 and maxdis>1e-10,

SAM.l('TOTAL',ACNTP)=sum(ACNT,SAM.l(ACNT,ACNTP));
SAM.l(ACNT,ACNTP)=SAM.l(ACNT,ACNTP)/SAM.l('TOTAL',ACNTP)* SAM.l('tart
ot',ACNTP);
SAM.l(ACNT,'TOTAL')=sum(ACNTP,SAM.l(ACNT,ACNTP));
SAM.l(ACNT,ACNTP)=SAM.l(ACNT,ACNTP)/SAM.l(ACNT,'TOTAL')*
SAM.l(ACNT,'tartot');
condis(ACNT)=abs(sum(ACNTP,SAM.l(ACNTP,ACNT))-SAM.l('tartot',ACNT));
```

```
rowdis(ACNT)=abs(sum(ACNTP,SAM.l(ACNT,ACNTP))-SAM.l(ACNT,'tartot'));

maxdis=smax(ACNT,max(condis(ACNT),rowdis(ACNT)));
iter=iter+1;
);

*计算平衡后的行和与列和
SAM.l('TOTAL',ACNT) = SUM(ACNTP, SAM.l(ACNTP,ACNT));
SAM.l(ACNT,'TOTAL') = SUM(ACNTP, SAM.l(ACNT,ACNTP));
*计算行和与列和的差异
SAMBALCHK(ACNT)   =SAM.l('TOTAL',ACNT) - SAM.l(ACNT,'TOTAL');
display SAM.l,maxdis,iter,SAMBALCHK;

*把平衡后的 SAM 表的数值导出到 Excel 表
*将平衡后的 SAM 表存储到文件 test1.gdx 中
EXECUTE_UNLOAD 'test1.gdx', SAM.l;
*将 test1.gdx 中的 SAM 表导出到 Excel 表 SAM-RAS.xls 中
EXECUTE   'GDXXRW.exe   test1.gdx   O   =SAM-RAS.xls   var=   SAM.l
rng=sheet1!a1';
```

第四节　社会核算矩阵平衡的具体案例

表 3-1 展示了初始不平衡 SAM 表。在 SAM 表中，生产活动账户包括农业(A-AGR)、工业(A-IND)、运输业(A-TRAN)、服务业(A-SERV)；商品账户包括农业(C-AGR)、工业(C-IND)、运输业(C-TRAN)、服务业(C-SERV)；为了反映商品从生产到消费环节中的市场流通成本，SAM 表中包括了贸易和运输加价(MM)账户，用来刻画商品从生产者到最终购买者过程中产生的额外费用；生产要素包括劳动力(LABOR)、资本(CAPITAL)和土地(LAND)要素；资本账户包括储蓄-投资(S-I)、存货变动(DSTK)；机构账户包括家庭(HH)、企业(ENT)、政府(GOV)和国外(ROW)；政府税收包括直接税(DTAX)、间接税(ITAX)、进口税(IMPTAR)；TOTAL 为行或列的实际加总值，TARTOT 为行或列的目标加总值。为了对其进行平衡，我们分别采用了最小二乘法、直接交叉熵法、系数交叉熵法和 RAS 法。出于篇幅考虑，本书中仅列出了采用最小二乘法平衡 SAM 表的结果，见表 3-2。根据调整后的交易流量变化，不同方法的百分比变化区间如下：最小二乘法为–3.64%～3.30%，直接交叉熵法为–4.26%～4.89%，系数交叉熵法为–4.79%～4.27%，而 RAS 法的波动则较大，为–4.46%～11.20%。这些结果表明，各平衡方法在调整 SAM 表的交易流量时存在显著差异，尤其是 RAS 法的波动幅度明显较大。

表 3-1　初始不平衡 SAM 表

	A-AGR	A-IND	A-TRAN	A-SERV	C-AGR	C-IND	C-TRAN	C-SERV	MM	LABOR	CAPITAL	LAND	HH	ENT	GOV	DTAX	ITAX	IMPTAR	ROW	S-I	DSTK	TOTAL	TARTOT
A-AGR	0	0	0	0	5 919	0	0	0	0	0	0	0	655	0	0	0	0	0	0	0	0	6 574	6 604
A-IND	0	0	0	0	0	17 859	0	0	0	0	0	0	0	0	0	0	0	0	0	0	0	17 859	17 859
A-TRAN	0	0	0	0	0	0	8 263	0	0	0	0	0	0	0	0	0	0	0	0	0	0	8 263	8 263
A-SERV	0	0	0	0	0	0	0	15 751	0	0	0	0	0	0	0	0	0	0	0	0	0	15 751	15 781
C-AGR	227	2 697	0	97	0	0	0	0	0	0	0	0	1 244	0	0	0	0	0	2 964	0	−30	7 199	7 223
C-IND	1 310	5 859	3 075	3 619	0	0	0	0	0	0	0	0	12 792	0	310	0	0	0	2 513	3 399	−494	32 383	32 083
C-TRAN	67	165	183	282	0	0	0	0	6 120	0	0	0	1 267	0	169	0	0	0	0	0	0	8 252	8 263
C-SERV	745	281	421	1 685	0	0	0	0	0	0	0	0	4 474	0	4 295	0	0	0	1 598	2 784	0	16 283	16 283
MM	0	0	0	0	1 246	4 844	0	0	0	0	0	0	0	0	0	0	0	0	0	0	0	6 089	6 120
LABOR	1 440	2 936	2 447	6 028	0	0	0	0	0	0	0	0	0	0	0	0	0	0	0	0	0	12 851	12 851
CAPITAL	1 979	5 386	1 950	3 524	0	0	0	0	0	0	0	0	0	0	0	0	0	0	0	0	0	12 839	12 839
LAND	599	0	0	0	0	0	0	0	0	0	0	0	0	0	0	0	0	0	0	0	0	599	594
HH	0	0	0	0	0	0	0	0	0	13 425	2 106	594	259	8 832	1 459	0	0	0	102	0	0	26 777	26 177
ENT	0	0	0	0	0	0	0	0	0	0	10 733	0	0	0	1 209	0	0	0	0	0	0	11 942	11 942
GOV	0	0	0	0	0	0	0	0	0	0	0	0	0	0	0	3 727	1 478	1 861	291	0	0	7 357	7 357
DTAX	0	0	0	0	0	0	0	0	0	0	0	0	2 060	1 667	0	0	0	0	0	0	0	3 727	3 727
ITAX	219	524	188	546	0	0	0	0	0	0	0	0	0	0	0	0	0	0	0	0	0	1 478	1 478
IMPTAR	0	0	0	0	10	1 800	0	51	0	0	0	0	0	0	0	0	0	0	0	0	0	1 861	1 861
ROW	0	0	0	0	48	7 550	0	450	0	25	0	0	0	535	418	0	0	0	0	0	0	9 026	9 027
S-I	0	0	0	0	0	0	0	0	0	0	0	0	3 695	908	−504	0	0	0	1 220	0	0	5 319	5 658
DSTK	0	0	0	0	0	0	0	0	0	0	0	0	0	0	0	0	0	0	0	−525	0	−525	−525
TOTAL	6 585	17 848	8 263	15 781	7 223	32 052	8 263	16 253	6 120	13 450	12 839	594	26 447	11 942	7 357	3 727	1 478	1 861	8 688	5 658	−525	0	0
TARTOT	6 604	17 859	8 263	15 781	7 223	32 083	8 263	16 283	6 120	12 851	12 839	594	26 177	11 942	7 357	3 727	1 478	1 861	9 027	5 658	−525	0	0

表 3-2　平衡 SAM 表：基于最小二乘法

	A-AGR	A-IND	A-TRAN	A-SERV	C-AGR	C-IND	C-TRAN	C-SERV	MM	LABOR	CAPITAL	LAND	HH	ENT	GOV	DTAX	ITAX	IMPTAR	ROW	S-I	DSTK	TOTAL
A-AGR					5 936								655									6 591
A-IND						17 920																17 920
A-TRAN							8 261															8 261
A-SERV								15 774														15 774
C-AGR	227	2 700		97									1 243						3 005		–30	7 241
C-IND	1 308	5 853	3 057	3 579									12 502		310				2 538	3 275	–496	31 927
C-TRAN	67	165	183	282					6 128				1 267		169							8 261
C-SERV	746	281	421	1 685									4 497		4 305				1 616	2 723		16 275
MM					1 247	4 881																6 128
LABOR	1 447	2 973	2 463	6 081																		12 963
CAPITAL	1 981	5 424	1 948	3 505																		12 858
LAND	597																					597
HH										12 938	2 107	597	259	8 842	1 458				102			26 302
ENT											10 751				1 208							11 959
GOV																3 730	1 478	1 865	292			7 365
DTAX													2 062	1 668								3 730
ITAX	220	525	188	545																		1 478
IMPTAR					10	1 804		51														1 865
ROW					48	7 322		449		25				533	417							8 794
S-I													3 817	915	–502				1 242			5 473
DSTK																				–526		–526
TOTAL	6 591	17 920	8 261	15 774	7 241	31 927	8 261	16 275	6 128	12 963	12 858	597	26 302	11 959	7 365	3 730	1 478	1 865	8 794	5 473	–526	

第四章　CGE 模型中的消费和生产

第一节　效用最大化

一、消费者选择问题的模型化

假设存在一个消费者，其偏好满足消费者选择公理，效用函数为 $U=U\left(c_1,c_2\right)$。其中，c_i 为第 i 种产品的消费。消费者选择问题实际上是选择 c_1 和 c_2，使消费者在预算约束 $Y=p_1c_1+p_2c_2$ 下实现效用 $U=U\left(c_1,c_2\right)$ 的最大化。其中，p_1 和 p_2 是两种产品的价格。为了求解上述消费者选择问题，可以构造拉格朗日函数如下：

$$\mathcal{L}=U\left(c_1,c_2\right)+\lambda\left(Y-p_1c_1-p_2c_2\right) \tag{4-1}$$

将拉格朗日函数分别对消费、拉格朗日乘子 λ 求偏导，可得到求解消费者选择问题的一阶条件：

$$\partial\mathcal{L}/\partial c_1=\partial U/\partial c_1-\lambda p_1=0 \tag{4-2}$$

$$\partial\mathcal{L}/\partial c_2=\partial U/\partial c_2-\lambda p_2=0 \tag{4-3}$$

$$\partial\mathcal{L}/\lambda=Y-p_1c_1-p_2c_2=0 \tag{4-4}$$

在式(4-1)中，对 $\mathcal{L}$ 求全微分可得

$$\mathrm{d}\mathcal{L}=\frac{\partial\mathcal{L}}{\partial U}\mathrm{d}U+\frac{\partial\mathcal{L}}{\partial\lambda}\mathrm{d}\lambda+\frac{\partial\mathcal{L}}{\partial\left(Y-p_1c_1-p_2c_2\right)}\mathrm{d}\left(Y-p_1c_1-p_2c_2\right) \tag{4-5}$$

当消费者实现效用最大化时，$\frac{\partial\mathcal{L}}{\partial U}=1$，$\frac{\partial\mathcal{L}}{\partial\lambda}=Y-p_1c_1-p_2c_2=0$，$\frac{\partial\mathcal{L}}{\partial\left(Y-p_1c_1-p_2c_2\right)}=\lambda$，由此可得 $\mathrm{d}\mathcal{L}=\mathrm{d}U$。因此，若已得到消费者选择问题的最优解，那么，最优解附近拉格朗日函数的任何增量变动都会等于效用的增量。所以有

$$\mathrm{d}U=\mathrm{d}\mathcal{L}=\frac{\partial\mathcal{L}}{\partial c_1}\mathrm{d}c_1+\frac{\partial\mathcal{L}}{\partial c_2}\mathrm{d}c_2+\frac{\partial\mathcal{L}}{\partial\lambda}\mathrm{d}\lambda+\lambda\left(\mathrm{d}Y-c_1\mathrm{d}p_1-c_2\mathrm{d}p_2\right) \tag{4-6}$$

根据消费者效用最大值问题的一阶条件 $\frac{\partial\mathcal{L}}{\partial c_1}=\frac{\partial\mathcal{L}}{\partial c_2}=\frac{\partial\mathcal{L}}{\partial\lambda}=0$，有

$$\mathrm{d}U = \lambda\left(\mathrm{d}Y - c_1\mathrm{d}p_1 - c_2\mathrm{d}p_2\right) \tag{4-7}$$

拉格朗日乘子 λ 是收入的边际效用，即收入单位增加所带来的效用的增量。换言之，如果收入的约束增加一单位，那么，效用的最优解将增加 λ 。

假定消费者的效用函数满足柯布-道格拉斯(Cobb-Douglas)形式 $U = \alpha c_1^{\beta} c_2^{1-\beta}$ ，其中 $0 < \beta < 1$ 。此时，拉格朗日函数可定义如下：

$$\mathcal{L} = \alpha c_1^{\beta} c_2^{1-\beta} + \lambda\left(Y - p_1 c_1 - p_2 c_2\right) \tag{4-8}$$

将拉格朗日函数分别对消费和 λ 求偏导，可得到消费者选择问题的一阶条件如下：

$$\frac{\partial \mathcal{L}}{\partial c_1} = \alpha\beta c_1^{\beta-1} c_2^{1-\beta} - \lambda p_1 = 0 \tag{4-9}$$

$$\frac{\partial \mathcal{L}}{\partial c_2} = \alpha c_1^{\beta}\left(1-\beta\right) c_2^{-\beta} - \lambda p_2 = 0 \tag{4-10}$$

$$\frac{\partial \mathcal{L}}{\partial \lambda} = Y - p_1 c_1 - p_2 c_2 = 0 \tag{4-11}$$

通过联立求解式(4-9)～式(4-11)，可得到马歇尔需求函数：

$$c_1 = \beta Y / p_1 \tag{4-12}$$

$$c_2 = \left(1-\beta\right) Y / p_2 \tag{4-13}$$

基于上述结果，可以计算间接效用函数如下：

$$v\left(p_1, p_2, Y\right) = \alpha c_1^{\beta} c_2^{1-\beta} = \alpha\left(\frac{\beta}{p_1}\right)^{\beta}\left(\frac{1-\beta}{p_2}\right)^{1-\beta} Y \tag{4-14}$$

进一步推导可知， $\frac{\partial v}{\partial p_1} < 0$ ， $\frac{\partial v}{\partial p_2} < 0$ ， $\frac{\partial v}{\partial Y} > 0$ 。

二、效用最大化与支出最小化问题的对偶性

假定消费者的效用函数满足柯布-道格拉斯形式 $U = \alpha c_1^{\beta} c_2^{1-\beta}$ ，其中 $0 < \beta < 1$ ，α为效用的单位尺度参数，只影响效用函数的数值大小，不影响消费者的最优选择。给定消费者的效用水平 $\bar{U}$ 保持不变，那么，消费者的最优选择问题可表述为：在维持效用水平 $\bar{U}$ 不变的情形下来实现产品支出金额 $p_1 c_1 + p_2 c_2$ 的最小化。为了求解这一支出最小化问题，可构建拉格朗日函数如下：

$$\mathcal{L} = p_1 c_1 + p_2 c_2 + \lambda\left(\bar{U} - \alpha c_1^{\beta} c_2^{1-\beta}\right)$$

式中，效用影子价格 λ 表示为了维持既定效用水平不变，消费者愿意支付的额外

金额，即每增加一单位效用所需的最小支出。将拉格朗日函数分别对消费和λ求偏导，可得到消费者支出最小化问题的一阶条件：

$$\frac{\partial \mathcal{L}}{\partial c_1}=p_1-\lambda\alpha\beta c_1^{\beta-1}c_2^{1-\beta}=0 \tag{4-15}$$

$$\frac{\partial \mathcal{L}}{\partial c_2}=p_2-\lambda\alpha(1-\beta)c_1^{\beta}c_2^{-\beta}=0 \tag{4-16}$$

$$\frac{\partial \mathcal{L}}{\partial \lambda}=\bar{U}-\alpha c_1^{\beta}c_2^{1-\beta}=0 \tag{4-17}$$

联立式(4-15)～式(4-17)可得希克斯需求函数：

$$c_1=\left(\frac{\beta}{1-\beta}\frac{p_2}{p_1}\right)^{1-\beta}\frac{\bar{U}}{\alpha} \tag{4-18}$$

$$c_2=\left(\frac{\beta}{1-\beta}\frac{p_2}{p_1}\right)^{-\beta}\frac{\bar{U}}{\alpha} \tag{4-19}$$

根据希克斯需求函数，最优消费量在给定效用水平的情况下，依赖于两种产品的相对价格和份额参数的大小。支出函数用于描述在实现特定效用水平时所需的最小支出，其表达式为

$$E\left(p_1,p_2,\bar{U}\right)=p_1c_1+p_2c_2=\left(\frac{\beta}{1-\beta}+1\right)p_2c_2=\left(\frac{p_1}{\beta}\right)^{\beta}\left(\frac{p_2}{1-\beta}\right)^{1-\beta}\frac{\bar{U}}{\alpha} \tag{4-20}$$

若将从效用最大化问题中得到的效用值作为目标效用来求解支出最小化问题，即设定$\bar{U}=\alpha\left(\frac{\beta}{p_1}\right)^{\beta}\left(\frac{1-\beta}{p_2}\right)^{1-\beta}Y$，则根据式(4-18)～式(4-20)，可以推导出：

$$c_1=\beta Y/p_1,\quad c_2=(1-\beta)Y/p_2,\quad E\left(p_1,p_2,\bar{U}\right)=Y$$

这表明，效用最大化问题与支出最小化问题在理论上是等价的。

三、福利指标的度量

为了度量福利的变化，可以采用等价变动(equivalent variation，EV)和补偿变动(compensating variation，CV)指标。常规教材中对这两个指标的定义如下。

EV 解读：在价格变化之前，需要从消费者那里提取多少货币，以使其效用水平与价格变化后的情况相等。如果消费者仍然面临原始价格p^0，那么在提取了 EV 金额后，消费者的效用将等于价格变化后的实际效用。因此，若 EV 大于 0，表示价格变动后消费者的效用降低。

CV 解读：为了使消费者回到初始无差异曲线所需的收入变化。如果消费者面临的新价格是p^1，那么需要提供 CV，以使消费者的效用恢复到价格变化之前

的水平。因此，若 CV 大于 0，表示价格变动后消费者的效用降低。

需要指出的是，本节中 EV 和 CV 的定义略有不同。

$$\mathrm{EV}=E\left(p_1^0,p_2^0,U^1\right)-E\left(p_1^0,p_2^0,U^0\right) \tag{4-21}$$

$$\mathrm{CV}=E\left(p_1^1,p_2^1,U^1\right)-E\left(p_1^1,p_2^1,U^0\right) \tag{4-22}$$

此处定义的 EV 和 CV 实际上是常规定义的相反数。当式(4-21)和式(4-22)中的 EV 和 CV 大于 0 时，表示价格变动后的效用水平升高；反之，则表示效用下降。

由前面的分析可知，当消费者的效用函数满足柯布-道格拉斯形式 $U=\alpha c_1^{\beta}c_2^{1-\beta}$ 时，支出函数为

$$E\left(p_1,p_2,\bar{U}\right)=\left(\frac{p_1}{\beta}\right)^{\beta}\left(\frac{p_2}{1-\beta}\right)^{1-\beta}\frac{\bar{U}}{\alpha}$$

此时：

$$\mathrm{EV}=E\left(p_1^0,p_2^0,U^1\right)-E\left(p_1^0,p_2^0,U^0\right)=\left(\frac{p_1^0}{\beta}\right)^{\beta}\left(\frac{p_2^0}{1-\beta}\right)^{1-\beta}\frac{U^1-U^0}{\alpha} \tag{4-23}$$

$$\mathrm{CV}=E\left(p_1^1,p_2^1,U^1\right)-E\left(p_1^1,p_2^1,U^0\right)=\left(\frac{p_1^1}{\beta}\right)^{\beta}\left(\frac{p_2^1}{1-\beta}\right)^{1-\beta}\frac{U^1-U^0}{\alpha} \tag{4-24}$$

在计算 EV 和 CV 时，还可采用下列等价形式：

$$\mathrm{EV}=E\left(p_1^0,p_2^0,U^1\right)-E\left(p_1^0,p_2^0,U^0\right)=\left(\frac{p_1^0}{\beta}\right)^{\beta}\left(\frac{p_2^0}{1-\beta}\right)^{1-\beta}\frac{U^1}{\alpha}-Y^0 \tag{4-25}$$

$$\mathrm{CV}=E\left(p_1^1,p_2^1,U^1\right)-E\left(p_1^1,p_2^1,U^0\right)=Y^1-\left(\frac{p_1^1}{\beta}\right)^{\beta}\left(\frac{p_2^1}{1-\beta}\right)^{1-\beta}\frac{U^0}{\alpha} \tag{4-26}$$

引入上述福利指数 EV 和 CV 的 GAMS 程序详见程序 4-1[①]。该程序实现了对 EV 和 CV 的计算，能够有效反映价格变动对消费者福利的影响。通过使用这些指标，我们可以更清晰地评估政策变动或市场条件变化对消费者效用的影响。

程序 4-1　引入福利指标 EV 和 CV 的消费者选择问题的 GAMS 程序

```
*使用//作为行末注释
$eolcom //
*定义产品的集合
SET I Goods /1,2/;
```

① 本书第四章至第六章的部分 GAMS 代码参考了 Gilbert 和 Tower(2012)的研究，并进行了相应的修改与完善。

```
* 创建参数名称
PARAMETERS
ALPHA          效用函数中的移位参数
BETA(I)        效用函数中的份额参数
Y              收入
Y0             原始收入
Y1             新收入
P(I)           价格
P0(I)          原始价格
P1(I)          新价格
UO             初始效用水平
CO(I)          初始消费水平
utility0       初始效用
utility1       新的效用
EV             等效变动
CV             补偿变动
EV1            替代等效变动
CV1            替代补偿变动;

*给参数赋值
P(I)=1;                        //设置所有产品的初始价格为 1
P0(I)=P(I);                    //存储原始价格
Y=100;                         //设置收入为 100
Y0=Y;                          // 存储原始收入
CO(I)=50;                      //设置所有产品的初始消费量为 50
UO=Y;                          //将初始效用水平设置为收入
BETA(I)=P(I)*CO(I)/Y;          //计算每种产品的份额参数 BETA(I)
ALPHA=UO/PROD(I, CO(I)**BETA(I)); //计算效用函数的移位参数 ALPHA

*创建变量名称
VARIABLES
U              效用水平
C(I)           消费水平 ;

*为变量赋初始值，并设置下限
U.L=UO;               //将效用水平的初始值设置为初始效用 UO
C.L(I)=CO(I);         //将每种产品的消费水平初始值设置为初始消费量 CO(I)
C.LO(I)=0;            //设置消费水平的下限为 0
```

```
*创建方程名称
EQUATIONS
UTILITY          效用函数
DEMAND(I)        需求函数 ;

* 为方程赋值
UTILITY..U=E=ALPHA*PROD(I, C(I)**BETA(I));      //效用函数方程
DEMAND(I)..C(I)=E=BETA(I)*Y/P(I);               //需求函数方程

*定义模型并求解
MODEL UMAX /UTILITY,DEMAND/;      //定义模型名称为 UMAX，包含效用函数和
                                  //需求函数
*使用非线性规划 (NLP) 求解模型，目标是最大化效用水平 U
SOLVE UMAX USING NLP MAXIMIZING U;

*初始均衡，计算初始的效用水平
utility0 = ALPHA*PROD(I, C.L(I)**BETA(I));       //计算并存储初始效用
*显示份额参数 BETA、移位参数 ALPHA、价格 P、消费量 C.l 和效用水平 U.l
DISPLAY BETA,ALPHA,P, C.l,U.l;

*存储新价格和新收入
P1(I)=P(I);                  //存储新价格
Y1=Y;                        //存储新收入
*重新求解模型，目标仍然是最大化效用水平 U
SOLVE UMAX USING NLP MAXIMIZING U;

*新的价格下，计算效用
utility1 = ALPHA*PROD(I, C.L(I)**BETA(I));   //计算并存储新的效用水平

*计算等效变动 EV 和补偿变动 CV
EV=(utility1-utility0)* PROD(I,(P0(I)/BETA(I))** BETA(I))/ALPHA ;
CV=(utility1-utility0)* PROD(I, (P1(I)/BETA(I))** BETA(I))/ALPHA;
*计算替代等效变动 EV1、替代补偿变动 CV1
EV1=PROD(I, (P0(I)/BETA(I))** BETA(I))*utility1/ALPHA-Y0;
CV1=Y1- PROD(I, (P1(I)/BETA(I)) ** BETA(I) )*utility0/ALPHA;
*显示补偿变动 CV、等效变动 EV、替代补偿变动 CV1 和替代等效变动 EV1
DISPLAY CV,EV,CV1,EV1;
```

如程序 4-1 所示，为了引入 EV 和 CV 指标，需要额外定义两个参数($P_0(I)$和$P_1(I)$)来存储原始价格与新价格。此外，在原始 SOLVE 程序语句后需要添加代码：

```
utility0=ALPHA*PROD(I, C.L(I)**BETA(I));
```

在引入外部冲击的 SOLVE 语句之后添加如下代码：

```
utility1=ALPHA*PROD(I, C.L(I)**BETA(I));
EV=(utility1-utility0)* PROD(I,(P0(I)/BETA(I))** BETA(I))/ALPHA ;
CV=(utility1-utility0)* PROD(I, (P1(I)/BETA(I))** BETA(I))/ALPHA;
EV1=PROD(I, (P0(I)/BETA(I))** BETA(I))*utility1/ALPHA-Y0;
CV1=Y1- PROD(I, (P1(I)/BETA(I)) ** BETA(I) )*utility0/ALPHA;
```

其中，EV 和 CV 对应式(4-23)、式(4-24)，EV1 和 CV1 对应式(4-25)、式(4-26)。

基于程序 4-1 中的代码，我们将模拟产品价格、收入变动对消费者福利的影响，具体模拟方案、代码及结果见表 4-1。

表 4-1 产品价格、收入变动对消费者福利的影响

模拟方案	GAMS 代码	EV	CV	EV1	CV1
将产品 1 的价格提高 10%	`P('1')=1.1*P('1');`	–4.654	–4.881	–4.654	–4.881
将两种产品的价格同时提高 10%	`P(I)=1.1*P(I);`	–9.091	–10.000	–9.091	–10.000
将收入水平提高 10%	`Y=1.1*Y;`	10.000	10.000	10.000	10.000
所有产品价格和收入同时提高 10%	`P(I)=1.1*P(I);` `Y=1.1*Y;`	0	0	0	0

如表 4-1 所示，产品价格上涨会降低消费者福利(EV 和 CV 均下降)，而收入增加则会提升福利(EV 和 CV 均上升)。当产品价格和收入按相同比例变动时，消费者的福利保持不变。此外，EV 与 EV1、CV 与 CV1 相等，表明在计算 EV 和 CV 时，无论采用式(4-23)与式(4-24)还是式(4-25)与式(4-26)，结果都是等价的。

第二节 成本最小化

一、企业优化问题的模型化

假定企业使用劳动力(L)和资本(K)两种生产要素，并为此支付要素的市场价

格为 w 和 r 。企业的技术约束用生产函数 $q=q(K,L)$ 来表示。企业的目标是在给定产出水平 $\overline{q}$ 不变时最小化其成本支出。为了求解上述成本最小化问题，可构建拉格朗日函数如下：

$$\mathcal{L}=rK+wL+\lambda\left[\overline{q}-q(K,L)\right] \tag{4-27}$$

式中，$rK+wL$ 为企业支付给劳动力和资本的要素报酬成本支出；λ 为产出的影子价格，表示为了获得额外一单位产出所需承担的边际成本，且在完全竞争市场条件下等于产品的价格。

将拉格朗日函数分别对要素投入、拉格朗日乘子求偏导，可得到成本最小化问题的一阶条件：

$$\frac{\partial\mathcal{L}}{\partial K}=r-\lambda\frac{\partial q}{\partial K}=0 \tag{4-28}$$

$$\frac{\partial\mathcal{L}}{\partial L}=w-\lambda\frac{\partial q}{\partial L}=0 \tag{4-29}$$

$$\frac{\partial\mathcal{L}}{\partial\lambda}=\overline{q}-q(K,L)=0 \tag{4-30}$$

在式(4-27)中，对 $\mathcal{L}$ 求全微分可得

$$\mathrm{d}\mathcal{L}=\frac{\partial\mathcal{L}}{\partial(rK+wL)}\mathrm{d}(rK+wL)+\frac{\partial\mathcal{L}}{\partial\lambda}\mathrm{d}\lambda+\frac{\partial\mathcal{L}}{\partial\left[\overline{q}-q(K,L)\right]}\mathrm{d}\left[\overline{q}-q(K,L)\right] \tag{4-31}$$

当企业实现了成本最小化时，$\frac{\partial\mathcal{L}}{\partial(rK+wL)}=1$，$\frac{\partial\mathcal{L}}{\partial\lambda}=\overline{q}-q(K,L)=0$，$\frac{\partial\mathcal{L}}{\partial\left[\overline{q}-q(K,L)\right]}=\lambda$，由此可以得到 $\mathrm{d}\mathcal{L}=\mathrm{d}(rK+wL)$。因此，若已得到企业优化问题的最优解，那么，最优解附近拉格朗日函数的任何增量变动都等于成本的增量。所以有

$$\mathrm{d}(rK+wL)=\mathrm{d}\mathcal{L}=\frac{\partial\mathcal{L}}{\partial K}\mathrm{d}K+\frac{\partial\mathcal{L}}{\partial L}\mathrm{d}L+\frac{\partial\mathcal{L}}{\partial\lambda}\mathrm{d}\lambda+\lambda\mathrm{d}\left[\overline{q}-q(K,L)\right] \tag{4-32}$$

根据成本最小化问题的一阶条件 $\frac{\partial\mathcal{L}}{\partial K}=\frac{\partial\mathcal{L}}{\partial L}=\frac{\partial\mathcal{L}}{\partial\lambda}=0$，有

$$\mathrm{d}(rK+wL)=\lambda\mathrm{d}\left[\overline{q}-q(K,L)\right] \tag{4-33}$$

式中，λ 为产出的影子价格，代表了当外生给定的产出约束 $\overline{q}$ 增加一单位时，目标值(成本)的变化量。

当生产函数为柯布-道格拉斯生产函数 $q=\gamma K^{\delta}L^{1-\delta}$ 时，企业成本最小化问题对

应的拉格朗日函数如下：

$$\mathcal{L} = rK + wL + \lambda\left(\overline{q} - \gamma K^{\delta} L^{1-\delta}\right) \tag{4-34}$$

式中，δ 和 $1-\delta$ 分别为资本、劳动力的产出弹性系数，反映资本和劳动力在总产出中的贡献份额。将拉格朗日函数分别对 L 、K 、λ 求偏导可得到最优化问题的一阶条件：

$$\frac{\partial\mathcal{L}}{\partial L} = w - \lambda\gamma(1-\delta)K^{\delta}L^{-\delta} = 0 \tag{4-35}$$

$$\frac{\partial\mathcal{L}}{\partial K} = r - \lambda\gamma\delta K^{\delta-1}L^{1-\delta} = 0 \tag{4-36}$$

$$\frac{\partial\mathcal{L}}{\partial \lambda} = \overline{q} - \gamma K^{\delta}L^{1-\delta} = 0 \tag{4-37}$$

利用式(4-35)和式(4-36)，可以消除 λ ：

$$\frac{w}{r} = \frac{1-\delta}{\delta}\cdot\frac{K}{L} \tag{4-38}$$

联立式(4-37)和式(4-38)，可以得到 δ 的估计结果如下：

$$\delta = \frac{rK}{rK + wL} \tag{4-39}$$

此时，$\frac{rK}{wL} = \frac{\delta}{1-\delta}$ ，换言之，各要素支付报酬在总要素报酬中的占比由份额参数决定。求解可以得到要素需求函数如下：

$$\begin{aligned} L &= \frac{\overline{q}}{\gamma}\left(\frac{1-\delta}{\delta}\frac{r}{w}\right)^{\delta} = \frac{\overline{q}}{\gamma}\left[\frac{r/\delta}{w/(1-\delta)}\right]^{\delta} \\ &= \frac{\overline{q}}{\gamma}\left[\frac{r/\delta}{w/(1-\delta)}\frac{w/(1-\delta)}{w/(1-\delta)}\right]^{\delta} = \frac{\overline{q}}{\gamma}\frac{\left(\frac{r}{\delta}\frac{w}{1-\delta}\right)^{\delta}}{\left(\frac{w}{1-\delta}\right)^{2\delta}} \end{aligned} \tag{4-40}$$

$$\begin{aligned} K &= \frac{\overline{q}}{\gamma}\left(\frac{1-\delta}{\delta}\frac{r}{w}\right)^{\delta-1} = \frac{\overline{q}}{\gamma}\left[\frac{w/(1-\delta)}{r/\delta}\right]^{1-\delta} \\ &= \frac{\overline{q}}{\gamma}\left[\frac{w/(1-\delta)}{r/\delta}\frac{r/\delta}{r/\delta}\right]^{1-\delta} = \frac{\overline{q}}{\gamma}\frac{\left[\frac{r}{\delta}\frac{w}{1-\delta}\right]^{1-\delta}}{\left(\frac{r}{\delta}\right)^{2(1-\delta)}} \end{aligned} \tag{4-41}$$

令要素集合 $J=\{K,L\}$，要素需求表示为 F_j，要素价格表示为 r_j，要素份额参数表示为 δ_j，由此，可将要素需求函数简洁地写成

$$F_j=\frac{\overline{q}}{\gamma}\cdot\frac{\left(\prod_{\forall k\in J}\frac{r_k}{\delta_k}\right)^{1-\delta_j}}{\left(r_j/\delta_j\right)^{2\left(1-\delta_j\right)}},\quad \forall j\in J \tag{4-42}$$

上述成本最小化问题的 GAMS 程序见程序 4-2。

程序 4-2　成本最小化问题的 GAMS 程序：基于柯布-道格拉斯生产函数

```
*使用//作为行末注释
$eolcom //
*定义生产要素的集合
SET J Factors /K,L/;                    //定义要素集合，包括两个要素 K 和 L
ALIAS (J, JJ);                          //定义集合的别名，用于简化表达

*创建参数名称
PARAMETERS
GAMMA            生产函数中的移位参数
DELTA(J)         生产函数中的份额参数
Q                产出水平
R(J)             要素价格
EO               初始支出
FO(J)            初始要素使用水平;

*给参数赋值
R(J)=1;                      //设置所有要素的初始价格为 1
Q=100;                       //设置产出水平为 100
FO(J)=50;                    //设置所有要素的初始使用量为 50
EO=SUM(J, R(J)*FO(J));       //计算并存储初始总支出 EO

*计算每个要素的份额参数 DELTA(J)
DELTA(J)=(R(J)*FO(J))/(SUM(JJ, R(JJ)*FO(JJ)) );
*计算生产函数中的移位参数 GAMMA
GAMMA=Q/(PROD(J, FO(J)**DELTA(J)));

*创建变量名称
VARIABLES
```

```
E                  总支出水平
F(J)               要素使用水平 ;

*为变量赋初始值，并设置下限
E.L=EO;                       //将支出水平的初始值设置为初始总支出 EO
F.L(J)=FO(J);                 //将每种要素的使用水平初始值设置为初始使用量 FO(J)
F.LO(J)=0;                    //设置要素使用水平的下限为 0

*创建方程名称
EQUATIONS
EXPENDITURE        支出函数
FDEMAND(J)         要素需求函数;

*为方程赋值
*支出函数方程：总支出等于各要素的价格与使用量乘积的和
EXPENDITURE..E=E=SUM(J, R(J)*F(J));
*要素需求函数方程：计算每种要素的需求量 F(J)
FDEMAND(J)..  F(J)=E=  Q/GAMMA*  (PROD(JJ,  R(JJ)/DELTA(JJ)))**(1-
DELTA(J))  /  (R(J)/DELTA(J))**(2*(1-DELTA(J)));

*定义模型并求解
MODEL PRODUCTION /ALL/;
*使用非线性规划 (NLP) 求解模型，目标是最小化总支出 E
SOLVE PRODUCTION USING NLP MINIMIZING E;
DISPLAY R, E.l,F.l;     //显示要素价格 R、总支出 E.l 和要素使用量 F.l
```

进一步地，当生产函数为常数替代弹性(constant elasticity of substitution，CES)生产函数 $q=\gamma\left[\delta K^{\rho}+(1-\delta)L^{\rho}\right]^{1/\rho}$ 时，企业成本最小化问题对应的拉格朗日函数如下：

$$\mathcal{L}=rK+wL+\lambda\left\{\bar{q}-\gamma\left[\delta K^{\rho}+(1-\delta)L^{\rho}\right]^{\frac{1}{\rho}}\right\} \tag{4-43}$$

式中，生产的弹性参数$\rho\leqslant 1$ 且$\rho\neq 0$；γ 为规模效率参数。将拉格朗日函数分别对 K、L、λ 求偏导可得最优化问题的一阶条件：

$$\frac{\partial\mathcal{L}}{\partial K}=r-\lambda q\left[\delta K^{\rho}+(1-\delta)L^{\rho}\right]^{-1}\delta K^{\rho-1}=0 \tag{4-44}$$

$$\frac{\partial \mathcal{L}}{\partial L}=w-\lambda q\left[\delta K^{\rho}+(1-\delta)L^{\rho}\right]^{-1}(1-\delta)L^{\rho-1}=0 \tag{4-45}$$

$$\frac{\partial \mathcal{L}}{\partial \lambda}=\overline{q}-\gamma\left[\delta K^{\rho}+(1-\delta)L^{\rho}\right]^{\frac{1}{\rho}}=0 \tag{4-46}$$

通过求解式(4-44)～式(4-46)，可以得到要素需求函数：

$$K=\frac{\overline{q}\delta^{\sigma}r^{-\sigma}}{\gamma\left\{(\delta r^{-\rho})^{\sigma}+\left[(1-\delta)w^{-\rho}\right]^{\sigma}\right\}^{\frac{1}{\rho}}} \tag{4-47}$$

$$L=\frac{\overline{q}(1-\delta)^{\sigma}w^{-\sigma}}{\gamma\left\{(\delta r^{-\rho})^{\sigma}+\left[(1-\delta)w^{-\rho}\right]^{\sigma}\right\}^{\frac{1}{\rho}}} \tag{4-48}$$

式中，$\sigma=1/(1-\rho)$为要素替代弹性，即在技术水平和投入价格不变的条件下，要素投入比例的相对变动与要素价格比例(或边际技术替代率)的相对变动之比。令要素集合$J=\{K,L\}$，将要素需求表示为F_j、要素价格表示为r_j。要素需求可写成

$$F_j=\frac{\overline{q}\delta_j^{\sigma}r_j^{-\sigma}}{\gamma\left[\sum_{\forall k\in J}(\delta_k r_k^{-\rho})^{\sigma}\right]^{\frac{1}{\rho}}},\quad \forall j\in J \tag{4-49}$$

根据定义，CES 函数的替代弹性$\sigma=\dfrac{\dfrac{\mathrm{d}(L/K)}{L/K}}{\dfrac{\mathrm{d}(\mathrm{TRS})}{\mathrm{TRS}}}=\dfrac{\dfrac{\mathrm{d}(L/K)}{L/K}}{\dfrac{\mathrm{d}(w_1/w_2)}{w_1/w_2}}=\dfrac{\mathrm{dln}\left(\dfrac{L}{K}\right)}{\mathrm{dlnTRS}}$。

CES 生产函数$q=\gamma\left[\delta K^{\rho}+(1-\delta)L^{\rho}\right]^{1/\rho}$的技术替代率(technical rate of substitution，TRS)等于等产量曲线的斜率：

$$\mathrm{TRS}=-\left.\frac{\mathrm{d}L}{\mathrm{d}K}\right|_{q=q_0}=\frac{\partial q/\partial K}{\partial q/\partial K}=\frac{\gamma\dfrac{1}{\rho}\left[\delta K^{\rho}+(1-\delta)L^{\rho}\right]^{\frac{1}{\rho}-1}\delta\rho K^{\rho-1}}{\gamma\dfrac{1}{\rho}\left[\delta K^{\rho}+(1-\delta)L^{\rho}\right]^{\frac{1}{\rho}-1}(1-\delta)\rho L^{\rho-1}}$$

化简后可得$\mathrm{TRS}=\dfrac{\delta}{1-\delta}\left(\dfrac{L}{K}\right)^{1-\rho}$。上式两边同时取对数可得$\ln\mathrm{TRS}=\ln\dfrac{\delta}{1-\delta}+(1-\rho)\cdot\ln\left(\dfrac{L}{K}\right)$，在此基础上再微分有$\mathrm{dlnTRS}=(1-\rho)\mathrm{dln}\left(\dfrac{L}{K}\right)$。由此，可以得到 CES 函

数的要素替代弹性 $\sigma=\dfrac{\mathrm{dln}\left(\dfrac{L}{K}\right)}{\mathrm{dlnTRS}}=\dfrac{1}{1-\rho}$。

在 CGE 模型中引入 CES 生产函数时，需要对份额参数 δ 进行校准。首先可以注意到，参数 δ 为资本 K 的份额参数，参数 $1-\delta$ 为劳动力 L 的份额参数。联立式(4-44)和式(4-45)可得

$$\frac{\delta K^{\rho-1}}{(1-\delta)L^{\rho-1}}=\frac{r}{w}$$

我们将 δ 项移到方程的左边，重新整理可得

$$\frac{\delta}{1-\delta}=\frac{rL^{\rho-1}}{wK^{\rho-1}}=\frac{r/K^{\rho-1}}{w/L^{\rho-1}}$$

在上述表达式的两边同时乘以 $1-\delta$ 可得 $\delta=\dfrac{r/K^{\rho-1}}{w/L^{\rho-1}}(1-\delta)$。然后，展开上式并将 δ 项移到左边，稍作变动后可得

$$\delta\left(1+\frac{\dfrac{r}{K^{\rho-1}}}{\dfrac{w}{L^{\rho-1}}}\right)=\frac{\dfrac{r}{K^{\rho-1}}}{\dfrac{w}{L^{\rho-1}}}$$

$$\delta\left(\frac{\dfrac{w}{L^{\rho-1}}}{\dfrac{w}{L^{\rho-1}}}+\frac{\dfrac{r}{K^{\rho-1}}}{\dfrac{w}{L^{\rho-1}}}\right)=\frac{\dfrac{r}{K^{\rho-1}}}{\dfrac{w}{L^{\rho-1}}}$$

$$\delta\left(\frac{w}{L^{\rho-1}}+\frac{r}{K^{\rho-1}}\right)=\frac{r}{K^{\rho-1}}$$

最后，就可以求解出资本 K 的份额参数 δ 如下：

$$\delta=\frac{\dfrac{r}{K^{\rho-1}}}{\dfrac{w}{L^{\rho-1}}+\dfrac{r}{K^{\rho-1}}} \tag{4-50}$$

此时，L 的份额参数 $1-\delta$ 也可计算得到

$$1-\delta=\frac{\dfrac{w}{L^{\rho-1}}}{\dfrac{w}{L^{\rho-1}}+\dfrac{r}{K^{\rho-1}}} \tag{4-51}$$

上述成本最小化问题的 GAMS 程序见程序 4-3。

程序 4-3　成本最小化问题的 GAMS 程序：基于 CES 生产函数

```
*使用//作为行末注释
$eolcom //
*定义生产要素的集合
SET J Factors /K,L/;                    //定义要素集合，包括两个要素 K 和 L
ALIAS (J, JJ);                          //定义集合的别名

*创建参数名称
PARAMETERS
GAMMA            生产函数中的移位参数
DELTA(J)         生产函数中的份额参数
RHO              生产函数中的弹性参数
Q                产出水平
R(J)             要素价格
EO               初始支出
FO(J)            初始要素使用水平;

*给参数赋值
R(J)=1;                                  //设置所有要素的初始价格为 1
Q=100;                                   //设置产出水平为 100
FO(J)=50;                                //设置所有要素的初始使用量为 50
EO=SUM(J, R(J)*FO(J));                   //计算并存储初始总支出 EO
RHO=0.1;                                 //设置生产函数的弹性参数 RHO 为 0.1
*计算每个要素的份额参数 DELTA(J)，该公式考虑了弹性参数 RHO
DELTA(J)=(R(J)/FO(J)**(RHO-1))/(SUM(JJ, R(JJ)/FO(JJ)**(RHO-1)));
*计算生产函数中的移位参数 GAMMA，该公式也依赖于弹性参数 RHO 和份额参数 DELTA
GAMMA=Q/(SUM(J, DELTA(J)*FO(J)**RHO))**(1/RHO);

*创建变量名称
VARIABLES
E                总支出水平
F(J)             要素使用水平;

*为变量赋初始值，并设置下限
E.L=EO;                     //将支出水平的初始值设置为初始总支出 EO
F.L(J)=FO(J);                        //将每种要素的使用水平初始值设置为初始使用量
FO(J)
F.LO(J)=0;                  //设置要素使用水平的下限为 0
```

```
*创建方程名称
EQUATIONS
EXPENDITURE     支出函数
FDEMAND(J)      要素需求函数;

*支出函数方程：总支出等于各要素的价格与使用量乘积的和
EXPENDITURE..E=E=SUM(J, R(J)*F(J));
*要素需求函数方程：计算每种要素的需求量 F(J)
FDEMAND(J)..F(J)=E=Q*DELTA(J)**(1/(1-RHO))*R(J)**(-1/(1-
RHO))/(GAMMA*SUM(JJ,  (DELTA(JJ)*R(JJ)**(-RHO))**(1/(1-
RHO)))**(1/RHO));

*定义模型并求解
MODEL PRODUCTION /ALL/;
*使用非线性规划 (NLP) 求解模型，目标是最小化总支出 E
SOLVE PRODUCTION USING NLP MINIMIZING E;
```

当生产函数为柯布-道格拉斯生产函数 $q=\gamma K^{\delta}L^{1-\delta}$ 时，要素需求可写成 $F_j=\dfrac{\overline{q}}{\gamma}\dfrac{(\prod_{\forall k\in J}\dfrac{r_k}{\delta_k})^{1-\delta_j}}{\left(\dfrac{r_j}{\delta_j}\right)^{2(1-\delta_j)}}$，此时，GAMS 程序中对应的要素需求定义如下：

```
FDEMAND(J)..  F(J)=E=  Q/GAMMA*  (PROD(JJ,  R(JJ)/DELTA(JJ)))**(1-
DELTA(J))  /  (R(J)/DELTA(J))**(2*(1-DELTA(J)));
```

当生产函数为 CES 生产函数 $q=\gamma[\delta K^{\rho}+(1-\delta)L^{\rho}]^{1/\rho}$ 时，要素需求可写成 $F_j=\dfrac{\overline{q}\delta_j^{\sigma}r_j^{-\sigma}}{\gamma[\sum_{\forall k\in J}(\delta_k r_k^{-\rho})^{\sigma}]^{\frac{1}{\rho}}}$，此时，GAMS 程序中对应的要素需求定义如下：

```
FDEMAND(J)..F(J)=E=Q*DELTA(J)**(1/(1-RHO))*R(J)**(-1/(1-RHO))/(GAMMA*
SUM(JJ,(DELTA(JJ)*R(JJ)**(-RHO))**(1/(1-RHO)))**(1/RHO));
```

在柯布-道格拉斯生产函数中，份额参数 $\delta=\dfrac{rK}{rK+wL}$。GAMS 程序中对应的份额参数校准代码如下：

```
DELTA(J)=(R(J)*FO(J))/(SUM(JJ, R(JJ)*FO(JJ)) );
```

在 CES 生产函数中，份额参数 $\delta=\dfrac{\dfrac{r}{K^{\rho-1}}}{\dfrac{w}{L^{\rho-1}}+\dfrac{r}{K^{\rho-1}}}$。GAMS 程序中对应的份额参数校准代码如下：

```
DELTA(J)=(R(J)/FO(J)**(RHO-1))/(SUM(JJ, R(JJ)/FO(JJ)**(RHO-1)));
```

二、要素价格变动、要素替代弹性与企业要素投入决策

设定企业生产函数满足 CES 函数形式 $q=\gamma(\delta_1 x_1^\rho+\delta_2 x_2^\rho)^{\frac{1}{\rho}}$，其中，$x_1$ 和 x_2 表示两种生产要素。CES 生产函数的技术替代率等于等产量曲线的斜率即 $\mathrm{TRS}=-\left.\dfrac{\mathrm{d}x_2}{\mathrm{d}x_1}\right|_{q=q_0}=\dfrac{\partial q/\partial x_1}{\partial q/\partial x_2}=\dfrac{\delta_1}{\delta_2}\left(\dfrac{x_2}{x_1}\right)^{1-\rho}$。上式两边同时取对数，然后在此基础上再微分有 $\mathrm{dlnTRS}=(1-\rho)\mathrm{dln}\left(\dfrac{x_2}{x_1}\right)$。根据定义，CES 函数的要素替代弹性 $\sigma=\dfrac{\dfrac{\mathrm{d}(x_2/x_1)}{x_2/x_1}}{\dfrac{\mathrm{d}(\mathrm{TRS})}{\mathrm{TRS}}}=\dfrac{\mathrm{dln}\left(\dfrac{x_2}{x_1}\right)}{\mathrm{dlnTRS}}=\dfrac{1}{1-\rho}$。

若 $-\infty<\rho<0$，则要素替代弹性小于 1，此时两种生产要素之间存在互补关系；若 $0<\rho<1$，则要素替代弹性大于 1，生产要素之间存在替代关系。

若 $\rho=1$，则要素替代弹性为正无穷，生产要素之间完全替代。此时 $q=\gamma(\delta_1 x_1^\rho+\delta_2 x_2^\rho)^{\frac{1}{\rho}}=\gamma(\delta_1 x_1+\delta_2 x_2)$，生产函数演变为线性函数。

若 $\rho=-\infty$，则要素替代弹性为 0，两种生产要素之间完全互补。此时，等产量曲线斜率的绝对值为 $\mathrm{TRS}=\dfrac{\delta_1}{\delta_2}\left(\dfrac{x_2}{x_1}\right)^{1-\rho}=\dfrac{\delta_1}{\delta_2}\left(\dfrac{x_2}{x_1}\right)^{\infty}$。当 $x_1=x_2$ 时，$\mathrm{TRS}=\dfrac{\delta_1}{\delta_2}$；当 $x_1>x_2$ 时，$\mathrm{TRS}=0$；当 $x_1<x_2$ 时，TRS 趋向于无穷大，即等产量线为垂直的。因此，当 $\rho=-\infty$ 时，等产量线呈 L 形，CES 生产函数演变为里昂惕夫生产函数 $q=\gamma(\delta_1 x_1^{-\infty}+\delta_2 x_2^{-\infty})^{\frac{1}{-\infty}}=\min\{x_1,x_2\}$。

若 $\rho=0$，则要素替代弹性为 1。此时，等产量曲线斜率的绝对值为

$\text{TRS}=\dfrac{\delta_1}{\delta_2}\left(\dfrac{x_2}{x_1}\right)^{1-\rho} = \dfrac{\delta_1}{\delta_2}\left(\dfrac{x_2}{x_1}\right)^{1}$。柯布-道格拉斯生产函数 $q=\gamma x_1^{\delta_1}x_2^{\delta_2}$ 的技术替代率等于等产量曲线的斜率 $\text{TRS}=-\left.\dfrac{\text{d}x_2}{\text{d}x_1}\right|_{q=q_0}=\dfrac{\partial q/\partial x_1}{\partial q/\partial x_2}=\dfrac{\gamma\delta_1 x_1^{\delta_1-1}x_2^{\delta_2}}{\gamma\delta_2 x_2^{\delta_2-1}x_1^{\delta_1}}=\dfrac{\delta_1}{\delta_2}\dfrac{x_2}{x_1}$。换言之，$\rho=0$ 时，CES 生产函数的 TRS 与柯布-道格拉斯生产函数的 TRS 一致，因此，$\rho=0$ 时，CES 生产函数演变为柯布-道格拉斯生产函数 $q=\gamma(\delta_1 x_1^{-\infty}+\delta_2 x_2^{-\infty})^{\frac{1}{-\infty}}=\gamma x_1^{\delta_1}x_2^{\delta_2}$。

考虑到 CES 生产函数形式的通用性，我们将基于 CES 生产函数探讨要素价格变动、要素替代弹性与企业要素投入之间的联系。

具体而言，在成本最小化的条件下，等产量线与等成本线相切，因此有 $\text{TRS}=w_1/w_2$。由此可以得到 $\dfrac{\delta_1}{\delta_2}\left(\dfrac{x_2}{x_1}\right)^{1-\rho}=w_1/w_2$，化简后可得 $\dfrac{x_2}{x_1}=\left(\dfrac{w_1}{w_2}\dfrac{\delta_2}{\delta_1}\right)^{\frac{1}{1-\rho}}=\left(\dfrac{w_1}{w_2}\dfrac{\delta_2}{\delta_1}\right)^{\sigma}$。上式两边同时取对数，然后在此基础上再微分有 $\text{dln}\dfrac{x_2}{x_1}=\sigma\text{dln}\left(\dfrac{w_1}{w_2}\right)$。因此，要素替代弹性 σ 表示当 w_1/w_2 变动 1%时，两种要素投入比率 x_2/x_1 会变动 $\sigma\%$。

在成本最小化条件下，有 $\dfrac{x_2}{x_1}=\left(\dfrac{w_1}{w_2}\dfrac{\delta_2}{\delta_1}\right)^{\sigma}$，因此，企业要素投入决策 $\left(\dfrac{x_2}{x_1}\right)$ 由要素相对价格 $\left(\dfrac{w_1}{w_2}\right)$ 和要素替代弹性 σ 共同决定。如果要素 x_1 为劳动力 L，x_2 为资本 K，w_1 和 w_2 分别为劳动力和资本的价格，则有如下结论。

(1) 在其他因素不变的情形下(要素替代弹性 σ 不变)，随着劳动力和资本相对价格（w_1/w_2）的提高，x_2/x_1 会变大，即在生产过程中企业会更多地使用相对更便宜的资本要素。

(2) 当要素替代弹性 σ 逐渐增大时，随着劳动力和资本的相对价格 (w_1/w_2) 上升，投入要素比值 x_2/x_1 的变动幅度将增大，即企业在生产过程中将更倾向于增加相对低成本的资本要素的使用。

为了验证前述结论，本节基于程序 4-3 中的“成本最小化问题的 GAMS 程序”设计了表 4-2 中的模拟方案。在基准情景下，资本与劳动力的投入比为 50∶50。当劳动力价格提高 10%且要素替代弹性为 10/9 时，资本与劳动力的投入比分别调整为 52.711∶47.415；当要素替代弹性增至 10/8 时，调整为 53.050∶47.092。模拟结果支持了前文的推论，进一步验证了模型的有效性。

表 4-2 要素价格变动、要素替代弹性与企业要素投入决策

模拟方案	GAMS 代码	劳动力投入	资本投入	资本与劳动力的投入比	基准情景下的投入比
将劳动力的价格提高 10%，要素替代弹性取值为 10/9	`RHO=0.1;` `R('L')=1.1*R('L') ;`	47.415	52.711	52.711 : 47.415	50 : 50
将劳动力的价格提高 10%，要素替代弹性取值为 10/8	`RHO=0.2;` `R('L')=1.1*R('L') ;`	47.092	53.050	53.050 : 47.092	50 : 50

第三节 长期生产与短期生产决策

一、长期生产决策的 HOS 模型

为了刻画长期生产决策，本节将采用 HOS 模型的分析框架。具体而言，在长期内，资本和劳动力可以在各行业间自由流动。长期生产决策的核心问题是：在资源禀赋限制和给定产品价格下，如何在不同行业间优化要素配置，以最大化总产出价值。上述决策问题的拉格朗日函数形式如下：

$$\mathcal{L} = p_1 q_1(K_1, L_1) + p_2 q_2(K_2, L_2) + \lambda(\bar{K} - K_1 - K_2) + \mu(\bar{L} - L_1 - L_2) \tag{4-52}$$

式中，$\bar{K}$ 和 $\bar{L}$ 分别表示资本和劳动力的要素禀赋；拉格朗日乘子 λ 和 μ 分别表示资本和劳动力的影子价格；p_1 和 p_2 分别表示行业 1 和行业 2 产品的价格；q_1 和 q_2 分别表示行业 1 和行业 2 的产出；K_1 和 K_2 分别表示行业 1 和行业 2 所使用的资本；L_1 和 L_2 分别表示行业 1 和行业 2 所使用的劳动力。在完全竞争市场均衡的情形下，资本和劳动力的影子价格将等于要素价格 r 和 w。

取拉格朗日函数关于要素投入和拉格朗日乘子的偏导，能得到长期生产决策问题的一阶条件：

$$\frac{\partial \mathcal{L}}{\partial K_1} = \frac{p_1 \partial q_1}{\partial K_1} - r = 0 \tag{4-53}$$

$$\frac{\partial \mathcal{L}}{\partial L_1} = \frac{p_1 \partial q_1}{\partial L_1} - w = 0 \tag{4-54}$$

$$\frac{\partial \mathcal{L}}{\partial K_2} = \frac{p_2 \partial q_2}{\partial K_2} - r = 0 \tag{4-55}$$

$$\frac{\partial \mathcal{L}}{\partial L_2} = \frac{p_2 \partial q_2}{\partial L_2} - w = 0 \tag{4-56}$$

$$\frac{\partial \mathcal{L}}{\partial \lambda}=\bar{K}-K_1-K_2=0 \tag{4-57}$$

$$\frac{\partial \mathcal{L}}{\partial \mu}=\bar{L}-L_1-L_2=0 \tag{4-58}$$

重新整理式(4-53)～式(4-56)可得

$$\frac{\partial q_1/\partial K_1}{\partial q_1/\partial L_1}=\frac{\partial q_2/\partial K_2}{\partial q_2/\partial L_2}=\frac{r}{w} \tag{4-59}$$

若 $q_1=\gamma_1[\delta_1 K_1^{\rho_1}+(1-\delta_1)L_1^{\rho_1}]^{1/\rho_1}$，$q_2=\gamma_2[\delta_2 K_2^{\rho_2}+(1-\delta_2)L_2^{\rho_2}]^{1/\rho_2}$，则式(4-59)化简后可得 $\frac{r}{w}=\frac{\delta_1}{1-\delta_1}\left(\frac{K_1}{L_1}\right)^{\rho_1-1}=\frac{\delta_2}{1-\delta_2}\left(\frac{K_2}{L_2}\right)^{\rho_2-1}$，上式两边同时取对数，然后在此基础上再微分有

$$\mathrm{dln}\frac{r}{w}=(\rho_1-1)\mathrm{dln}\left(\frac{K_1}{L_1}\right)=(\rho_2-1)\mathrm{dln}\left(\frac{K_2}{L_2}\right) \tag{4-60}$$

在模型中，产品价格 p_1 和 p_2 被视为外生变量。要实现给定产品价格条件下总产出价值的最大化，生产可能性边界的斜率必须与(负的)价格比率相等，由此决定了内生的产出水平 q_1^* 和 q_2^*。此外，内生的资本劳动力比需要满足 $\frac{r}{w}=\frac{\delta_1}{1-\delta_1}\left(\frac{K_1}{L_1}\right)^{\rho_1-1}=\frac{\delta_2}{1-\delta_2}\left(\frac{K_2}{L_2}\right)^{\rho_2-1}$。此时，资本和劳动力的价格比 $\frac{r}{w}$ 是内生决定的。

如果 $\rho_1=\rho_2$，那么式(4-60)意味着，在最优解时，K_1/L_1 的百分比变动将等于 K_2/L_2 的百分比变动。此外，当 K_1/L_1 和 K_2/L_2 同时增加 1%时，资本和劳动力的价格比 r/w 将减少 $(1-\rho_1)\%$。为了验证 HOS 模型中要素价格的决定机制，我们设计了产品价格和要素禀赋变动的模拟方案，详见表 4-3。完整的代码可参见程序 4-4。

表 4-3　产品价格、要素禀赋与要素价格决定

模拟方案	GAMS 代码	资本与劳动力的投入比 K/L	资本和劳动力的价格比 r/w	基准情景下的 K/L	基准情景下的 r/w
产品 1 的价格提高 10%	`P('1')=1.1;`	K_1/L_1=84.315/25.148 K_2/L_2=15.685/74.852	1.136/0.969	K_1/L_1=80/20 K_2/L_2=20/80	1/1

续表

模拟方案	GAMS 代码	资本与劳动力的投入比 K/L	资本和劳动力的价格比 r/w	基准情景下的 K/L	基准情景下的 r/w
资本 K 的供给量提高 10%	FBAR('K')=1.1*FBAR('K');	K_1/L_1=90.667/22.667 K_2/L_2=19.333/77.333	1/1	K_1/L_1=80/20 K_2/L_2=20/80	1/1
劳动力 L 的供给量降低 10%	FBAR('L')=0.9*FBAR('L');	K_1/L_1=82.667/20.667 K_2/L_2=17.333/69.333	1/1	K_1/L_1=80/20 K_2/L_2=20/80	1/1

如表 4-3 所示，当产品 1 的价格提高 10%时，资本与劳动力的投入比下降，导致资本和劳动力的价格比上升。然而，当资本禀赋和劳动力禀赋的数量发生变动时，资本与劳动力的投入比并未改变，因此资本和劳动力的价格比保持不变。

程序 4-4　生产的 HOS 模型 GAMS 代码

```
*使用//作为行末注释
$eolcom //
SET I Goods /1,2/;
SET J Factors /K,L/;
ALIAS (J, JJ);

*创建参数的名称
PARAMETERS
GAMMA(I)         生产中的移位参数
DELTA(J,I)       生产中的份额参数
RHO(I)           生产中的弹性参数
P(I)             产品价格
FBAR(J)          生产要素的供给
QO(I)            初始的产出水平
RO(J)            初始的要素价格
FO(J,I)          初始的要素使用水平
GDPO             初始的国内生产总值;

*为参数赋值
P(I)=1;                    //所有产品的初始价格设为 1
RO(J)=1;                   //所有要素的初始价格设为 1
QO(I)=100;                 //所有产品的初始产出水平设为 100
```

```
FO('L','1')=20;               //要素 L 在产品 1 中的初始使用量设为 20
FO('L','2')=80;               //要素 L 在产品 2 中的初始使用量设为 80
*计算要素 K 的初始使用量
FO('K',I)=(QO(I)*P(I)-FO('L',I)*RO('L'))/RO('K');
FBAR(J)=SUM(I, FO(J,I));      //计算每种要素的总供给量
GDPO=SUM(I, P(I)*QO(I));      //计算初始的国内生产总值
RHO(I)=0.1;                   //为每种产品设置生产函数中的弹性参数
*计算生产函数中的份额参数
DELTA(J,I)=(RO(J)/FO(J,I)**(RHO(I)-1))/(SUM(JJ,
RO(JJ)/FO(JJ,I)**(RHO(I)-1)));
*计算生产函数中的移位参数
GAMMA(I)=QO(I)/(SUM(J, DELTA(J,I)*FO(J,I)**RHO(I)))**(1/RHO(I));

***模拟 1***
P('1')=1.1;  //将产品 1 的价格提高 10%

***模拟 2***
*FBAR('K')= 1.1*FBAR('K'); //将要素 K 的供给量提高 10%

***模拟 3***
*FBAR('L')= 0.9*FBAR('L'); //将要素 L 的供给量降低 10%

*创建变量的名称
VARIABLES
Q(I)          产品的产出水平
R(J)          要素价格
F(J,I)        要素的使用量
GDP           国内生产总值
GDP2          国内生产总值的另一种定义
cost          总成本;
*为变量赋初值，并设置下界
Q.L(I)=QO(I);  //产品的初始产出水平等于初始值
R.L(J)=RO(J);  //要素的初始价格等于初始值
F.L(J,I)=FO(J,I); //要素的初始使用量等于初始值
GDP.L=GDPO;     //国内生产总值的初值等于初始总值
Q.LO(I)=0;      //设置产品产出水平的下界为 0
R.LO(J)=0;      //设置要素价格的下界为 0
F.LO(J,I)=0;    //设置要素使用量的下界为 0
```

```
*定义方程的名称
EQUATIONS
PRODUCTION(I)    生产函数
RESOURCE(J)      资源约束
FDEMAND(J,I)     要素需求函数
INCOME           国内生产总值
INCOME2          国内生产总值的另一种计算方法
expenditure      总成本;

*定义方程
*生产函数定义
PRODUCTION(I)..Q(I)=E=GAMMA(I)*SUM(J,
DELTA(J,I)*F(J,I)**RHO(I))**(1/RHO(I));
*资源约束条件
RESOURCE(J)..FBAR(J)=E=SUM(I, F(J,I));
*要素需求函数定义
FDEMAND(J,I)..R(J)=E=P(I)*Q(I)*SUM(JJ,
DELTA(JJ,I)*F(JJ,I)**RHO(I))**(-1)*DELTA(J,I)*F(J,I)**(RHO(I)-1);
*GDP 的计算
INCOME..GDP=E=SUM(I, P(I)*Q(I));

*等价的 GDP 定义
INCOME2..GDP2=E= SUM(J, R(J)*FBAR(J)); //GDP 的另一种定义方式
expenditure.. cost =E= SUM((J,I), F(J,I)*R(J)); //总成本的计算

*定义模型并求解
MODEL HOS /ALL/; //定义模型并包含所有方程
SOLVE HOS USING NLP MAXIMIZING GDP; //通过最大化 GDP 求解模型
*显示产品价格、产出水平、要素价格、要素使用量、GDP 和要素供给量
DISPLAY P,Q.l,R.l,F.l,GDP.l,GDP2.l, FBAR;

SOLVE HOS USING NLP MAXIMIZING GDP2; //通过最大化 GDP 的另一种定义求解模型
DISPLAY P,Q.l,R.l,F.l,GDP.l,GDP2.l, FBAR;

SOLVE HOS USING NLP MINIMIZING cost; //通过最小化总成本求解模型
DISPLAY P,Q.l,R.l,F.l,GDP.l,GDP2.l, FBAR;
```

二、短期生产决策的特定要素模型

为了描述短期生产，设定资本不能在行业间自由流动，但允许劳动力在不同部门之间流动。短期生产决策问题的拉格朗日函数定义如下：

$$\mathcal{L} = p_1 q_1(K_1, L_1) + p_2 q_2(K_2, L_2) + \lambda_1(\bar{K}_1 - K_1) + \lambda_2(\bar{K}_2 - K_2) + \mu(\bar{L} - L_1 - L_2) \quad (4\text{-}61)$$

式中，$\bar{K}_j$ 表示 j 行业可利用的资本存量；$\bar{L}$ 表示给定的劳动力禀赋；拉格朗日乘子 λ_j 和 μ 分别表示资本和劳动力的影子价格。在完全竞争市场均衡的情形下，资本和劳动力的影子价格等于要素价格 r_j 和 w。

将拉格朗日函数分别对要素投入、拉格朗日乘子求偏导可得

$$\frac{\partial \mathcal{L}}{\partial K_1} = \frac{p_1 \partial q_1}{\partial K_1} - r_1 = 0 \quad (4\text{-}62)$$

$$\frac{\partial \mathcal{L}}{\partial L_1} = \frac{p_1 \partial q_1}{\partial L_1} - w = 0 \quad (4\text{-}63)$$

$$\frac{\partial \mathcal{L}}{\partial K_2} = \frac{p_2 \partial q_2}{\partial K_2} - r_2 = 0 \quad (4\text{-}64)$$

$$\frac{\partial \mathcal{L}}{\partial L_2} = \frac{p_2 \partial q_2}{\partial L_2} - w = 0 \quad (4\text{-}65)$$

$$\frac{\partial \mathcal{L}}{\partial \lambda_1} = \bar{K}_1 - K_1 = 0 \quad (4\text{-}66)$$

$$\frac{\partial \mathcal{L}}{\partial \lambda_2} = \bar{K}_2 - K_2 = 0 \quad (4\text{-}67)$$

$$\frac{\partial \mathcal{L}}{\partial \mu} = \bar{L} - L_1 - L_2 = 0 \quad (4\text{-}68)$$

重新整理式(4-62)～式(4-65)可得

$$\frac{\partial q_1 / \partial K_1}{\partial q_1 / \partial L_1} = \frac{r_1}{w} \quad (4\text{-}69)$$

$$\frac{\partial q_2 / \partial K_2}{\partial q_2 / \partial L_2} = \frac{r_2}{w} \quad (4\text{-}70)$$

若 $q_1 = \gamma_1[\delta_1 K_1^{\rho_1} + (1-\delta_1) L_1^{\rho_1}]^{1/\rho_1}$ ，$q_2 = \gamma_2[\delta_2 K_2^{\rho_2} + (1-\delta_2) L_2^{\rho_2}]^{1/\rho_2}$ ，则式(4-69)和式(4-70)化简后可得

$$\frac{r_1}{w} = \frac{\delta_1}{1-\delta_1}\left(\frac{K_1}{L_1}\right)^{\rho_1 - 1} \quad (4\text{-}71)$$

$$\frac{r_2}{w}=\frac{\delta_2}{1-\delta_2}\left(\frac{K_2}{L_2}\right)^{\rho_2-1} \tag{4-72}$$

式(4-71)和式(4-72)两边同时取对数，然后在此基础上再微分，有

$$\mathrm{dln}\frac{r_1}{w}=(\rho_1-1)\mathrm{dln}\left(\frac{K_1}{L_1}\right) \tag{4-73}$$

$$\mathrm{dln}\frac{r_2}{w}=(\rho_2-1)\mathrm{dln}\left(\frac{K_2}{L_2}\right) \tag{4-74}$$

与 HOS 模型类似，在特定要素(specific factors，SF)模型中，产品价格 p_1 和 p_2 被视为外生变量。为了在给定产品价格的情况下实现总产出价值最大化，生产可能性边界的斜率必须等于(负的)价格比率。这一条件决定了内生的 q_1^* 和 q_2^*。此外，内生的资本劳动力比需满足式(4-71)和式(4-72)，进而决定了两个行业中资本和劳动力的价格比 r_1/w 和 r_2/w。

式(4-73)和式(4-74)表明，在最优解情况下，行业 1 中资本劳动力比 K_1/L_1 增加 1%时，行业 1 中资本和劳动力的价格比 r_1/w 将减少 $(1-\rho_1)$%；同理，行业 2 中 K_2/L_2 增加 1%时，行业 2 中资本和劳动力的价格比 r_2/w 也将减少 $(1-\rho_2)$%。为了深入探究特定要素模型中要素价格的决定机制，我们设计了产品价格变动和要素禀赋变动的模拟方案，详见表 4-4，完整代码请参考程序 4-5。

表 4-4　产品价格、要素禀赋与要素价格决定

模拟方案	GAMS 代码	资本与劳动力的投入比 K/L	资本和劳动力的价格比 r/w	基准情景下的 K/L	基准情景下的 r/w
产品 1 的价格提高 10%	`P('1')=1.1;`	K_1/L_1=80.000/22.643 K_2/L_2=20.000/77.357	r_1/w=1.125/1.006 r_2/w=0.976/1.006	K_1/L_1=80/20 K_2/L_2=20/80	r_1/w=1/1 r_2/w=1/1
资本 K 的供给量提高 10%	`FBAR('K')= 1.1*FBAR('K');`	K_1/L_1=88.000/21.870 K_2/L_2=20.000/78.130	r_1/w=0.999/1.004 r_2/w=0.983/1.004	K_1/L_1=80/20 K_2/L_2=20/80	r_1/w=1/1 r_2/w=1/1
劳动力 L 的供给量降低 10%	`FBAR('L')=0.9* FBAR('L');`	K_1/L_1=80.000/19.383 K_2/L_2=20.000/70.617	r_1/w=0.994/1.023 r_2/w=0.914/1.023	K_1/L_1=80/20 K_2/L_2=20/80	r_1/w=1/1 r_2/w=1/1

如表 4-4 所示，当产品 1 的价格提高 10%时，行业 1 中的资本与劳动力的投入比下降，而行业 2 中的资本与劳动力的投入比增加。这使得行业 1 中的资本和劳动力的价格比提高，行业 2 中的资本和劳动力的价格比下降。此时，无论是行业 1 中的资本 K 增加，还是劳动力禀赋减少，均会导致两个行业中资本与劳动力

的投入比增加，从而造成两个行业中资本和劳动力的价格比下降。这一结论不同于 HOS 模型，在 HOS 模型中，资本禀赋和劳动力禀赋的数量变动并不会改变资本与劳动力的投入比，因此资本和劳动力的价格比保持不变。

程序 4-5 生产的特定要素模型 GAMS 代码

```
*使用//作为行末注释
$eolcom //

*定义模型中需要进行索引的集合
SET I Goods /1,2/;  //定义产品集 I
SET J Factors /K,L,N/;  //定义生产要素集 J
ALIAS (J, JJ);  //为 J 定义别名 JJ
*给参数命名
PARAMETERS
GAMMA(I)         生产函数中的移位参数
DELTA(J,I)       生产函数中的份额参数
RHO(I)           生产函数中的弹性参数
P(I)             产品价格
FBAR(J)          生产要素的供给
QO(I)            初始的产出水平
RO(J)            初始的要素价格
FO(J,I)          初始的要素使用水平
GDPO             初始的国内生产总值;

*给参数赋值
P(I)=1;  //设置所有产品的初始价格为 1
RO(J)=1;  //设置所有要素的初始价格为 1
QO(I)=100;  //设置所有产品的初始产出水平为 100
FO('L','1')=20;  //设置要素 L 在产品 1 中的初始使用量为 20
FO('L','2')=80;  //设置要素 L 在产品 2 中的初始使用量为 80
*计算要素 K 在产品 1 中的初始使用量
FO('K','1')=(QO('1')*P('1')-FO('L','1')*RO('L'))/RO('K');
*计算要素 N 在产品 2 中的初始使用量
FO('N','2')=(QO('2')*P('2')-FO('L','2')*RO('L'))/RO('N');
FBAR(J)=SUM(I, FO(J,I));  //计算每种要素的总供给量
GDPO=SUM(I, P(I)*QO(I));  //计算初始的国内生产总值
RHO(I)=0.1;  //设置生产函数中的弹性参数
```

```
*计算生产函数中的份额参数
DELTA(J,I)$FO(J,I)=(RO(J)/FO(J,I)**(RHO(I)-1))/(SUM(JJ$FO(JJ,I),
RO(JJ)/FO(JJ,I)**(RHO(I)-1)));
*计算生产函数中的移位参数
GAMMA(I)=QO(I)/(SUM(J$FO(J,I),
DELTA(J,I)*FO(J,I)**RHO(I)))**(1/RHO(I));

*外部冲击：将产品 1 的价格提高 10%
*P('1')=1.1;

*给变量命名
VARIABLES
Q(I)           产品的产出水平
R(J)           要素价格
F(J,I)         要素的使用量
GDP            国内生产总值;

*给变量设置初始值及下界
Q.L(I)=QO(I);  //设置产品的初始产出水平
R.L(J)=RO(J);  //设置要素的初始价格
F.L(J,I)=FO(J,I);  //设置要素的初始使用量
GDP.L=GDPO;  //设置国内生产总值的初值
Q.LO(I)=0;  //设置产出水平的下界为 0
R.LO(J)=0;  //设置要素价格的下界为 0
F.LO(J,I)=0;  //设置要素使用量的下界为 0
F.FX(J,I)$(FO(J,I)=0)=0;  //确保要素的初始使用量为 0 的 F(J,I)值仍为 0

*给方程命名
EQUATIONS
PRODUCTION(I)    生产函数
RESOURCE(J)      资源约束
FDEMAND(J,I)     要素需求函数
INCOME           国内生产总值;

*定义方程
*定义生产函数
PRODUCTION(I)..Q(I)=E=GAMMA(I)*SUM(J$FO(J,I),
DELTA(J,I)*F(J,I)**RHO(I))**(1/RHO(I));
```

```
*定义资源约束条件
RESOURCE(J)..FBAR(J)=E=SUM(I, F(J,I));
*定义要素需求函数
FDEMAND(J,I)$FO(J,I)..R(J)=E=P(I)*Q(I)*SUM(JJ$FO(JJ,I),
DELTA(JJ,I)*F(JJ,I)**RHO(I))**(-1)*DELTA(J,I)*F(J,I)**(RHO(I)-1);
*定义 GDP 的计算方程
INCOME..GDP=E=SUM(I, P(I)*Q(I));

*定义模型并包含所有方程
MODEL SF /ALL/;
SOLVE SF USING NLP MAXIMIZING GDP;  //通过最大化 GDP 求解模型

DISPLAY P, R.l,Q.l,F.l,GDP.l,FBAR;
```

三、HOS 模型中引入有偏技术进步

为了在 HOS 模型中引入有偏技术进步，需对 CES 函数进行如下修正：

$$q=\gamma\left[\delta_1(a_L L)^{\rho}+\delta_2(a_K K)^{\rho}\right]^{\frac{1}{\rho}} \tag{4-75}$$

式中，当 a_L 增大时，表明技术进步主要通过提升劳动力的生产效率来实现，称为劳动增进型技术进步；当 a_K 增大时，表明技术进步主要通过提升资本的生产效率来实现，称为资本增进型技术进步；当 γ 增大时，劳动力和资本的生产力都以相同的速度提高，所以可用 γ 的增大来刻画中性技术进步的冲击。

在完全竞争市场均衡下，若资本和劳动力的要素价格分别为 r 和 w，则生产函数 $q=\gamma(\delta_1 L^{\rho}+\delta_2 K^{\rho})^{\frac{1}{\rho}}$ 所对应的要素需求函数为

$$r_j=pq\left(\sum_{\forall k\in J}\delta_k F_k^{\rho}\right)^{-1}\delta_j F_j^{\rho-1},\quad \forall j\in J \tag{4-76}$$

式中，要素集合 $J=\{K,L\}$。相应地，式(4-75)所对应的要素需求函数为

$$r_j=pq\left(\sum_{\forall k\in J}\delta_k (a_k F_k)^{\rho}\right)^{-1}\delta_j (a_j F_j)^{\rho-1}a_j,\quad \forall j\in J \tag{4-77}$$

式(4-77)所对应的一阶优化条件为 $\frac{w}{r}=\frac{\delta_1 a_L^{\rho}}{\delta_2 a_K^{\rho}}\left(\frac{K}{L}\right)^{1-\rho}$，化简后可得 $\frac{\delta_1}{\delta_2}=\frac{w/\left[(a_L L)^{\rho-1}a_L\right]}{r/\left[(a_K K)^{\rho-1}a_K\right]}$。在 CES 函数中，通常设置 $\delta_1+\delta_2=1$。由此可推导出份额参数

δ_1 和 δ_2 的校调估算(calibration)公式如下：

$$\delta_1 = \frac{w/\left[(a_L L)^{\rho-1} a_L\right]}{w/\left[(a_L L)^{\rho-1} a_L\right] + r/\left[(a_K K)^{\rho-1} a_K\right]} \tag{4-78}$$

$$\delta_2 = \frac{r/\left[(a_K K)^{\rho-1} a_K\right]}{w/\left[(a_L L)^{\rho-1} a_L\right] + r/\left[(a_K K)^{\rho-1} a_K\right]} \tag{4-79}$$

对移位参数 γ 的校调估算公式是

$$\gamma = q/\left[\delta_1(a_1 x_1)^{\rho} + \delta_2(a_2 x_2)^{\rho}\right]^{\frac{1}{\rho}} \tag{4-80}$$

简言之，通过式(4-75)，我们引入了有偏技术进步。基于式(4-78)～式(4-80)，我们可以校调 CES 函数中的份额参数和移位参数。式(4-77)则描述了要素需求函数。因此，最终在 HOS 模型中引入有偏技术进步的 GAMS 代码如程序 4-6 所示。

程序 4-6　在 HOS 模型中引入有偏技术进步的 GAMS 代码

```
*使用//作为行末注释
$eolcom //

SET I Goods /1,2/;  //定义产品集合 I，包含两个产品：1 和 2
SET J Factors /K,L/;  //定义生产要素集合 J，包含两个要素：K 和 L
ALIAS (J, JJ);  //为集合 J 定义别名 JJ，以便后续使用

*给参数命名
PARAMETERS
GAMMA(I)        生产函数中的移位参数
DELTA(J,I)      生产函数中的份额参数
RHO(I)          生产函数中的弹性参数
P(I)            产品的价格
FBAR(J)         要素的供给量
QO(I)           初始的产出水平
RO(J)           初始的要素价格
FO(J,I)         初始的要素使用量
GDPO            初始的国内生产总值
fprd0(J,I)      产品 I 中生产要素 J 的初始生产率
fprd(J,I)       产品 I 中生产要素 J 的生产率
;
```

```
*给参数赋值
P(I)=1;  //设置产品的初始价格为 1
RO(J)=1;  //设置要素的初始价格为 1
QO(I)=100;  //设置产品的初始产出水平为 100
FO('L','1')=20;  //设置要素 L 在产品 1 中的初始使用量为 20
FO('L','2')=80;  //设置要素 L 在产品 2 中的初始使用量为 80
*计算要素 K 的初始使用量
FO('K',I)=(QO(I)*P(I)-FO('L',I)*RO('L'))/RO('K');
FBAR(J)=SUM(I, FO(J,I));  //计算各要素的总供给量
GDPO=SUM(I, P(I)*QO(I));  //计算初始的国内生产总值
RHO(I)=0.1;  //设置生产函数的弹性参数为 0.1

fprd0(J,I) = 1;  //设置要素的初始生产率为 1
*计算生产函数的份额参数
DELTA(J,I)=(RO(J)/(fprd0(J,I)*(fprd0(J,I)*FO(J,I))**(RHO(I)-
1))))/(SUM(JJ,
RO(JJ)/(fprd0(JJ,I)*(fprd0(JJ,I)*FO(JJ,I))**(RHO(I)-1))));
*计算生产函数的移位参数
GAMMA(I)=QO(I)/(SUM(J,DELTA(J,I)*(fprd0(J,I)*FO(J,I))**RHO(I)))**
(1/RHO(I));

*将要素的初始生产率赋值给调整后的生产率
fprd(J,I) = fprd0(J,I);

*模拟人口老龄化，通过将劳动力供给量减少 10%来体现
*FBAR('L')= 0.9*FBAR('L');

*定义变量名称
VARIABLES
Q(I)           产品的产出水平
R(J)           要素的价格
F(J,I)         要素的使用量
GDP            国内生产总值
GDP2           GDP 的另一种定义方式
;
*给变量赋初始值和下界
Q.L(I)=QO(I);  //设置产品的初始产出水平
R.L(J)=RO(J);  //设置要素的初始价格
```

```
F.L(J,I)=FO(J,I);  //设置要素的初始使用量
GDP.L=GDPO;  //设置初始的国内生产总值
Q.LO(I)=0;  //设置产品产出的下界为 0
R.LO(J)=0;  //设置要素价格的下界为 0
F.LO(J,I)=0;  //设置要素使用量的下界为 0

*给方程命名
EQUATIONS
PRODUCTION(I)    生产函数
RESOURCE(J)      资源约束条件
FDEMAND(J,I)     要素需求函数
INCOME          国内生产总值
INCOME2         GDP 的另一种计算方式
;

*定义生产函数
PRODUCTION(I)..Q(I)=E=GAMMA(I)*SUM(J,
DELTA(J,I)*(fprd(J,I)*F(J,I))**RHO(I))**(1/RHO(I));
*定义资源约束条件
RESOURCE(J)..FBAR(J)=E=SUM(I, F(J,I));
*定义要素需求函数
FDEMAND(J,I)..R(J)=E=P(I)*Q(I)*SUM(JJ,
DELTA(JJ,I)*(fprd(JJ,I)*F(JJ,I))**RHO(I))**(-
1)*DELTA(J,I)*(fprd(J,I)*F(J,I))**(RHO(I)-1)*fprd(J,I);
*定义 GDP 的计算方程
INCOME..GDP=E=SUM(I, P(I)*Q(I));

*定义 GDP 的另一种计算方式
INCOME2..GDP2=E= SUM(J, R(J)*FBAR(J));

*定义模型 HOS，并进行求解
MODEL HOS /ALL/;
SOLVE HOS USING NLP MAXIMIZING GDP;
DISPLAY P,Q.l,R.l,F.l,GDP.l, FBAR,fprd;

*要素增进型技术进步冲击的模拟方案
*fprd('K',I)=fprd('K',I)*1.1;  //模拟要素 K 的生产率提升 10%
*fprd('K','1')=fprd('K','1')*1.1;  //模拟要素 K 在产品 1 中的生产率提升 10%
```

```
*fprd('K','2')=fprd('K','2')*1.1;  //模拟要素 K 在产品 2 中的生产率提升 10%
*fprd('L',I)=fprd('L',I)*1.1;  //模拟要素 L 的生产率提升 10%
*fprd('L','1')=fprd('L','1')*1.1;  //模拟要素 L 在产品 1 中的生产率提升 10%
*fprd('L','2')=fprd('L','2')*1.1;  //模拟要素 L 在产品 2 中的生产率提升 10%
*GAMMA(I)=GAMMA(I)*1.1;  //模拟中性技术进步冲击
*再次使用非线性规划方法，以最大化 GDP 为目标，求解模型
SOLVE HOS USING NLP MAXIMIZING GDP;
DISPLAY P,Q.l,R.l,F.l,GDP.l, FBAR,fprd;
```

作为案例，本节模拟分析了在人口老龄化背景下技术进步的影响。人口老龄化会导致劳动力供给减少，我们假定劳动力禀赋减少 10%(代码为“FBAR('L')=0.9*FBAR('L');”)来模拟这一冲击。在无外部冲击的基准情景下，行业 1 使用了 80 单位资本和 20 单位劳动力，行业 2 则使用了 20 单位资本和 80 单位劳动力，两个行业的产量均为 100 单位。因此，产品 1 是资本密集型产品，而产品 2 是劳动密集型产品。在劳动力禀赋减少 10% 的情况下，劳动力变得稀缺，资本则相对充裕。结果是资本和劳动力更多地流向资本密集型行业 1(K_1=82.667，L_1=20.667，K_2=17.333，L_2=69.333)，导致产品 1 的产量增加至 103.333 单位，而产品 2 的产量减少至 86.667 单位。

为了应对老龄化对经济产出的影响，我们设定了七种类型的技术进步冲击，具体的模拟方案及结果见表 4-5。

表 4-5 人口老龄化背景下技术进步冲击的影响

模拟方案	GAMS 代码	资本与劳动力的投入	产出水平
要素 K 的生产率提升 10%	`fprd('K',I)=fprd('K',I)*1.1;`	K_1=84.848，L_1=23.333 K_2=15.152，L_2=66.667	Q_1=116.667 Q_2=83.333
要素 K 在产品 1 中的生产率提升 10%	`fprd('K','1')=fprd('K','1')*1.1;`	K_1=85.762，L_1=24.426 K_2=14.238，L_2=65.574	Q_1=118.753 Q_2=79.702
要素 K 在产品 2 中的生产率提升 10%	`fprd('K','2')=fprd('K','2')*1.1;`	K_1=81.591，L_1=19.685 K_2= 18.409，L_2=70.315	Q_1=101.268 Q_2=90.430
要素 L 的生产率提升 10%	`fprd('L',I)=fprd('L',I)*1.1;`	K_1=80.267，L_1=19.733 K_2=18.242，L_2=71.758	Q_1=100.333 Q_2=98.667
要素 L 在产品 1 中的生产率提升 10%	`fprd('L','1')=fprd('L','1')*1.1;`	K_1=83.564，L_1=21.878 K_2=16.436，L_2=68.122	Q_1=107.470 Q_2=84.551
要素 L 在产品 2 中的生产率提升 10%	`fprd('L','2')=fprd('L','2')*1.1;`	K_1=79.269，L_1=17.212 K_2=20.731，L_2=72.788	Q_1=96.347 Q_2=100.789
中性技术进步冲击	`GAMMA(I)=GAMMA(I)*1.1;`	K_1=82.667，L_1=20.667 K_2=17.333，L_2=69.333	Q_1=113.667 Q_2=95.333

在表 4-5 中，模拟方案 1～6 考察了有偏技术进步的冲击，方案 7 则研究了中性技术进步的影响。从要素投入的最优配置来看，中性技术进步不会改变行业 1 和行业 2 中资本和劳动力的投入结构，而有偏技术进步则会显著影响生产过程中的要素配置。

具体来说，面对老龄化冲击时，如果所有行业或资本密集型行业 1 发生资本增进型技术进步，资本和劳动力将更多地向资本密集型行业 1 流动，导致该行业产出增加，同时劳动密集型行业 2 的产出缩减。尤其当仅行业 1 发生资本增进型技术进步时，对劳动密集型行业 2 的负面影响最大。然而，当仅在劳动密集型行业 2 发生资本增进型技术进步时，这会促使资本和劳动力等资源禀赋向行业 2 流动，并有助于行业 2 产出的增加。

如果所有行业或劳动密集型行业 2 发生了劳动增进型技术进步，资本和劳动力将转向劳动密集型行业 2，推动该行业产出的反弹，而资本密集型行业 1 的产出增速放缓。尤其当仅行业 2 发生劳动增进型技术进步时，对劳动密集型行业 2 的正面影响最为显著。然而，当仅在资本密集型行业 1 发生劳动增进型技术进步时，会促使资本和劳动力等资源禀赋向行业 1 流动，从而不利于劳动密集型行业 2 产出的增加。

若发生中性技术进步，尽管资本和劳动力的投入结构不变，但两个行业的产出水平均有所增长。

综上所述，如果政策目标是保护行业 2 的产出水平，那么仅在劳动密集型行业 2 发生劳动增进型技术进步的效果最佳，仅在资本密集型行业 1 发生资本增进型技术进步的效果最差，而中性技术进步的效果介于两者之间。

四、HOS 模型中引入中间投入品

长期生产决策问题的核心在于：在资源禀赋受到约束且产品价格已知的情况下，如何在不同行业间合理配置要素禀赋，以实现总产出价值的最大化。如前文所述，该问题可以通过以下拉格朗日函数进行表述：

$$\mathcal{L} = p_1q_1 + p_2q_2 + \lambda\left(\bar{K} - K_1 - K_2\right) + \mu\left(\bar{L} - L_1 - L_2\right) \tag{4-81}$$

式中，$\bar{K}$ 和 $\bar{L}$ 分别表示资本和劳动力的要素禀赋；拉格朗日乘子 λ 和 μ 分别表示资本和劳动力的影子价格。在完全竞争市场均衡的情形下，资本和劳动力的影子价格等于要素价格 r 和 w。在常规 HOS 模型中，生产只涉及劳动力和资本，两个行业的生产函数分别为 $q_1\left(K_1, L_1\right)$ 和 $q_2\left(K_2, L_2\right)$。然而，现实中的生产过程通常还包括中间投入品。因此，生产函数应扩展为 $q_1\left(K_1, L_1, q_{11}, q_{21}\right)$ 和 $q_2\left(K_2, L_2, q_{12}, q_{22}\right)$。其中，$q_{11}$ 和 q_{21} 分别表示在生产产品 1 时使用的中间投入品产品 1 和产品 2 的数量；q_{12} 和 q_{22} 则分别表示在生产产品 2 时使用的中间投入品产品 1 和产品 2 的数量。K_1 和 L_1 是生产产品 1 时所用的资本和劳动力，而 K_2 和 L_2 则用于生产产品 2。换言之，我们在生产函数中引入了中间投入品 q_{11}、q_{21}、q_{12}、q_{22}，以更全面地反映生产过程的复杂性。

需要指出的是，在现实生产中，资本与劳动力的替代弹性通常不同于中间投入品与其他生产要素(如资本或劳动力)的替代弹性。因此，不能直接将中间投入品纳入同一层级的生产函数(如 CES 函数)，而应采用嵌套形式的生产函数。具体来说，我们假设使用 CES 函数对劳动力和资本进行加总，从而得到两个行业的复合增加值，其定义如下：

$$V_1 = \gamma_1[\delta_1 K_1^{\rho_1} + (1-\delta_1) L_1^{\rho_1}]^{1/\rho_1} \tag{4-82}$$

$$V_2 = \gamma_2[\delta_2 K_2^{\rho_2} + (1-\delta_2) L_2^{\rho_2}]^{1/\rho_2} \tag{4-83}$$

其次，假设复合增加值与中间投入品的复合关系满足里昂惕夫函数，因此，两个行业的生产函数分别为 $q_1 = \min(V_1, q_{11}, q_{21})$，$q_2 = \min(V_2, q_{12}, q_{22})$。根据里昂惕夫函数的性质，复合增加值与中间投入品在产出中的比例是固定不变的。因此，我们定义投入产出系数和复合增加值的单位需求如下：$a_{11} = q_{11} / q_1$，$a_{21} = q_{21} / q_1$，$a_{V1} = V_1 / q_1$，$a_{12} = q_{12} / q_2$，$a_{22} = q_{22} / q_2$，$a_{V2} = V_2 / q_2$。其中，a_{11} 表示每生产一单位产品 1 所需的产品 1 的数量，a_{21} 表示每生产一单位产品 1 所需的产品 2 的数量，a_{V1} 表示每生产一单位产品 1 所需的行业 1 复合增加值的数量。类似地，a_{12}、a_{22}、a_{V2} 分别表示每生产一单位产品 2 所需的产品 1、产品 2 和行业 2 复合增加值的数量。

在完全竞争市场条件下，根据产品耗尽原理可得

$$p_1 q_1 = p_1 q_{11} + p_2 q_{21} + p_1^V V_1 \tag{4-84}$$

$$p_2 q_2 = p_1 q_{12} + p_2 q_{22} + p_2^V V_2 \tag{4-85}$$

由式(4-84)和式(4-85)可知，支付给增加值的金额($p_1^V V_1$ 或 $p_2^V V_2$)等于从总产值($p_1 q_1$ 或 $p_2 q_2$)中扣除中间投入成本($p_1 q_{11} + p_2 q_{21}$ 或 $p_1 q_{12} + p_2 q_{22}$)后的净值。

实际上，在引入中间投入品后，式(4-81)中的拉格朗日函数目标不再是实现两个行业的总产值最大化，而是实现两个行业增加值总和(即净产值 $p_1^V V_1 + p_2^V V_2$)的最大化。将行业 1 净产值对应的价格定义为 p_1^N，则有

$$p_1^N = \frac{p_1^V V_1}{q_1} = \frac{p_1 q_1 - p_1 q_{11} - p_2 q_{21}}{q_1} = p_1 - p_1 a_{11} - p_2 a_{21} \tag{4-86}$$

类似地，可得到行业 2 净产值对应的价格为

$$p_2^N = \frac{p_2^V V_2}{q_2} = p_2 - p_1 a_{12} - p_2 a_{22} \tag{4-87}$$

由式(4-86)和式(4-87)可知，$p_1^V V_1 = p_1^N q_1$，$p_2^V V_2 = p_2^N q_2$，因此两个行业的增加值总和可表示为 $p_1^N q_1 + p_2^N q_2$。考虑中间投入品的长期生产决策问题，拉格朗日函数的形式如下：

$$\mathcal{L} = p_1^N q_1 + p_2^N q_2 + \lambda\left(\bar{K} - K_1 - K_2\right) + \mu\left(\bar{L} - L_1 - L_2\right) \tag{4-88}$$

取拉格朗日函数关于要素投入和拉格朗日乘子的偏导，可得到考虑中间投入品的长期生产决策问题的一阶条件如下：

$$\frac{\partial \mathcal{L}}{\partial K_1} = \frac{p_1^N \partial q_1}{\partial K_1} - r = 0 \tag{4-89}$$

$$\frac{\partial \mathcal{L}}{\partial L_1} = \frac{p_1^N \partial q_1}{\partial L_1} - w = 0 \tag{4-90}$$

$$\frac{\partial \mathcal{L}}{\partial K_2} = \frac{p_2^N \partial q_2}{\partial K_2} - r = 0 \tag{4-91}$$

$$\frac{\partial \mathcal{L}}{\partial L_2} = \frac{p_2^N \partial q_2}{\partial L_2} - w = 0 \tag{4-92}$$

$$\frac{\partial \mathcal{L}}{\partial \lambda} = \bar{K} - K_1 - K_2 = 0 \tag{4-93}$$

$$\frac{\partial \mathcal{L}}{\partial \mu} = \bar{L} - L_1 - L_2 = 0 \tag{4-94}$$

如果将所有价格标准化为 1，则

$$q_1 = q_{11} + q_{21} + V_1 \tag{4-95}$$

$$q_2 = q_{12} + q_{22} + V_2 \tag{4-96}$$

由于 $a_{11} = q_{11} / q_1$，$a_{21} = q_{21} / q_1$，$a_{V1} = V_1 / q_1$，$a_{12} = q_{12} / q_2$，$a_{22} = q_{22} / q_2$，$a_{V2} = V_2 / q_2$，则式(4-95)和式(4-96)化简后可得

$$a_{11} + a_{21} + a_{V1} = 1 \tag{4-97}$$

$$a_{12} + a_{22} + a_{V2} = 1 \tag{4-98}$$

进一步地，由于 $a_{V1} = V_1 / q_1$，$a_{V2} = V_2 / q_2$，所以：

$$q_1 = \frac{V_1}{a_{V1}} = \frac{\gamma_1[\delta_1 K_1^{\rho_1} + \left(1 - \delta_1\right) L_1^{\rho_1}]^{1/\rho_1}}{1 - a_{11} - a_{21}} \tag{4-99}$$

$$q_2 = \frac{V_2}{a_{V2}} = \frac{\gamma_2[\delta_2 K_2^{\rho_2} + (1-\delta_2) L_2^{\rho_2}]^{1/\rho_2}}{1 - a_{12} - a_{22}} \tag{4-100}$$

因此,考虑中间投入品的长期生产决策问题的一阶条件见式(4-94)～式(4-99),其中净价格 p_1^N 和 p_2^N 的定义见式(4-86)和式(4-87),生产函数的定义见式(4-99)和式(4-100)。通过这些一阶条件,就可求解出模型的最优解。在基准 HOS 模型中,生产函数的定义为

$$q_i = \gamma_i \left(\sum_{\forall j \in J} \delta_{ji} F_{ji}^{\rho_i} \right)^{\frac{1}{\rho_i}}, \quad \forall i \in I \tag{4-101}$$

式中,I 为产品集合;J 为生产要素集合。

当考虑中间投入品时,生产函数定义为

$$q_i = \frac{\gamma_i}{1 - \sum_{\forall h \in I} a_{hi}} \left(\sum_{\forall j \in J} \delta_{ji} F_{ji}^{\rho_i} \right)^{\frac{1}{\rho_i}}, \quad \forall i \in I \tag{4-102}$$

上述生产函数定义的 GAMS 代码为

```
PRODUCTION(I)..Q(I)=E=(GAMMA(I)/(1-SUM(II,A(II,I))))*SUM(J$FO(J,I),
DELTA(J,I)*F(J,I)**RHO(I))**(1/RHO(I));
```

由式(4-102)可知:

$$\gamma_i = \frac{q_i}{\left(\sum_{\forall j \in J} \delta_{ji} F_{ji}^{\rho_i} \right)^{\frac{1}{\rho_i}}} \left(1 - \sum_{\forall h \in I} a_{hi} \right), \quad \forall i \in I \tag{4-103}$$

上述 γ_i 参数校准的 GAMS 代码为

```
GAMMA(I)=(QO(I)/(SUM(J,DELTA(J,I)*FO(J,I)**RHO(I)))**(1/RHO(I)))*
(1-SUM(II,A(II,I)));
```

在基准 HOS 模型中,要素需求方程为

$$r_j = p_i q_i \left(\sum_{\forall k \in J} \delta_{ki} F_{ki}^{\rho_i} \right)^{-1} \delta_{ji} F_{ji}^{\rho_i - 1}, \quad \forall j \in J, \forall i \in I \tag{4-104}$$

当考虑了中间投入品时,要素需求方程为

$$r_j = p_i^N q_i \left(\sum_{\forall k \in J} \delta_{ki} F_{ki}^{\rho_i} \right)^{-1} \delta_{ji} F_{ji}^{\rho_i - 1}, \quad \forall j \in J, \forall i \in I \tag{4-105}$$

上述要素需求方程定义的 GAMS 代码为

```
FDEMAND(J,I)..R(J)=E=PN(I)*Q(I)*SUM(JJ, DELTA(JJ,I)*F(JJ,I)**RHO(I))**
(-1)*DELTA(J,I)*F(J,I)**(RHO(I)-1);
```

五、HOS 模型中同时引入中间投入品和有偏技术进步

考虑中间投入品的长期生产决策问题的拉格朗日函数形式如下：

$$\mathcal{L}=p_1^N q_1+p_2^N q_2+\lambda\left(\bar{K}-K_1-K_2\right)+\mu\left(\bar{L}-L_1-L_2\right)$$

为了引入有偏技术进步，同时考虑中间投入品，假设使用 CES 函数对劳动力和资本进行加总，得到两个行业的复合增加值，其定义如下：

$$V_1=\gamma_1[\delta_{L_1}(a_{L_1}L_1)^{\rho_1}+\delta_{K_1}(a_{K_1}K_1)^{\rho_1}]^{1/\rho_1} \tag{4-106}$$

$$V_2=\gamma_2[\delta_{L_2}(a_{L_2}L_2)^{\rho_2}+\delta_{K_2}(a_{K_2}K_2)^{\rho_2}]^{1/\rho_2} \tag{4-107}$$

假设复合增加值与中间投入品的复合关系满足里昂惕夫函数，即两个行业的产出分别为 $q_1=\min\left(V_1,q_{11},q_{21}\right)$， $q_2=\min\left(V_2,q_{12},q_{22}\right)$。

由式(4-99)和式(4-100)可知：

$$q_1=\frac{V_1}{a_{V_1}}=\frac{\gamma_1[\delta_{L_1}(a_{L_1}L_1)^{\rho_1}+\delta_{K_1}(a_{K_1}K_1)^{\rho_1}]^{1/\rho_1}}{1-a_{11}-a_{21}} \tag{4-108}$$

$$q_2=\frac{V_2}{a_{V_2}}=\frac{\gamma_2[\delta_{L_2}(a_{L_2}L_2)^{\rho_2}+\delta_{K_2}(a_{K_2}K_2)^{\rho_2}]^{1/\rho_2}}{1-a_{12}-a_{22}} \tag{4-109}$$

所以生产函数的定义为

$$q_i=\frac{\gamma_i}{1-\sum\limits_{\forall h\in I}a_{hi}}\left[\sum_{\forall j\in J}\delta_{ji}(a_{ji}F_{ji})^{\rho_i}\right]^{\frac{1}{\rho_i}},\quad \forall i\in I \tag{4-110}$$

此时，要素需求方程为

$$r_j=p_i^N q_i\left[\sum_{\forall k\in J}\delta_{ki}\left(a_{ki}F_{ki}\right)^{\rho_i}\right]^{-1}\delta_{ji}(a_{ji}F_{ji})^{\rho_i-1}a_{ji},\quad \forall j\in J,\forall i\in I \tag{4-111}$$

式(4-111)所对应的一阶优化条件为 $\frac{r_L}{r_K}=\frac{\delta_{L_i}}{\delta_{K_i}}\left(\frac{a_{L_i}F_{L_i}}{a_{K_i}F_{K_i}}\right)^{\rho_i-1}\frac{a_{L_i}}{a_{K_i}}$，化简后可得 $\frac{\delta_{L_i}}{\delta_{K_i}}=\frac{r_L/\left[\left(a_{L_i}F_{L_i}\right)^{\rho_i-1}a_{L_i}\right]}{r_K/\left[\left(a_{K_i}F_{K_i}\right)^{\rho_i-1}a_{K_i}\right]}$。在 CES 函数中，通常设置 $\delta_{L_i}+\delta_{K_i}=1$，可得到份额参数 δ_{L_i} 和 δ_{K_i} 的校调估算公式如下：

$$\delta_{L_i}=\frac{r_L/\left[(a_{L_i}F_{L_i})^{\rho_i-1}a_{L_i}\right]}{r_L/\left[(a_{L_i}F_{L_i})^{\rho_i-1}a_{L_i}\right]+r_K/\left[(a_{K_i}F_{K_i})^{\rho_i-1}a_{K_i}\right]} \tag{4-112}$$

$$\delta_{K_i}=\frac{r_K/\left[(a_{K_i}F_{K_i})^{\rho_i-1}a_{K_i}\right]}{r_L/\left[(a_{L_i}F_{L_i})^{\rho_i-1}a_{L_i}\right]+r_K/\left[(a_{K_i}F_{K_i})^{\rho_i-1}a_{K_i}\right]} \tag{4-113}$$

由式(4-110)可知，对移位参数γ_i的校调估算公式为

$$\gamma_i=\frac{q_i}{\left[\sum_{\forall j\in J}\delta_{ji}(a_{ji}F_{ji})^{\rho_i}\right]^{\frac{1}{\rho_i}}}\left(1-\sum_{\forall h\in I}a_{hi}\right) \tag{4-114}$$

简言之，在复合增加值的定义中[见式(4-106)和式(4-107)]，我们引入了有偏技术进步。生产函数的定义见式(4-110)，要素需求函数的定义见式(4-111)，净价格p_1^N和p_2^N的定义见式(4-86)和式(4-87)。基于式(4-112)～式(4-114)，我们可以校调 CES 函数中的份额参数和移位参数。通过这些步骤，我们能够求解出模型的最优解。基于上述模型，同时引入中间投入品和有偏技术进步的 HOS 模型的 GAMS 程序见程序 4-7。

程序 4-7 引入中间投入品和有偏技术进步的 HOS 模型的 GAMS 程序

```
*使用//作为行末注释
$eolcom //

*定义问题的索引集
SET I Goods /1,2/;  //产品集合，包含两个产品：1 和 2
SET J Factors /K,L/;  //要素集合，包含两个要素：K 和 L
ALIAS (J, JJ);  //为集合 J 创建别名 JJ，便于在方程中使用
ALIAS (I, II);  //为集合 I 创建别名 II，便于在方程中使用

*定义参数
PARAMETERS
GAMMA(I)        生产函数中的移位参数
DELTA(J,I)      生产函数中的份额参数
RHO(I)          生产函数中的弹性参数
P(I)            产品的产出价格
PNO(I)          初始净价格
FBAR(J)         要素禀赋
QO(I)           初始产出水平
```

```
RO(J)            初始要素价格
FO(J,I)          初始要素使用量
A(II,I)          投入产出系数
GDPO             初始国内生产总值
fprd0(J,I)       产品 I 中生产要素 J 的初始生产率
fprd(J,I)        产品 I 中生产要素 J 的生产率

;

*为参数赋值
P(I)=1;  //设定所有产品的价格为 1
RO(J)=1;  //设定所有要素的初始价格为 1
QO(I)=150;  //设定初始产出水平为 150
FO('L','1')=20;  //要素 L 在产品 1 中的使用量为 20
FO('L','2')=80;  //要素 L 在产品 2 中的使用量为 80

TABLE INTO(II,I)     初始中间使用水平
      1       2
1     40      10
2     10      40 ;

A(II,I)=INTO(II,I)/QO(I);  //计算投入产出系数
PNO(I)=P(I)-SUM(II, P(II)*A(II,I));  //计算初始净价格

*计算要素 K 的初始使用量
FO('K',I)=(QO(I)*P(I)-FO('L',I)*RO('L')-
SUM(II,INTO(II,I)*P(II)))/RO('K');

FBAR(J)=SUM(I, FO(J,I));  //计算要素的禀赋总量
GDPO=SUM(J, RO(J)*FBAR(J));  //计算初始 GDP
RHO(I)=0.1;  //设定弹性参数为 0.1
fprd0(J,I) = 1;  //设置要素的初始生产率为 1

*计算份额参数 DELTA
DELTA(J,I)=(RO(J)/(fprd0(J,I)*(fprd0(J,I)*FO(J,I))**(RHO(I)-
1)))/(SUM(JJ, RO(JJ)/(fprd0(JJ,I)*(fprd0(JJ,I)*FO(JJ,I))**(RHO(I)-
1))));
*计算移位参数 GAMMA
```

```
GAMMA(I)=(QO(I)/(SUM(J,DELTA(J,I)*(fprd0(J,I)*FO(J,I))**RHO(I)))**
(1/RHO(I)))*(1-SUM(II,A(II,I)));
*将要素的初始生产率赋值给调整后的生产率
fprd(J,I) = fprd0(J,I);

*定义变量名
VARIABLES
Q(I)            产出水平
R(J)            要素价格
F(J,I)          要素使用量
PN(I)           净价格
GDP             国内生产总值
GDP2            GDP的另一种定义
cost            成本支出
;
*为变量赋初值并设定下界
Q.L(I)=QO(I);  //产出水平的初始值为QO
R.L(J)=RO(J);  //要素价格的初始值为RO
F.L(J,I)=FO(J,I);  //要素使用量的初始值为FO
PN.L(I)=PNO(I);  //净价格的初始值为PNO
GDP.L=GDPO;  //GDP的初始值为GDPO
Q.LO(I)=0;  //产出水平的下界为0
R.LO(J)=0;  //要素价格的下界为0
F.LO(J,I)=0;  //要素使用量的下界为0
PN.LO(I)=0;  //净价格的下界为0

*定义方程
EQUATIONS
PRODUCTION(I)   生产函数
RESOURCE(J)     资源约束
FDEMAND(J,I)    要素需求函数
NET_PRICE(I)    净价格函数
INCOME          国内生产总值
INCOME2         计算GDP的另一种方程
expenditure     成本支出方程
;
*为方程赋予表达式
```

```
*生产函数
PRODUCTION(I)..Q(I)=E=(GAMMA(I)/(1-SUM(II,A(II,I))))*SUM(J,
DELTA(J,I)*(fprd(J,I)*F(J,I))**RHO(I))**(1/RHO(I));
*资源约束方程
RESOURCE(J)..FBAR(J)=E=SUM(I, F(J,I));
*净价格函数
NET_PRICE(I)..PN(I)=E=P(I)-SUM(II, P(II)*A(II,I));
*要素需求函数
FDEMAND(J,I)..R(J)=E=PN(I)*Q(I)*SUM(JJ, DELTA(JJ,I)*(fprd(JJ,I)*
F(JJ,I))**RHO(I))**(-1)*DELTA(J,I)* (fprd(J,I)*F(J,I))**(RHO(I)-1)*
fprd(J,I);
*国内生产总值方程
INCOME..GDP=E=SUM(I, PN(I)*Q(I));

*计算 GDP 的等价形式
INCOME2..GDP2=E= SUM(J, R(J)*FBAR(J));
*成本支出方程
expenditure.. cost =E= SUM((J,I), F(J,I)*R(J));
*要素增进型技术进步冲击的模拟方案
*fprd('K',I)=fprd('K',I)*1.1;  //模拟要素 K 的生产率提升 10%
*fprd('K','1')=fprd('K','1')*1.1; //模拟要素 K 在产品 1 中的生产率提升 10%
*fprd('K','2')=fprd('K','2')*1.1; //模拟要素 K 在产品 2 中的生产率提升 10%
*fprd('L',I)=fprd('L',I)*1.1;  //模拟要素 L 的生产率提升 10%
*fprd('L','1')=fprd('L','1')*1.1; //模拟要素 L 在产品 1 中的生产率提升 10%
*fprd('L','2')=fprd('L','2')*1.1; //模拟要素 L 在产品 2 中的生产率提升 10%
*GAMMA(I)=GAMMA(I)*1.1;  //模拟中性技术进步冲击

*定义模型并求解
MODEL HOS /ALL/;
SOLVE HOS USING NLP MAXIMIZING GDP;   //以最大化 GDP 为目标求解
display P,Q.l,R.l,F.l,GDP.l,GDP2.l,cost.l, FBAR,fprd;

*以不同目标再次求解模型
SOLVE HOS USING NLP MAXIMIZING GDP2;  //以最大化 GDP2 为目标求解
display P,Q.l,R.l,F.l,GDP.l,GDP2.l,cost.l, FBAR,fprd;

SOLVE HOS USING NLP MINIMIZING cost;  //以最小化成本为目标求解
display P,Q.l,R.l,F.l,GDP.l,GDP2.l,cost.l, FBAR,fprd;
```

如程序 4-7 所示，根据式(4-110)，生产函数定义的 GAMS 代码为

```
PRODUCTION(I)..Q(I)=E=(GAMMA(I)/(1-SUM(II,A(II,I))))*SUM(J,
DELTA(J,I)*(fprd(J,I)*F(J,I))**RHO(I))**(1/RHO(I));
```

根据式(4-111)，要素需求方程定义的 GAMS 代码为

```
FDEMAND(J,I)..R(J)=E=PN(I)*Q(I)*SUM(JJ, DELTA(JJ,I)*(fprd(JJ,I)*
F(JJ,I))**RHO(I))**(-1)*DELTA(J,I)*(fprd(J,I)*F(J,I))**(RHO(I)-1)*
fprd(J,I);
```

根据式(4-112)、式(4-113)，份额参数校准的 GAMS 代码为

```
DELTA(J,I)=(RO(J)/(fprd0(J,I)*(fprd0(J,I)*FO(J,I))**(RHO(I)-
1)))/(SUM(JJ, RO(JJ)/(fprd0(JJ,I)*(fprd0(JJ,I)*FO(JJ,I))**(RHO(I)-
1))));
```

根据式(4-114)，移位参数γ_i校准的 GAMS 代码为

```
GAMMA(I)=(QO(I)/(SUM(J, DELTA(J,I)*(fprd0(J,I)*FO(J,I))**
RHO(I)))**(1/RHO(I)))*(1-SUM(II,A(II,I)));
```

第五章　自给自足经济体

第一节　自给自足经济体的长期模型

一、基准模型

第四章的模型探讨了生产和消费决策的独立性，而本章将分析同时包含生产和消费决策的封闭经济体。首先，我们考虑一个长期生产决策模型。假定在自给自足的经济体中，代表性消费者在技术与资源所限定的生产可能性边界内，最大化其效用水平。设定代表性消费者的效用函数为$U\left(c_1,c_2\right)$，其中，c_1和c_2为消费选择。假定消费者的收入来自总产出，如果两个行业的产出分别为$q_1\left(K_1,L_1\right)$、$q_2\left(K_2,L_2\right)$，产品价格分别为p_1、p_2，则消费者预算约束条件为$p_1q_1\left(K_1,L_1\right)+p_2q_2\left(K_2,L_2\right)=p_1c_1+p_2c_2$。设定资本和劳动力的禀赋分别为$\bar{K}$、$\bar{L}$，则上述优化问题的拉格朗日函数表示为

$$\begin{aligned}\mathcal{L}=&\theta U\left(c_1,c_2\right)+\lambda_1\left[q_1\left(K_1,L_1\right)-c_1\right]+\lambda_2\left[q_2\left(K_2,L_2\right)-c_2\right]\\&+\mu_K\left(\bar{K}-K_1-K_2\right)+\mu_L\left(\bar{L}-L_1-L_2\right)\end{aligned}\tag{5-1}$$

式中，θ为边际效用成本，即消费者为获取额外一单位效用所需支付的最小货币成本。

将拉格朗日函数分别对选择变量、拉格朗日乘子求偏导可得

$$\frac{\partial\mathcal{L}}{\partial c_i}=\theta\partial U/\partial c_i-\lambda_i=0,\quad i=1,2\tag{5-2}$$

$$\frac{\partial\mathcal{L}}{\partial K_i}=\lambda_i\partial q_i/\partial K_i-\mu_K=0,\quad i=1,2\tag{5-3}$$

$$\frac{\partial\mathcal{L}}{\partial L_i}=\lambda_i\partial q_i/\partial L_i-\mu_L=0,\quad i=1,2\tag{5-4}$$

$$\frac{\partial\mathcal{L}}{\partial\lambda_i}=q_i\left(K_i,L_i\right)-c_i=0,\quad i=1,2\tag{5-5}$$

$$\frac{\partial\mathcal{L}}{\partial\mu_K}=\bar{K}-K_1-K_2=0\tag{5-6}$$

$$\frac{\partial\mathcal{L}}{\partial\mu_L}=\bar{L}-L_1-L_2=0\tag{5-7}$$

需要指出的是，在完全竞争市场条件下，拉格朗日乘子λ_i等于产品的价格p_i，μ_j等于要素价格。

由式(5-2)可得$\frac{U/\partial c_1}{\lambda_1}=\frac{U/\partial c_2}{\lambda_2}$，即在最优解处，消费每种产品的每一美元的边际效用必须相等。在完全竞争市场条件下，式(5-3)和式(5-4)表明$p_1\frac{\partial q_1}{\partial K_1}=p_2\frac{\partial q_2}{\partial K_2}=r$，$p_1\frac{\partial q_1}{\partial L_1}=p_2\frac{\partial q_2}{\partial L_2}=w$。这意味着要素价格必须等于要素边际产出价值，这实际上是要素需求函数的定义。式(5-5)是产品市场的均衡条件，即产品的产出等于消费支出。式(5-6)和式(5-7)则是要素市场的均衡条件。

二、引入中间投入品

当考虑中间投入品时，生产函数扩展为$q_1(K_1,L_1,q_{11},q_{21})$、$q_2(K_2,L_2,q_{12},q_{22})$。假设使用CES函数对劳动力和资本进行加总，得到两个行业的复合增加值，其定义如下：

$$V_1=\gamma_1[\delta_1K_1^{\rho_1}+(1-\delta_1)L_1^{\rho_1}]^{1/\rho_1} \tag{5-8}$$

$$V_2=\gamma_2[\delta_2K_2^{\rho_2}+(1-\delta_2)L_2^{\rho_2}]^{1/\rho_2} \tag{5-9}$$

同时假设复合增加值与中间投入品的复合关系满足里昂惕夫函数。根据第四章中的推论，行业1和行业2的产出函数可表示为

$$q_1=\frac{V_1}{a_{V1}}=\frac{\gamma_1[\delta_1K_1^{\rho_1}+(1-\delta_1)L_1^{\rho_1}]^{1/\rho_1}}{1-a_{11}-a_{21}} \tag{5-10}$$

$$q_2=\frac{V_2}{a_{V2}}=\frac{\gamma_2[\delta_2K_2^{\rho_2}+(1-\delta_2)L_2^{\rho_2}]^{1/\rho_2}}{1-a_{12}-a_{22}} \tag{5-11}$$

需要指出的是，当存在中间投入品时，由于一部分产出被消耗用于生产，消费者的预算约束实际上由两个行业的增加值总和(即净产值$p_1^VV_1+p_2^VV_2$)决定。其中，行业1和行业2的净产值定义如下：

$$p_1^VV_1=p_1q_1-p_1q_{11}-p_2q_{21} \tag{5-12}$$

$$p_2^VV_2=p_2q_2-p_1q_{12}-p_2q_{22} \tag{5-13}$$

将行业1和行业2净产值对应的价格分别定义为p_1^N和p_2^N，则有

$$p_1^N=\frac{p_1^VV_1}{q_1}=p_1-p_1a_{11}-p_2a_{21} \tag{5-14}$$

类似地，可以得到行业 2 净产值对应的价格：

$$p_2^N = \frac{p_2^V V_2}{q_2} = p_2 - p_1 a_{12} - p_2 a_{22} \tag{5-15}$$

因此，两个行业的增加值总和(或净产值)等于 $p_1^N q_1 + p_2^N q_2$。此时，消费者的预算约束条件为 $p_1^N q_1 + p_2^N q_2 = p_1 c_1 + p_2 c_2$。此外，由式(5-14)、式(5-15)可知，$p_1^N q_1 = p_1^V V_1$，$p_2^N q_2 = p_2^V V_2$，要素需求函数的定义为

$$p_1^N \frac{\partial q_1}{\partial K_1} = p_2^N \frac{\partial q_2}{\partial K_2} = p_1^V \frac{\partial V_1}{\partial K_1} = p_2^V \frac{\partial V_2}{\partial K_2} = r \tag{5-16}$$

$$p_1^N \frac{\partial q_1}{\partial L_1} = p_2^N \frac{\partial q_2}{\partial L_2} = p_1^V \frac{\partial V_1}{\partial L_1} = p_2^V \frac{\partial V_2}{\partial L_2} = w \tag{5-17}$$

令要素集合 $J = \{K, L\}$，行业集合 $I = \{1, 2\}$。假定消费者的效用函数满足柯布-道格拉斯形式：

$$U = \alpha \prod_{\forall i \in I} c_i^{\beta_i} \tag{5-18}$$

式中，α 表示效用的尺度因子，反映效用的绝对水平，但不影响消费者的偏好顺序或最优决策；β_i 表示消费者对产品 i 的相对偏好程度。

此时，马歇尔需求函数为

$$c_i = \beta_i \mathrm{GDP} / p_i, \quad \forall i \in I \tag{5-19}$$

存在中间投入品时，市场均衡条件为

$$c_i + \sum_{\forall h \in I} a_{ih} q_h = q_i, \quad \forall i \in I \tag{5-20}$$

如式(5-10)和式(5-11)所示，生产函数为

$$q_i = \frac{\gamma_i}{1 - \sum\limits_{\forall h \in I} a_{hi}} \left(\sum_{\forall j \in J} \delta_{ji} F_{ji}^{\rho_i} \right)^{\frac{1}{\rho_i}}, \quad \forall i \in I \tag{5-21}$$

资源约束条件为

$$\overline{F}_j = \sum_{\forall i \in I} F_{ji}, \quad \forall j \in J \tag{5-22}$$

式中，$\overline{F}_j$ 为生产要素 j 的禀赋；F_{ji} 为 i 行业对生产要素 j 的需求量。如式(5-14)、式(5-15)所示，净价格的计算公式为

$$p_i^N = p_i - \sum_{\forall h \in I} p_h a_{hi}, \quad \forall i \in I \tag{5-23}$$

要素需求方程为

$$r_j = p_i^N q_i \left(\sum_{\forall k \in J} \delta_{ki} F_{ki}^{\rho_i} \right)^{-1} \delta_{ji} F_{ji}^{\rho_i - 1}, \quad \forall j \in J, \forall i \in I \tag{5-24}$$

需要指出的是，存在中间投入品时，GDP 将等于两个行业的增加值总和(即净产值)：

$$\text{GDP} = \sum_{\forall i \in I} p_i^N q_i \tag{5-25}$$

三、引入有偏技术进步

当引入有偏技术进步时，生产函数定义如下：

$$q_i = \gamma_i \left[\sum_{\forall j \in J} \delta_{ji} (a_{ji} F_{ji})^{\rho_i} \right]^{\frac{1}{\rho_i}}, \quad \forall i \in I \tag{5-26}$$

式(5-26)所对应的要素需求函数为

$$r_j = p_i q_i \left[\sum_{\forall k \in J} \delta_{ki} (a_{ki} F_{ki})^{\rho_i} \right]^{-1} \delta_{ji} (a_{ji} F_{ji})^{\rho_i - 1} a_{ji}, \quad \forall j \in J, \forall i \in I \tag{5-27}$$

份额参数 δ_{ji} 的校调估算公式如下：

$$\delta_{ji} = \frac{r_j / \left[(a_{ji} F_{ji})^{\rho_i - 1} a_{ji} \right]}{\sum_{\forall k \in J} r_k / \left[(a_{ki} F_{ki})^{\rho_i - 1} a_{ki} \right]} \tag{5-28}$$

对移位参数 γ_i 的校调估算公式是

$$\gamma_i = q_i / \left[\sum_{\forall j \in J} \delta_{ji} (a_{ji} F_{ji})^{\rho_i} \right]^{\frac{1}{\rho_i}}, \quad \forall i \in I \tag{5-29}$$

假定消费者的效用函数满足柯布-道格拉斯形式：

$$U = \alpha \prod_{\forall i \in I} c_i^{\beta_i}$$

此时，马歇尔需求函数为

$$c_i = \beta_i Y / p_i, \quad \forall i \in I \tag{5-30}$$

市场均衡条件为

$$c_i = q_i, \quad \forall i \in I \tag{5-31}$$

资源约束条件为

$$\overline{F}_j = \sum_{\forall i \in I} F_{ji}, \quad \forall j \in J \tag{5-32}$$

不考虑中间投入品时，GDP 将等于两个行业的总产值：

$$\mathrm{GDP} = \sum_{\forall i \in I} p_i q_i \tag{5-33}$$

四、同时考虑中间投入品和有偏技术进步

当同时考虑中间投入品和有偏技术进步时，生产函数为

$$q_i = \frac{\gamma_i}{1 - \sum\limits_{\forall h \in I} a_{hi}} \left[\sum_{\forall j \in J} \delta_{ji} (a_{ji} F_{ji})^{\rho_i} \right]^{\frac{1}{\rho_i}}, \quad \forall i \in I \tag{5-34}$$

资源约束条件为

$$\overline{F}_j = \sum_{\forall i \in I} F_{ji}, \quad \forall j \in J \tag{5-35}$$

净价格的计算公式为

$$p_i^N = p_i - \sum_{\forall h \in I} p_h a_{hi}, \quad \forall i \in I \tag{5-36}$$

要素需求方程为

$$r_j = p_i^N q_i \left[\sum_{\forall k \in J} \delta_{ki} \left(a_{ki} F_{ki} \right)^{\rho_i} \right]^{-1} \delta_{ji} (a_{ji} F_{ji})^{\rho_i - 1} a_{ji}, \quad \forall j \in J, \forall i \in I \tag{5-37}$$

份额参数 δ_{ji} 的校调估算公式如下：

$$\delta_{ji} = \frac{r_j / \left[(a_{ji} F_{ji})^{\rho_i - 1} a_{ji} \right]}{\sum\limits_{\forall k \in J} r_k / \left[(a_{ki} F_{ki})^{\rho_i - 1} a_{ki} \right]} \tag{5-38}$$

对移位参数 γ_i 的校调估算公式是

$$\gamma_i = \frac{q_i}{\left[\sum\limits_{\forall j \in J} \delta_{ji} (a_{ji} F_{ji})^{\rho_i} \right]^{\frac{1}{\rho_i}}} \left(1 - \sum_{\forall h \in I} a_{hi} \right), \quad \forall i \in I \tag{5-39}$$

假定消费者的效用函数满足柯布-道格拉斯形式：

$$U = \alpha \prod_{\forall i \in I} c_i^{\beta_i}$$

此时，马歇尔需求函数为

$$c_i = \beta_i \mathrm{GDP} / p_i, \quad \forall i \in I \tag{5-40}$$

存在中间投入品时，GDP 将等于两个行业的增加值总和(即净产值)：

$$\mathrm{GDP} = \sum_{\forall i \in I} p_i^N q_i \tag{5-41}$$

存在中间投入品时，市场均衡条件为

$$c_i + \sum_{\forall h \in I} a_{ih} q_h = q_i, \quad \forall i \in I \tag{5-42}$$

基于式(5-34)～式(5-42)，同时考虑中间投入品和有偏技术进步的自给自足经济体的 GAMS 代码见程序 5-1。

程序 5-1　同时考虑中间投入品和有偏技术进步的自给自足经济体的 GAMS 代码

```
*设置注释符号
$eolcom //

*定义问题中的索引
SET I Goods /1,2/;   //产品集合
SET J Factors /K,L/; //要素集合
ALIAS (J, JJ);       //定义别名
ALIAS (I, II);

*定义参数名称
PARAMETERS
ALPHA          效用函数中的移位参数
BETA(I)        效用函数中的份额参数
PO(I)          初始价格
PNO(I)         初始净价格
UO             初始效用水平
CO(I)          初始消费水平
GAMMA(I)       生产函数中的移位参数
DELTA(J,I)     生产函数中的份额参数
RHO(I)         生产函数中的弹性参数
FBAR(J)        要素禀赋
QO(I)          初始产出水平
RO(J)          初始要素价格
FO(J,I)        初始要素使用水平
A(II,I)        投入产出系数
fprd0(J,I)     产品 I 中的生产要素 J 的初始生产率
fprd(J,I)      产品 I 中的生产要素 J 的生产率
GDPO           初始国内生产总值;
;

*为参数赋值
```

```
PO(I)=1;      //初始产品价格设为 1
RO(J)=1;      //初始要素价格设为 1
QO(I)=150;    //初始产出水平设为 150

FO('L','1')=20;  //初始劳动力要素在产品 1 中的使用量为 20
FO('L','2')=80;  //初始劳动力要素在产品 2 中的使用量为 80

TABLE INTO(II,I)  //定义初始中间使用量表
      1       2
1    40      10
2    10      40 ;
A(II,I)=INTO(II,I)/QO(I);    //计算投入产出系数
PNO(I)=PO(I)-SUM(II, PO(II)*A(II,I));  //计算净价格
*计算资本要素初始使用量
FO('K',I)=(QO(I)*PO(I)-FO('L',I)*RO('L')-SUM(II,INTO(II,I)*
PO(II)))/RO('K');

CO(I)=QO(I)-SUM(II,INTO(I,II));  //通过扣除中间使用量计算初始消费水平

FBAR(J)=SUM(I, FO(J,I));  //计算要素总量
GDPO=SUM(J, RO(J)*FBAR(J));  //计算初始 GDP
RHO(I)=0.1;  //设置生产函数的弹性参数
fprd0(J,I) = 1;  //初始化要素生产率为 1
*DELTA(J,I)计算
DELTA(J,I)=(RO(J)/(fprd0(J,I)*(fprd0(J,I)*FO(J,I))**(RHO(I)-
1)))/(SUM(JJ, RO(JJ)/(fprd0(JJ,I)*(fprd0(JJ,I)*FO(JJ,I))**
(RHO(I)-1))));

*GAMMA(I)计算
GAMMA(I)=(QO(I)/(SUM(J,DELTA(J,I)*(fprd0(J,I)*FO(J,I))**RHO(I)))**
(1/RHO(I)))*(1-SUM(II,A(II,I)));

UO=GDPO;  //初始效用等于 GDP
BETA(I)=CO(I)/GDPO;  //计算效用函数的份额参数
ALPHA=UO/PROD(I, CO(I)**BETA(I));  //计算效用函数的移位参数
fprd(J,I) = fprd0(J,I);  //设置当前要素生产率等于初始生产率
```

```
*定义变量名称
VARIABLES
U                效用指数
P(I)             产品价格
C(I)             消费量
Q(I)             产出量
R(J)             要素价格
F(J,I)           要素使用量
PN(I)            净价格
GDP              国内生产总值
GDP2             另一种 GDP 定义
cost             成本支出
;

*为变量赋初值，并设置下界
U.L=U0;
P.L(I)=P0(I);
C.L(I)=C0(I);
Q.L(I)=Q0(I);
R.L(J)=R0(J);
F.L(J,I)=F0(J,I);
PN.L(I)=PN0(I);
GDP.L=GDP0;
P.LO(I)=0;
C.LO(I)=0;
Q.LO(I)=0;
R.LO(J)=0;
F.LO(J,I)=0;
PN.LO(I)=0;
GDP.LO=0;
GDP2.LO=0;
cost.LO=0;

*将产品 1 的价格固定为 1
P.FX('1')=1;

*为方程命名
EQUATIONS
```

```
UTILITY           效用函数
DEMAND(I)         需求函数
MAT_BAL(I)        市场平衡方程
PRODUCTION(I)     生产函数
RESOURCE(J)       要素约束方程
FDEMAND(J,I)      要素需求函数
NET_PRICE(I)      净价格函数
INCOME            国内生产总值
INCOME2           另一种 GDP 计算方式
expenditure       支出
;

*定义方程的表达式
UTILITY..U=E=ALPHA*PROD(I, C(I)**BETA(I));  //效用函数
DEMAND(I)..C(I)=E=BETA(I)*GDP/P(I);  //需求函数
MAT_BAL(I)..C(I)+SUM(II, A(I,II)*Q(II))=E= Q(I);  //市场平衡条件
*生产函数
PRODUCTION(I)..Q(I)=E=(GAMMA(I)/(1-SUM(II,A(II,I))))*SUM(J,
DELTA(J,I)*(fprd(J,I)*F(J,I))**RHO(I))**(1/RHO(I));
RESOURCE(J)..FBAR(J)=E=SUM(I, F(J,I));  //要素约束条件
NET_PRICE(I)..PN(I)=E=P(I)-SUM(II, P(II)*A(II,I));  //净价格函数
*要素需求函数
FDEMAND(J,I)..R(J)=E=PN(I)*Q(I)*SUM(JJ,
DELTA(JJ,I)*(fprd(JJ,I)*F(JJ,I))**RHO(I))**(-
1)*DELTA(J,I)*(fprd(J,I)*F(J,I))**(RHO(I)-1)*fprd(J,I);

INCOME..GDP=E=SUM(I, PN(I)*Q(I));  //GDP 计算公式
INCOME2..GDP2=E= SUM(J, R(J)*FBAR(J));  //另一种 GDP 的计算公式
expenditure..  cost =E= SUM((J,I), F(J,I)*R(J));  //支出方程

*定义自给自足模型
MODEL AUTARKY /ALL/;
*FBAR('L')=0.9*FBAR('L');  //模拟劳动力要素减少 10%
SOLVE AUTARKY USING NLP MAXIMIZING U;  //模型求解

DISPLAY U.l, P.l, C.l,Q.l,R.l,F.l,GDP.l,GDP2.l,cost.l, FBAR,BETA,A,fprd;

***模拟要素生产率提升的情景 ***
```

```
*fprd('K',I)=fprd('K',I)*1.1;  //模拟资本要素生产率提升 10%
*fprd('K','1')=fprd('K','1')*1.1;  //模拟资本在产品 1 中的生产率提升 10%
*fprd('K','2')=fprd('K','2')*1.1;  //模拟资本在产品 2 中的生产率提升 10%
*fprd('L',I)=fprd('L',I)*1.1;  //模拟劳动力要素生产率提升 10%
*fprd('L','1')=fprd('L','1')*1.1;  //模拟劳动力在产品 1 中的生产率提升 10%
*fprd('L','2')=fprd('L','2')*1.1;  //模拟劳动力在产品 2 中的生产率提升 10%
GAMMA(I)=GAMMA(I)*1.1;  //模拟中性技术进步带来的冲击

SOLVE AUTARKY USING NLP MAXIMIZING U;  //重新求解模型

DISPLAY U.l, P.l, C.l,Q.l,R.l,F.l,GDP.l,GDP2.l,cost.l, FBAR,BETA,A,fprd;
```

第二节 自给自足经济体的短期模型

一、基准模型

在短期内，假设资本无法在行业间自由流动，但劳动力可在不同部门之间自由流动。在自给自足的经济体中，代表性消费者在技术和资源所决定的生产可能性边界下最大化效用。相应的拉格朗日函数定义如下：

$$\begin{aligned}\mathcal{L}=\theta U(c_1,c_2)+\lambda_1\left[q_1(K_1,L_1)-c_1\right]+\lambda_2\left[q_2(K_2,L_2)-c_2\right]\\+\mu_{K_1}(\bar{K}_1-K_1)+\mu_{K_2}(\bar{K}_2-K_2)+\mu_L(\bar{L}-L_1-L_2)\end{aligned}\tag{5-43}$$

式中，$\bar{K}_j$ 为 j 行业可利用的资本存量；$\bar{L}$ 为给定的劳动力禀赋。将拉格朗日函数分别对选择变量、拉格朗日乘子求偏导可得

$$\frac{\partial\mathcal{L}}{\partial c_i}=\theta\partial U/\partial c_i-\lambda_i=0,\quad i=1,2\tag{5-44}$$

$$\frac{\partial\mathcal{L}}{\partial K_i}=\lambda_i\partial q_i/\partial K_i-\mu_{K_i}=0,\quad i=1,2\tag{5-45}$$

$$\frac{\partial\mathcal{L}}{\partial L_i}=\lambda_i\partial q_i/\partial L_i-\mu_L=0,\quad i=1,2\tag{5-46}$$

$$\frac{\partial\mathcal{L}}{\partial\lambda_i}=q_i(K_i,L_i)-c_i=0,\quad i=1,2\tag{5-47}$$

$$\frac{\partial \mathcal{L}}{\partial \mu_{K_1}} = \bar{K}_1 - K_1 = 0 \tag{5-48}$$

$$\frac{\partial \mathcal{L}}{\partial \mu_{K_2}} = \bar{K}_2 - K_2 = 0 \tag{5-49}$$

$$\frac{\partial \mathcal{L}}{\partial \mu_L} = \bar{L} - L_1 - L_2 = 0 \tag{5-50}$$

在完全竞争市场条件下，拉格朗日乘子 λ_i 等于产品的价格 p_i，μ_j 等于要素价格。由于设定资本不能自由流动，所以两个行业的资本要素价格存在差异，分别定义为 μ_{K_1} 和 μ_{K_2}；由于劳动力可以自由流动，所以两个行业的劳动力价格均相等，为 μ_L。

在完全竞争市场条件下，式(5-45)和式(5-46)意味着 $p_1\frac{\partial q_1}{\partial K_1}=r_1$，$p_2\frac{\partial q_2}{\partial K_2}=r_2$，$p_1\frac{\partial q_1}{\partial L_1}=p_2\frac{\partial q_2}{\partial L_2}=w$。与长期生产决策的 HOS 模型相比，短期生产决策的特定要素模型中，资本要素无法在行业之间自由流动。

二、同时考虑中间投入品和有偏技术进步

在特定要素模型中引入中间投入品和有偏技术进步的方法与 HOS 模型相同，主要区别在于对资本要素不可自由流动的假设。具体而言，为了描述资本要素的不可自由流动性，模型中生产要素集合 *J* 的定义为“SET *J* Factors /*K*, *L*, *N*/”。其中，*K* 和 *N* 分别代表行业 1 和行业 2 的资本要素。在代码实现中，我们使用了$控制符号，以确保 GAMS 软件不会为行业 2 中的 *K* 或行业 1 中的 *N* 分配份额参数。调整后的代码基于程序 5-1，生成了同时考虑中间投入品和有偏技术进步的自给自足经济体 GAMS 代码，见程序 5-2。

程序 5-2　同时考虑中间投入品和有偏技术进步的自给自足经济体的 GAMS 代码：基于特定要素模型

```
*使用//作为行末注释
$eolcom  //

*定义问题中的索引
SET I Goods /1,2/;  //产品集合
SET J Factors /K,L,N/;  //要素集合
ALIAS (J, JJ);  //定义 J 的别名 JJ
ALIAS (I, II);  //定义 I 的别名 II
*创建参数的名称
```

```
PARAMETERS
ALPHA           效用函数的移位参数
BETA(I)         效用函数的份额参数
PO(I)           初始价格
PNO(I)          初始净价格
UO              初始效用水平
CO(I)           初始消费水平
GAMMA(I)        生产函数中的移位参数
DELTA(J,I)      生产函数中的份额参数
RHO(I)          生产函数中的弹性参数
FBAR(J)         要素禀赋
QO(I)           初始产量
RO(J)           初始要素价格
FO(J,I)         初始要素使用量
A(II,I)         投入产出系数
fprd0(J,I)      产品 I 中生产要素 J 的初始生产率
fprd(J,I)       产品 I 中生产要素 J 的生产率
GDPO            初始国内生产总值
;
*为参数赋值
PO(I)=1;  //产品初始价格设为 1
RO(J)=1;  //要素初始价格设为 1
QO(I)=150;  //初始产量设为 150

FO('L','1')=20;  //产品 1 的初始劳动力要素使用量为 20
FO('L','2')=80;  //产品 2 的初始劳动力要素使用量为 80

*定义初始中间使用量
TABLE INTO(II,I)          初始中间使用水平
      1       2
1     40      10
2     10      40 ;
A(II,I)=INTO(II,I)/QO(I);  //计算投入产出系数
PNO(I)=PO(I)-SUM(II, PO(II)*A(II,I));  //计算初始净价格
*计算产品 1 的资本要素 K 使用量
FO('K','1')=(QO('1')*PO('1')-FO('L','1')*RO('L')-SUM(II,
INTO(II,'1')*PO(II)))/RO('K');
*计算产品 2 的资本要素 N 使用量
```

```
FO('N','2')=(QO('2')*PO('2')-FO('L','2')*RO('L')-SUM(II,
INTO(II,'2')*PO(II)))/RO('N');

CO(I)=QO(I)-SUM(II,INTO(I,II));   //计算初始消费量
FBAR(J)=SUM(I, FO(J,I));  //计算总要素使用量
GDPO=SUM(J, RO(J)*FBAR(J));  //计算初始 GDP
RHO(I)=0.1;  //设置生产弹性参数
fprd0(J,I) = 1;  //初始生产率设为 1

*计算生产函数中的份额参数
DELTA(J,I)$FO(J,I)=(RO(J)/(fprd0(J,I)*(fprd0(J,I)*FO(J,I))**(RHO(
I)-1)))/(SUM(JJ$FO(JJ,I), RO(JJ)/(fprd0(JJ,I)*(fprd0(JJ,I)*FO(JJ,I))
**(RHO(I)-1))));

*计算生产函数中的移位参数
GAMMA(I)=(QO(I)/(SUM(J$FO(J,I), DELTA(J,I)*(fprd0(J,I)*FO(J,I))**
RHO(I)))**(1/RHO(I)))*(1-SUM(II,A(II,I)));

*计算初始效用和效用份额参数
UO=GDPO;  //初始效用等于 GDP
BETA(I)=CO(I)/GDPO;  //计算效用份额参数
ALPHA=UO/PROD(I, CO(I)**BETA(I));  //计算效用移位参数
display BETA;
fprd(J,I) = fprd0(J,I);  //将初始生产率赋值给实际生产率

*定义变量名称
VARIABLES
U            效用指数
P(I)         产品价格
C(I)         消费水平
Q(I)         产量
R(J)         要素价格
F(J,I)       要素使用量
PN(I)        净价格
GDP          国内生产总值
GDP2         另一个 GDP 定义
cost         总支出
;
```

```
*为变量赋初值并设置下限
U.L=UO;  //效用初值为 UO
P.L(I)=PO(I);  //产品价格初值为 PO(I)
C.L(I)=CO(I);  //消费初值为 CO(I)
Q.L(I)=QO(I);  //产量初值为 QO(I)
R.L(J)=RO(J);  //要素价格初值为 RO(J)
F.L(J,I)=FO(J,I);  //要素使用量初值为 FO(J,I)
PN.L(I)=PNO(I);  //净价格初值为 PNO(I)
GDP.L=GDPO;  //GDP 初值为 GDPO
P.LO(I)=0;  //产品价格下限为 0
C.LO(I)=0;  //消费下限为 0
Q.LO(I)=0;  //产量下限为 0
R.LO(J)=0;  //要素价格下限为 0
F.LO(J,I)=0;  //要素使用量下限为 0
PN.LO(I)=0;  //净价格下限为 0
GDP.LO=0;  //GDP 下限为 0
GDP2.LO=0;  //GDP2 下限为 0
cost.LO=0;  //支出下限为 0

P.FX('1')=1;  //产品 1 价格固定为 1

*定义方程名称
EQUATIONS
UTILITY          效用函数
DEMAND(I)        需求函数
MAT_BAL(I)       市场平衡条件
PRODUCTION(I)    生产函数
RESOURCE(J)      要素约束条件
FDEMAND(J,I)     要素需求函数
NET_PRICE(I)     净价格函数
INCOME           GDP 定义方程
INCOME2          另一个 GDP 定义
expenditure      支出方程
;
*定义方程的表达式
UTILITY..U=E=ALPHA*PROD(I, C(I)**BETA(I));  //效用函数
DEMAND(I)..C(I)=E=BETA(I)*GDP/P(I);  //需求函数
MAT_BAL(I)..C(I)+SUM(II, A(I,II)*Q(II))=E= Q(I);  //市场平衡方程
```

```
*生产函数
PRODUCTION(I)..Q(I)=E=(GAMMA(I)/(1-SUM(II,A(II,I))))*SUM(J$FO(J,I),
DELTA(J,I)*(fprd(J,I)*F(J,I))**RHO(I))**(1/RHO(I));
RESOURCE(J)..FBAR(J)=E=SUM(I, F(J,I));  //要素约束
NET_PRICE(I)..PN(I)=E=P(I)-SUM(II, P(II)*A(II,I));  //净价格函数
*要素需求函数
FDEMAND(J,I)$FO(J,I)..R(J)=E=PN(I)*Q(I)*SUM(JJ$FO(JJ,I),
DELTA(JJ,I)*(fprd(JJ,I)*F(JJ,I))**RHO(I))**(-1)*DELTA(J,I)*
(fprd(J,I)*F(J,I))**(RHO(I)-1)*fprd(J,I);

INCOME..GDP=E=SUM(I, PN(I)*Q(I)); //GDP 计算方式
INCOME2..GDP2=E= SUM(J, R(J)*FBAR(J)); //另一种 GDP 计算方式
expenditure..  cost =E= SUM((J,I), F(J,I)*R(J));  //支出方程

*定义模型，并求解
MODEL AUTARKY /ALL/;
*FBAR('L')=0.9*FBAR('L');  //模拟劳动力要素减少 10%
SOLVE AUTARKY USING NLP MAXIMIZING U;  //求解模型

DISPLAY U.l, P.l, C.l,Q.l,R.l,F.l,GDP.l,GDP2.l,cost.l, FBAR,BETA,A,fprd;

*** 模拟要素生产率提升的情景 ***
*模拟资本要素生产率提升 10%
*fprd('K','1')=fprd('K','1')*1.1;  //模拟资本在产品 1 中的生产率提升 10%
*fprd('N','2')=fprd('N','2')*1.1;  //模拟资本在产品 2 中的生产率提升 10%
*fprd('L',I)=fprd('L',I)*1.1;  //模拟劳动力要素生产率提升 10%
*fprd('L','1')=fprd('L','1')*1.1; //模拟劳动力在产品 1 中的生产率提升 10%
*fprd('L','2')=fprd('L','2')*1.1; //模拟劳动力在产品 2 中的生产率提升 10%
GAMMA(I)=GAMMA(I)*1.1;  //模拟中性技术进步带来的冲击

SOLVE AUTARKY USING NLP MAXIMIZING U;  //重新求解模型

DISPLAY U.l, P.l, C.l,Q.l,R.l,F.l,GDP.l,GDP2.l,cost.l, FBAR,BETA,A,
fprd;
```

第三节　基于自给自足经济体的模拟实验

我们构建了自给自足经济体的短期和长期模型，借此模拟人口老龄化背景下技术进步的经济效应。为了引入老龄化背景，设定劳动力禀赋减少 10%，并在程序 5-1 和程序 5-2 的模型中加入代码“FBAR('*L*')=0.9*FBAR('*L*')”。在无外部冲击的基准情景下，行业 1 使用了 80 单位的资本和 20 单位的劳动力，而行业 2 则使用了 20 单位的资本和 80 单位的劳动力。两个行业的产量均为 150 单位，这表明产品 1 为资本密集型产品，而产品 2 则为劳动密集型产品。

在劳动力禀赋减少 10%的情况下，劳动力变得稀缺，而资本则相对充裕，见表 5-1。这种变化无论在短期还是长期均导致行业 1 和行业 2 的总产出下降，劳动密集型的行业 2 降幅尤为显著。随着劳动力数量的减少，劳动力价格在短期和长期均有所上涨，而资本价格则出现下滑。在短期内，资本无法在行业间流动，但在长期中，劳动力的减少会促使资本从资本密集型的行业 1 流向劳动密集型的行业 2。无论在短期还是长期，劳动力数量的减少都会导致劳动力从行业 1 流向行业 2。需要注意的是，尽管劳动力禀赋减少导致部分生产要素在两个行业间流动，但这并未显著增加行业 2 的产出。其原因在于，我们的模型中考虑了中间投入品，此时要素投入并不是决定产出的唯一因素。

表 5-1　劳动力禀赋减少 10%的经济效应

情景	产出	要素价格	要素使用
基准情景：HOS 模型	q_1=150, q_2=150	r_K=1, r_L=1	$F(1,K)$=80；$F(1,L)$=20；$F(2,K)$=20；$F(2,L)$=80
基准情景：特定要素模型	q_1=150, q_2=150	r_K=1, r_L=1, r_N=1	$F(1,K)$=80；$F(1,L)$=20；$F(2,N)$=20；$F(2,L)$=80
劳动力禀赋减少 10%：HOS 模型	q_1=145.598, q_2=139.098	r_K=0.973, r_L=1.086	$F(1,K)$= 79.558；$F(1,L)$= 17.608；$F(2,K)$= 20.442；$F(2,L)$= 72.392
劳动力禀赋减少 10%：特定要素模型	q_1=146.142, q_2=138.582	r_K=0.970, r_L=1.092, r_N=0.999	$F(1,K)$=80；$F(1,L)$= 17.545；$F(2,N)$=20；$F(2,L)$= 72.455

为了模拟技术进步在人口老龄化背景下的影响，我们设计了七种不同的模拟方案，如表 5-2 所示。其中，前六种方案用于模拟有偏技术进步的冲击，而最后一种方案则专门用于模拟中性技术进步的影响。这种设计使我们能够全面分析技术进步对人口老龄化的潜在影响。

表 5-2 技术进步冲击的模拟方案

模拟方案	GAMS 代码
方案 1：资本要素的生产率提升 10%	`fprd('K','1')=fprd('K','1')*1.1;` `fprd('N','2')=fprd('N','2')*1.1;`
方案 2：资本要素 *K* 在产品 1 中的生产率提升 10%	`fprd('K','1')=fprd('K','1')*1.1;`
方案 3：资本要素 *N* 在产品 2 中的生产率提升 10%	`fprd('N','2')=fprd('N','2')*1.1;`
方案 4：要素 *L* 的生产率提升 10%	`fprd('L',I)=fprd('L',I)*1.1;`
方案 5：要素 *L* 在产品 1 中的生产率提升 10%	`fprd('L','1')=fprd('L','1')*1.1;`
方案 6：要素 *L* 在产品 2 中的生产率提升 10%	`fprd('L','2')=fprd('L','2')*1.1;`
方案 7：中性技术进步冲击	`GAMMA(I)=GAMMA(I)*1.1;`

基于上述七种模拟方案的结果如表 5-3 所示。在老龄化冲击下，短期内行业 1 和行业 2 的产出分别降至 146.142 和 138.582，长期则降至 145.598 和 139.098，见表 5-1。在此背景下，各技术进步冲击的经济效应如下。

(1) 当所有行业的资本要素生产率提升 10%或仅产品 1 的资本要素生产率提升 10%时，短期和长期内行业 1 和行业 2 的产出均有所增加，且行业 1 的增幅显著，行业 2 略有增长。

(2) 当仅产品 2 的资本要素 *N* 的生产率提升 10%时，尽管短期和长期内行业 1 和行业 2 的产出有所增加，但增幅不显著。

(3) 当所有行业的劳动力要素生产率提升 10%或仅产品 2 的劳动力要素生产效率提升 10%时，短期和长期内行业 1 和行业 2 的产出均增加，尤其是行业 2 的增幅显著，行业 1 的增幅较小。

(4) 当仅产品 1 的劳动力要素生产率提升 10%时，虽然短期和长期内行业 1 和行业 2 的产出均有增加，但增幅不大。

(5) 当发生中性技术进步冲击时，短期和长期内行业 1 和行业 2 的产出均显著增加，但这种技术进步不会影响资本和劳动力要素的资源配置。

表 5-3 人口老龄化背景下技术进步冲击的经济效应

情景	产出	要素价格	要素使用
方案 1：HOS 模型	q_1=155.913, q_2=142.929	r_K=1.044, r_L=1.169	$F(1,K)$=79.151；$F(1,L)$=17.259； $F(2,K)$=20.849；$F(2,L)$=72.741

续表

情景	产出	要素价格	要素使用
方案 1：SF 模型	q_1=157.040, q_2=141.912	r_K=1.039, r_L=1.182, r_N=1.097	$F(1,K)$=80；$F(1,L)$=17.139；$F(2,N)$=20；$F(2,L)$=72.861
方案 2：HOS 模型	q_1=155.684, q_2=140.389	r_K=1.040, r_L=1.174	$F(1,K)$=79.161；$F(1,L)$=17.121；$F(2,K)$=20.839；$F(2,L)$=72.879
方案 2：SF 模型	q_1=156.795, q_2=139.410	r_K=1.035, r_L=1.186, r_N=1.092	$F(1,K)$=80；$F(1,L)$=17.003；$F(2,N)$=20；$F(2,L)$= 72.997
方案 3：HOS 模型	q_1=145.810, q_2=141.609	r_K=0.976, r_L=1.082	$F(1,K)$=79.546；$F(1,L)$=17.749；$F(2,K)$=20.454；$F(2,L)$=72.251
方案 3：SF 模型	q_1=146.369, q_2=141.066	r_K=0.974, r_L=1.088, r_N=1.003	$F(1,K)$=80；$F(1,L)$=17.683；$F(2,N)$=20；$F(2,L)$=72.317
方案 4：HOS 模型	q_1=149.574, q_2=148.923	r_K=0.997, r_L=1.109	$F(1,K)$=79.958；$F(1,L)$=17.962；$F(2,K)$=20.042；$F(2,L)$=72.038
方案 4：SF 模型	q_1=149.626, q_2=148.871	r_K=0.997, r_L=1.109, r_N=1.000	$F(1,K)$=80.000；$F(1,L)$=17.956；$F(2,N)$=20；$F(2,L)$=72.044
方案 5：HOS 模型	q_1=148.169, q_2=139.294	r_K=0.988, r_L=1.110	$F(1,K)$=79.400；$F(1,L)$=17.621；$F(2,K)$=20.600；$F(2,L)$=72.379
方案 5：SF 模型	q_1=148.920, q_2=138.597	r_K=0.985, r_L=1.119, r_N=1.024	$F(1,K)$=80；$F(1,L)$=17.536；$F(2,N)$=20；$F(2,L)$=72.464
方案 6：HOS 模型	q_1=146.970, q_2=148.714	r_K=0.982, r_L=1.084	$F(1,K)$= 80.113；$F(1,L)$=17.949；$F(2,K)$= 19.887；$F(2,L)$=72.051
方案 6：SF 模型	q_1=146.830, q_2=148.855	r_K=0.983, r_L=1.082, r_N=0.975	$F(1,K)$=80；$F(1,L)$=17.966；$F(2,N)$=20；$F(2,L)$=72.034
方案 7：HOS 模型	q_1=160.158, q_2=153.008	r_K=1.070, r_L=1.194	$F(1,K)$= 79.558；$F(1,L)$=17.608；$F(2,K)$= 20.442；$F(2,L)$=72.392
方案 7：SF 模型	q_1=160.757, q_2=152.440	r_K=1.067, r_L=1.201, r_N=1.099	$F(1,K)$=80；$F(1,L)$=17.545；$F(2,N)$=20；$F(2,L)$=72.455

第六章　开放经济体

第一节　小国情形下的开放经济体

一、小型经济体的基准模型

(一) 自由贸易的小型经济体模型

在自由贸易的小国贸易均衡模型中，优化目标是最大化代表性家庭的效用。这个目标受到三个主要约束条件的限制：首先是资源约束，即劳动力和资本的使用不能超过要素禀赋；其次是市场出清条件，确保所有市场上的供给和需求达到平衡；最后是贸易平衡条件，要求国家的进口和出口在价值上相等，以维持国际支付的平衡。由于假设该国为小国经济，所以国际市场价格是外生的，即由全球市场决定，小国无法影响这些价格。对于小国经济的长期模型，该优化问题的拉格朗日函数为

$$\begin{aligned}\mathcal{L} &= \theta U\left(c_1,c_2\right)+\lambda_1\left[q_1\left(K_1,L_1\right)-c_1-x_1\right]+\lambda_2\left[q_2\left(K_2,L_2\right)-c_2-x_2\right]\\ &\quad+\mu_K\left(\bar{K}-K_1-K_2\right)+\mu_L\left(\bar{L}-L_1-L_2\right)+\gamma\left(p_1^*x_1+p_2^*x_2\right)\end{aligned} \tag{6-1}$$

式中，$U\left(c_1,c_2\right)$为代表性家庭的效用函数；$\bar{K}=K_1+K_2$ 和 $\bar{L}=L_1+L_2$ 为资源约束；市场出清条件为 $q_1\left(K_1,L_1\right)-c_1=x_1$ 和 $q_2\left(K_2,L_2\right)-c_2=x_2$；贸易平衡条件为 $p_1^*x_1+p_2^*x_2=0$。在本模型中，产出与消费的差额定义为净出口量，正的净出口表示出口，负的净出口表示进口。p_1^* 和 p_2^* 分别为两种产品的国际价格。

在给定技术和资源约束的情况下，当产品 2 的产量已知时，可以求解出产品 1 的最大产量。通过这个过程，产品 1 的最优产量可以表示为产品 2 的产量与可用资源的函数，我们将其定义为生产可能性边界 $q_1=\tilde{\psi}\left(q_2\right)$。假设函数 $\tilde{\psi}$ 是凹函数，它可用于描述长期和短期的生产结构，二者均是技术与资源最优配置的函数。我们可以将生产可能性边界表示为隐函数形式 $S-\psi\left(q_1,q_2\right)=0$。使用上述符号，小型经济体贸易均衡的拉格朗日函数可以写为

$$\mathcal{L}=\theta U\left(c_1,c_2\right)+\lambda_1\left(q_1-c_1-x_1\right)+\lambda_2\left(q_2-c_2-x_2\right)+\delta\left[S-\psi\left(q_1,q_2\right)\right]+\gamma\left[p_1^*x_1+p_2^*x_2\right] \tag{6-2}$$

实际上，上述优化问题可分为两个步骤进行求解。首先，在给定技术约束和

资源条件下，找到实现总产值最大化的产出组合。此步骤的目标是选择最优的产品 1 和产品 2 的产量组合，使总产值 $p_1^*q_1 + p_2^*q_2$ 最大化，约束条件为生产可能性边界 $S - \psi(q_1, q_2) = 0$。该问题可通过求解以下拉格朗日函数来实现：

$$\mathcal{L}_1 = p_1^*q_1 + p_2^*q_2 + \delta\left[S - \psi(q_1, q_2)\right] \tag{6-3}$$

通过优化该问题，可以确定产品 1 和产品 2 的最优产量，从而确保在资源和技术约束下实现产值最大化。确定产值后，接下来需在预算约束下实现效用最大化。预算约束由产值决定，即 $p_1^*c_1 + p_2^*c_2 \leqslant Y$，其中，$Y$ 为产值。此时的目标是选择最优的产品 1 和产品 2 消费量 c_1 和 c_2，以最大化消费者效用函数 $U(c_1, c_2)$：

$$\mathcal{L}_2 = U(c_1, c_2) + \lambda\left(Y - p_1^*c_1 - p_2^*c_2\right) \tag{6-4}$$

通过求解这一拉格朗日函数,可以得到消费者在预算约束下的最优消费组合，从而实现效用最大化。

(二) 引入贸易税或贸易补贴

如果政府引入了贸易税或贸易补贴,将导致国内价格 p_i 和国际市场价格 p_i^* 之间出现分歧。定义 $t_i = \left(p_i - p_i^*\right) / p_i^*$ (其中 $i = 1,2$)。对于进口品，正的 t_i 值表示进口关税，负的 t_i 值表示进口补贴；对于出口品，正的 t_i 值表示出口补贴，负的 t_i 值表示出口关税。

此时，生产中的最大化问题的目标是通过选择最优的产品 1 和产品 2 的产量组合，使总产值 $p_1q_1 + p_2q_2$ 最大化。约束条件为生产可能性边界 $S - \psi(q_1, q_2) = 0$。因此，生产中的最大化问题可以用以下拉格朗日函数表示：

$$\mathcal{L}_1 = p_1^*(1 + t_1)q_1 + p_2^*(1 + t_2)q_2 + \delta\left[S - \psi(q_1, q_2)\right] \tag{6-5}$$

消费者面对的也是国内价格 p_1 和 p_2。其中，$p_1 = p_1^*(1 + t_1)$，$p_2 = p_2^*(1 + t_2)$。此时，消费者面临的最优决策问题是：给定收入约束 $p_1c_1 + p_2c_2 \leqslant Y$ 条件，如何在既定国内价格 p_1 和 p_2 下实现效用最大化。这一优化问题对应的拉格朗日函数为

$$\mathcal{L}_2 = U(c_1, c_2) + \lambda\left[Y - p_1^*(1 + t_1)c_1 - p_2^*(1 + t_2)c_2\right] \tag{6-6}$$

假设政府将所有税收一次性返还给家庭，同时所有补贴支出也一次性从家庭中扣除。收入可以定义为国内价格计价的产值加上税收收入，再减去贸易补贴支出。具体而言，可以表示为

$$Y = p_1^*(1 + t_1)q_1 + p_2^*(1 + t_2)q_2 - p_1^*t_1(q_1 - c_1) - p_2^*t_2(q_2 - c_2) \tag{6-7}$$

若 $q_i - c_i < 0$，则意味着 i 产品是进口品。此时，正的 t_i 值表示进口关税，负

的 t_i 值表示进口补贴。这确保了当 i 产品是进口品时，进口关税增加家庭的可支配收入（ $-p_1^* t_1(q_1-c_1)>0$ ），而进口补贴则减少了家庭的可支配收入 $(-p_1^* t_1(q_1-c_1)<0)$。类似地，若 $q_i-c_i>0$ ，则意味着产品 i 是出口品，正的 t_i 值表示出口补贴，负的 t_i 值表示出口关税。在这种情况下，出口关税会增加家庭的可支配收入（ $-p_1^* t_1(q_1-c_1)>0$ ），而出口补贴则减少家庭的可支配收入 $(-p_1^* t_1(q_1-c_1)<0)$。

(三) 引入生产税或生产补贴

政府提供生产补贴的结果是生产者价格提高，国内生产增加；生产补贴并不会改变消费者价格，所以国内消费未变动。相反，政府征收生产税时，生产者价格降低，国内生产减少，但消费者价格仍不变，国内消费同样未变动。此时，生产者面临的价格为 $p_i^*(1+t_i)(1+s_i)$(其中 $i=1,2$)。正的 s_i 值表示生产补贴，负的 s_i 值表示生产税。消费者面临的价格仍然为 $p_i^*(1+t_i)$ 。此时，生产者的最大化问题可以用如下拉格朗日函数表示：

$$\mathcal{L}_1=p_1^*(1+t_1)(1+s_1)q_1+p_2^*(1+t_2)(1+s_2)q_2+\delta\left[S-\psi(q_1,q_2)\right] \tag{6-8}$$

与此同时，消费者在既定国内价格下实现效用最大化，对应的拉格朗日函数为

$$\mathcal{L}_2=U(c_1,c_2)+\lambda\left[Y-p_1^*(1+t_1)c_1-p_2^*(1+t_2)c_2\right] \tag{6-9}$$

(四) 引入消费税或消费补贴

征收消费税时，生产者价格不变，但消费者价格会上升。此时，生产者面临的价格为 $p_i^*(1+t_i)(1+s_i)$(其中 $i=1,2$)，而消费者面临的价格为 $p_i^*(1+t_i)\left(1+t_i^c\right)$，$t_i^c$ 表示对产品 i 征收的消费税的税率。因此，生产中的最大化问题依然用式(6-8)所示的拉格朗日函数表示。

消费者的最大化问题对应的拉格朗日函数为

$$\mathcal{L}_2=U(c_1,c_2)+\lambda\left[Y-p_1^*(1+t_1)\left(1+t_1^c\right)c_1-p_2^*(1+t_2)\left(1+t_2^c\right)c_2\right] \tag{6-10}$$

(五) 引入要素税和补贴

当政府对企业征收生产要素税或提供要素补贴时，企业支付给劳动力的有效价格(含要素税或补贴)可定义为 $w/\left(1+s_i^L\right)$，支付给资本的有效价格(含要素税或补贴)定义为 $r/\left(1+s_i^K\right)$。由于要素补贴会降低企业的成本，从而使企业面临的劳动

力与资本的有效价格$\left[\text{即} w/\left(1+s_i^L\right) \text{和} r/\left(1+s_i^K\right)\right]$低于其市场价格($w$和$r$)，所以可用正值的$s_i^L$和$s_i^K$表示要素补贴；反之，负值的$s_i^L$和$s_i^K$表示要素税，即要素税提高了企业面临的劳动力与资本的有效价格。在完全竞争市场条件下，产出问题的最优解要求要素价格等于要素的边际产出价值。因此有

$$\frac{w}{1+s_i^L}=p_i^*\left(1+t_i\right)\left(1+s_i\right)\partial q_i/\partial L_i \tag{6-11}$$

$$\frac{r}{1+s_i^K}=p_i^*\left(1+t_i\right)\left(1+s_i\right)\partial q_i/\partial K_i \tag{6-12}$$

(六) 同时考虑贸易税或补贴、国内税或补贴的小型经济体的基准模型

接下来，我们在开放经济条件下同时考虑贸易税或补贴、生产税或补贴、消费税或消费补贴，以及要素税和补贴的情形。假定消费者的效用函数满足柯布-道格拉斯形式：

$$U=\alpha\prod_{\forall i\in I}c_i^{\beta_i} \tag{6-13}$$

此时，马歇尔需求函数为

$$c_i=\beta_i\text{GDP}/p_i,\quad \forall i\in I \tag{6-14}$$

其中，消费者面临的价格为

$$p_i=p_i^*\left(1+t_i\right)\left(1+t_i^c\right),\quad \forall i\in I \tag{6-15}$$

设定生产函数满足CES函数形式：

$$q_i=\gamma_i\left(\sum_{\forall j\in J}\delta_{ji}F_{ji}^{\rho_i}\right)^{\frac{1}{\rho_i}},\quad \forall i\in I \tag{6-16}$$

在完全竞争市场均衡的情形下，上述生产函数对应的要素需求函数为

$$r_j/\left(1+s_i^j\right)=p_i'q_i\left(\sum_{\forall k\in J}\delta_{ki}F_{ki}^{\rho_i}\right)^{-1}\delta_{ji}F_{ji}^{\rho_i-1},\quad \forall j\in J,\forall i\in I \tag{6-17}$$

要素价格由$w/\left(1+s_i^L\right)$和$r/\left(1+s_i^K\right)$定义。此时，生产者面临的价格为

$$p_i'=p_i^*\left(1+t_i\right)\left(1+s_i\right),\quad \forall i\in I \tag{6-18}$$

资源约束条件为

$$\overline{F}_j=\sum_{\forall i\in I}F_{ji},\quad \forall j\in J \tag{6-19}$$

市场出清条件为

$$q_i - c_i = x_i, \quad \forall i \in I \tag{6-20}$$

GDP 等于按国内价格计算的产值加上关税收入，再加上消费税收入。因此，GDP 定义如下：

$$\begin{aligned} Y = & p_1^*(1+t_1)q_1 + p_2^*(1+t_2)q_2 - p_1^* t_1(q_1 - c_1) - p_2^* t_2(q_2 - c_2) \\ & + p_1^*(1+t_1)t_1^c c_1 + p_2^*(1+t_2)t_2^c c_2 \end{aligned} \tag{6-21}$$

二、拓展模型

(一) 在基准模型中引入有偏技术进步

当引入有偏技术进步时，生产函数定义为

$$q_i = \gamma_i \left[\sum_{\forall j \in J} \delta_{ji} (a_{ji} F_{ji})^{\rho_i} \right]^{\frac{1}{\rho_i}}, \quad \forall i \in I \tag{6-22}$$

式(6-22)对应的要素需求函数为

$$r_j \Big/ \left(1 + s_i^j\right) = p_i' q_i \left[\sum_{\forall k \in J} \delta_{ki} (a_{ki} F_{ki})^{\rho_i} \right]^{-1} \delta_{ji} (a_{ji} F_{ji})^{\rho_i - 1} a_{ji}, \quad \forall j \in J, \forall i \in I \tag{6-23}$$

生产者面临的价格为 $p_i' = p_i^*(1+t_i)(1+s_i)$；要素价格由 $w\Big/\left(1+s_i^L\right)$ 和 $r\Big/\left(1+s_i^K\right)$ 定义。份额参数 δ_{ji} 的校调估算公式如下：

$$\delta_{ji} = \frac{r_j \Big/ \left[\left(a_{ji} F_{ji}\right)^{\rho_i - 1} a_{ji} \right]}{\sum_{\forall k \in J} r_k \Big/ \left[\left(a_{ki} F_{ki}\right)^{\rho_i - 1} a_{ki} \right]} \tag{6-24}$$

对移位参数 γ_i 的校调估算公式是

$$\gamma_i = q_i \Big/ \left[\sum_{\forall j \in J} \delta_{ji} (a_{ji} F_{ji})^{\rho_i} \right]^{\frac{1}{\rho_i}} \tag{6-25}$$

除了式(6-22)～式(6-25)的定义略有不同，引入有偏技术进步时的模型设定与基准模型并没有本质区别。最终，在基准模型基础上引入有偏技术进步的 GAMS 代码见程序 6-1。

程序 6-1　在基准模型中引入有偏技术进步的 GAMS 代码：基于 HOS 模型

```
*使用//作为行末注释
$eolcom //

*定义问题的索引
SET I Goods /1,2/;  //产品集合
```

```
SET J Factors /K,L/; //生产要素集合
ALIAS (J, JJ);       //J 的别名为 JJ

*创建参数的名称
PARAMETERS
ALPHA           效用函数中的移位参数
BETA(I)         效用函数中的份额参数
PO(I)           初始价格
PW(I)           世界价格
UO              初始效用水平
CO(I)           初始消费水平
XO(I)           初始贸易量
GAMMA(I)        生产函数中的移位参数
DELTA(J,I)      生产函数中的份额参数
RHO(I)          生产函数中的弹性参数
FBAR(J)         要素禀赋
QO(I)           初始产出水平
RO(J)           初始要素价格
FO(J,I)         初始要素使用水平
fprd0(J,I)      产品 I 中生产要素 J 的初始生产率
fprd(J,I)       产品 I 中生产要素 J 的生产率
GDPO            初始国内生产总值
;

VARIABLES
T(I)            贸易税或补贴
TC(I)           消费税或补贴
TP(I)           生产税或补贴
TF(J,I)         要素税或补贴
;
T.FX(I)=0;        //设定贸易税为 0

TC.FX(I)=0;       //设定消费税为 0
TP.FX(I)=0;       //设定生产税为 0
TF.FX(J,I)=0;     //设定要素税为 0

*给参数赋值
PO(I)=1;                            //初始价格设为 1
```

```
PW(I)=PO(I)/(1+T.L(I));              //世界价格根据贸易税计算
RO(J)=1;                             //初始要素价格设为 1
QO(I)=100;                           //初始产出设为 100
CO('1')=50;                          //产品 1 的初始消费水平
CO('2')=150;                         //产品 2 的初始消费水平
XO(I)=QO(I)-CO(I);                   //初始贸易量为产出减去消费
FO('L','1')=20;  //要素 L 在产品 1 的使用水平
FO('L','2')=80;  //要素 L 在产品 2 的使用水平
FO('K',I)=(QO(I)*PO(I)-FO('L',I)*RO('L'))/RO('K');//要素 K 的使用水平
fprd0(J,I) = 1; //初始化生产率
FBAR(J)=SUM(I, FO(J,I)); //要素禀赋为要素使用量的总和
*初始国内生产总值的计算
GDPO=SUM(I,PO(I)*QO(I))-SUM(I,T.L(I)*PW(I)*XO(I))+SUM(I,TC.L(I)*
PO(I)*CO(I));
RHO(I)=0.1;  //弹性参数设为 0.1
*计算生产函数中的份额参数
DELTA(J,I)$FO(J,I)=((RO(J)/(1+TF.L(J,I)))/(fprd0(J,I)*(fprd0(J,I)
*FO(J,I))**(RHO(I)-1))) /(SUM(JJ$FO(JJ,I),(RO(JJ)/(1+TF.L(JJ,I)))/
(fprd0(JJ,I)*(fprd0(JJ,I)*FO(JJ,I))**(RHO(I)-1))));
*计算生产函数中的移位参数
GAMMA(I)=QO(I)/(SUM(J$FO(J,I),
DELTA(J,I)*(fprd0(J,I)*FO(J,I))**RHO(I)))**(1/RHO(I));

fprd(J,I) = fprd0(J,I);    //生产率赋值
UO=GDPO;   //初始效用水平等于初始国内生产总值
BETA(I)=(PO(I)*(1+TC.L(I))*CO(I))/GDPO;  //计算效用函数中的份额参数
ALPHA=UO/PROD(I, CO(I)**BETA(I));    //计算效用函数中的移位参数

*定义变量的名称
VARIABLES
U              效用指数
X(I)           贸易水平
P(I)           国内价格
C(I)           消费水平
Q(I)           产出水平
R(J)           要素价格
F(J,I)         要素使用水平
```

```
GDP            国内生产总值
;

*为变量赋初始值，并设置下界
U.L=UO;                        //效用初值设为初始效用水平
X.L(I)=XO(I);                  //贸易初值设为初始贸易量
C.L(I)=CO(I);                  //消费初值设为初始消费水平
Q.L(I)=QO(I);                  //产出初值设为初始产出水平
R.L(J)=RO(J);                  //要素价格初值设为初始要素价格
F.L(J,I)=FO(J,I);              //要素使用初值设为初始要素使用水平
P.L(I)=PO(I);                  //国内价格初值设为初始价格
GDP.L=GDPO;                    //国内生产总值初值设为初始国内生产总值
C.LO(I)=0;                     //消费的下界为 0
Q.LO(I)=0;                     //产出的下界为 0
R.LO(J)=0;                     //要素价格的下界为 0
F.LO(J,I)=0;                   //要素使用的下界为 0
P.LO(I)=0;                     //国内价格的下界为 0
GDP.LO=0;                      //国内生产总值的下界为 0

*创建方程的名称
EQUATIONS
UTILITY           效用函数
DEMAND(I)         需求函数
TRADE_TAX(I)      贸易税
MAT_BAL(I)        市场平衡
PRODUCTION(I)     生产函数
RESOURCE(J)       资源约束条件
FDEMAND(J,I)      要素需求函数
INCOME            国内生产总值
;
*给方程定义表达式
UTILITY..U=E=ALPHA*PROD(I, C(I)**BETA(I));    //效用方程
DEMAND(I)..C(I)=E=BETA(I)*GDP/(P(I)*(1+TC(I)));    //需求方程
TRADE_TAX(I)..P(I)=E=(1+T(I))*PW(I);    //贸易税方程
MAT_BAL(I)..X(I)=E=Q(I)-C(I);    //市场平衡方程
*生产函数
PRODUCTION(I)..Q(I)=E=GAMMA(I)*SUM(J$FO(J,I),
```

```
DELTA(J,I)*(fprd(J,I)*F(J,I))**RHO(I))**(1/RHO(I));
*资源约束条件
RESOURCE(J)..FBAR(J)=E=SUM(I, F(J,I));
*要素需求方程
FDEMAND(J,I)$FO(J,I)..R(J)/(1+TF(J,I))=E=(P(I)*(1+TP(I)))*Q(I)*SU
M(JJ$FO(JJ,I),DELTA(JJ,I)*(fprd(JJ,I)*F(JJ,I))**RHO(I))**(-
1)*DELTA(J,I)*(fprd(J,I)*F(J,I))**(RHO(I)-1)*fprd(J,I);
*国内生产总值方程
INCOME..GDP=E=SUM(I,P(I)*Q(I))-SUM(I,T(I)*PW(I)*X(I))+SUM(I,
TC(I)*P(I)*C(I));

*定义构建模型的方程，并求解
MODEL SMALL /ALL/;
SOLVE SMALL USING NLP MAXIMIZING U;
```

(二) 在短期引入有偏技术进步：基于特定要素模型

在 HOS 模型框架中，资本和劳动力被设定为在行业间完全自由流动，主要考虑长期的生产决策。为了分析短期生产决策的影响，我们将对基准模型进行修改，引入特定要素模型。在 HOS 模型中，资源约束为 $\bar{K}=K_1+K_2$ 和 $\bar{L}=L_1+L_2$。而在特定要素模型中，资源约束为 $\bar{K}_1=K_1$、$\bar{K}_2=K_2$ 和 $\bar{L}=L_1+L_2$。换言之，我们假定在短期内资本无法在行业间自由流动，而劳动力可以自由流动。与程序 6-1 中的代码相比，主要的区别在于资本要素的处理。最终，基于特定要素模型引入有偏技术进步的模型的 GAMS 代码见程序 6-2。

程序 6-2　在短期引入有偏技术进步的 GAMS 代码：基于特定要素模型

```
*使用//作为行末注释
$eolcom //

SET I Goods /1,2/;   //产品集合定义
SET J Factors /K,L,N/;   //生产要素集合定义
ALIAS (J, JJ);   //设置 J 的别名为 JJ

*创建参数名称
PARAMETERS
ALPHA           效用函数中的移位参数
```

```
BETA(I)            效用函数中的份额参数
PO(I)              初始价格
PW(I)              世界价格
UO                 初始效用水平
CO(I)              初始消费水平
XO(I)              初始贸易量
GAMMA(I)           生产函数中的移位参数
DELTA(J,I)         生产函数中的份额参数
RHO(I)             生产函数中的弹性参数
FBAR(J)            资源禀赋
QO(I)              初始产出水平
RO(J)              初始要素价格
FO(J,I)            初始要素使用水平
fprd0(J,I)         产品 I 中生产要素 J 的初始生产率
fprd(J,I)          产品 I 中生产要素 J 的生产率
GDPO               初始国内生产总值
;

VARIABLES
T(I)               贸易税或补贴
TC(I)              消费税或补贴
TP(I)              生产税或补贴
TF(J,I)            要素税或补贴
;
T.FX(I)=0;          //设置贸易税为 0
TC.FX(I)=0;         //设置消费税为 0
TP.FX(I)=0;         //设置生产税为 0
TF.FX(J,I)=0;       //设置要素税为 0

*为参数赋值
PO(I)=1;    //设置初始价格
PW(I)=PO(I)/(1+T.L(I));   //计算世界价格
RO(J)=1;     //设置初始要素价格
QO(I)=100;    //设置初始产出水平
CO('1')=50;    //设置产品 1 的初始消费
CO('2')=150;  //设置产品 2 的初始消费
XO(I)=QO(I)-CO(I);    //计算初始贸易量
```

```
FO('L','1')=20;  //设置要素 L 在活动 1 中的使用水平
FO('L','2')=80;  //设置要素 L 在活动 2 中的使用水平
*计算资本要素 K 在活动 1 中的使用水平
FO('K','1')=(QO('1')*PO('1')-FO('L','1')*RO('L'))/RO('K');
*计算资本要素 N 在活动 2 中的使用水平
FO('N','2')=(QO('2')*PO('2')-FO('L','2')*RO('L'))/RO('N');

fprd0(J,I) = 1;  //设置初始生产率
FBAR(J)=SUM(I, FO(J,I));  //计算要素禀赋
*计算初始国内生产总值
GDPO=SUM(I, PO(I)*QO(I))-SUM(I, T.L(I)*PW(I)*XO(I))+SUM(I,
TC.L(I)*PO(I)*CO(I));
RHO(I)=0.1;  //设置弹性参数
*计算生产函数中的份额参数
DELTA(J,I)$FO(J,I)=((RO(J)/(1+TF.L(J,I)))/(fprd0(J,I)*(fprd0(J,I)
*FO(J,I))**(RHO(I)-1)))/(SUM(JJ$FO(JJ,I),
(RO(JJ)/(1+TF.L(JJ,I)))/(fprd0(JJ,I)*(fprd0(JJ,I)*FO(JJ,I))**(RHO
(I)-1))));
*计算生产函数中的移位参数
GAMMA(I)=QO(I)/(SUM(J$FO(J,I),
DELTA(J,I)*(fprd0(J,I)*FO(J,I))**RHO(I)))**(1/RHO(I));

fprd(J,I) = fprd0(J,I);  //设置要素在活动中的生产率
UO=GDPO;  //设置初始效用水平
BETA(I)=(PO(I)*(1+TC.L(I))*CO(I))/GDPO;  //计算效用函数中的份额参数
ALPHA=UO/PROD(I, CO(I)**BETA(I));  //计算效用函数中的移位参数

*定义变量名称
VARIABLES
U            效用指数
X(I)         贸易水平
P(I)         国内价格
C(I)         消费水平
Q(I)         产出水平
R(J)         要素价格
F(J,I)       要素使用水平
GDP          国内生产总值
;
```

```
*为变量赋初值并设置下界
U.L=UO; //设置效用的初始值
X.L(I)=XO(I); //设置贸易水平的初始值
C.L(I)=CO(I); //设置消费水平的初始值
Q.L(I)=QO(I); //设置产出水平的初始值
R.L(J)=RO(J); //设置要素价格的初始值
F.L(J,I)=FO(J,I); //设置要素使用水平的初始值
P.L(I)=PO(I); //设置国内价格的初始值
GDP.L=GDPO; //设置国内生产总值的初始值
C.LO(I)=0; //设置消费水平的下界
Q.LO(I)=0; //设置产出水平的下界
R.LO(J)=0; //设置要素价格的下界
F.LO(J,I)=0; //设置要素使用水平的下界
P.LO(I)=0; //设置国内价格的下界
GDP.LO=0; //设置国内生产总值的下界

*定义方程名称
EQUATIONS
UTILITY          效用函数
DEMAND(I)        需求函数
TRADE_TAX(I)     贸易税
MAT_BAL(I)       市场均衡
PRODUCTION(I)    生产函数
RESOURCE(J)      资源约束
FDEMAND(J,I)     要素需求函数
INCOME           国内生产总值
;

*定义方程的表达式
UTILITY..U=E=ALPHA*PROD(I, C(I)**BETA(I)); //效用函数
DEMAND(I)..C(I)=E=BETA(I)*GDP/(P(I)*(1+TC(I))); //需求函数
TRADE_TAX(I)..P(I)=E=(1+T(I))*PW(I); //贸易税方程
MAT_BAL(I)..X(I)=E=Q(I)-C(I); //市场均衡方程
*生产函数
PRODUCTION(I)..Q(I)=E=GAMMA(I)*SUM(J$FO(J,I),
DELTA(J,I)*(fprd(J,I)*F(J,I))**RHO(I))**(1/RHO(I));
RESOURCE(J)..FBAR(J)=E=SUM(I, F(J,I)); //资源约束方程
```

```
*要素需求方程
FDEMAND(J,I)$FO(J,I)..R(J)/(1+TF(J,I))=E=(P(I)*(1+TP(I)))*Q(I)*SU
M(JJ$FO(JJ,I),DELTA(JJ,I)*(fprd(JJ,I)*F(JJ,I))**RHO(I))**(-
1)*DELTA(J,I)*(fprd(J,I)*F(J,I))**(RHO(I)-1)*fprd(J,I);
*国内生产总值方程
INCOME..GDP=E=SUM(I,P(I)*Q(I))-SUM(I,T(I)*PW(I)*X(I))+SUM(I,
TC(I)*P(I)*C(I));

*定义模型，并求解
MODEL SMALL /ALL/;
SOLVE SMALL USING NLP MAXIMIZING U;
```

第二节　大国情形下的开放经济体

一、引入阿明顿假说和联合生产的大型经济体的基准模型

（一）引入阿明顿假说和联合生产

在国际贸易的完全竞争模型中，同类产品的双向贸易通常被视为无意义。然而，在现实中，各国常常同时进口和出口相同类别的产品。为了解释产业内贸易，我们引入了阿明顿假说。我们将代表性消费者的效用函数表示为 $U=U\left(c_1\left(d_1,m_1\right),c_2\left(d_2,m_2\right)\right)$，其中，$c_i$ 表示阿明顿复合或聚合函数，假设其满足连续性和一次齐次性，并且在两个参数上均为递增且为凹函数。在本节中，c_i 满足 CES 函数形式，且取值为 $\gamma_i^{\mathrm{A}}\left[\delta_i^{\mathrm{A}}d_i^{\rho_i^{\mathrm{A}}}+\left(1-\delta_i^{\mathrm{A}}\right)m_i^{\rho_i^{\mathrm{A}}}\right]^{1/\rho_i^{\mathrm{A}}}$。$d_1$ 和 m_1 为产品 1 的国内产品和进口产品；d_2 和 m_2 为产品 2 的国内产品和进口产品。

阿明顿假说等价于如下两阶段优化问题：在第一阶段，优化目标是将获得复合产品 c_i 所需的支出 $p_i^d d_i+p_i^m m_i$ 降至最低，其中 p_i^d 为国内产品价格，p_i^m 为进口品价格。此时，拉格朗日函数定义为

$$\mathcal{L}=p_i^d d_i+p_i^m m_i+p_i\left\{c_i-\gamma_i^{\mathrm{A}}\left[\delta_i^{\mathrm{A}}d_i^{\rho_i^{\mathrm{A}}}+\left(1-\delta_i^{\mathrm{A}}\right)m_i^{\rho_i^{\mathrm{A}}}\right]^{1/\rho_i^{\mathrm{A}}}\right\} \tag{6-26}$$

式中，d_i 为产品 i 的国内产品需求；m_i 为产品 i 的进口品需求；p_i 为复合产品 c_i 对应的价格。对拉格朗日函数中的 d_i、m_i 和 p_i 求偏导，可得支出最小化问题的一阶条件如下：

$$\frac{\partial L}{\partial d_i}=p_i^d-p_ic_i\left[\delta_i^{\mathrm{A}}d_i^{\rho_i^{\mathrm{A}}}+\left(1-\delta_i^{\mathrm{A}}\right)m_i^{\rho_i^{\mathrm{A}}}\right]^{-1}\delta_i^{\mathrm{A}}d_i^{\rho_i^{\mathrm{A}}-1}=0 \tag{6-27}$$

$$\frac{\partial L}{\partial m_i}=p_i^m-p_ic_i\left[\delta_i^{\mathrm{A}}d_i^{\rho_i^{\mathrm{A}}}+\left(1-\delta_i^{\mathrm{A}}\right)m_i^{\rho_i^{\mathrm{A}}}\right]^{-1}\left(1-\delta_i^{\mathrm{A}}\right)m_i^{\rho_i^{\mathrm{A}}-1} \tag{6-28}$$

$$\frac{\partial L}{\partial p_i}=c_i-\gamma_i^{\mathrm{A}}\left[\delta_i^{\mathrm{A}}d_i^{\rho_i^{\mathrm{A}}}+\left(1-\delta_i^{\mathrm{A}}\right)m_i^{\rho_i^{\mathrm{A}}}\right]^{1/\rho_i^{\mathrm{A}}}=0 \tag{6-29}$$

在第二阶段，当已知复合产品价格时，可以求解消费复合产品的效用最大化问题。此时，拉格朗日函数为

$$\mathcal{L}=U\left(c_1,c_2\right)+\lambda\left(Y-p_1c_1-p_2c_2\right) \tag{6-30}$$

在国际贸易中，企业为国内和国外市场生产的产品存在差异。为了刻画国内产品和出口产品的差异性，我们采用了类似阿明顿偏好的联合生产方法。在本模型中，企业使用初级生产要素和中间投入品来生产复合产品，随后将复合产品分割或转化为两种不同的产品：一种销往国际市场(出口)，另一种销往国内市场。为此，我们采用常数转换弹性(constant elasticity of transformation，CET)作为聚合函数。对于所有产品i，聚合函数的形式为$q_i=\gamma_i^{\mathrm{T}}\left[\delta_i^{\mathrm{T}}d_i^{\rho_i^{\mathrm{T}}}+\left(1-\delta_i^{\mathrm{T}}\right)x_i^{\rho_i^{\mathrm{T}}}\right]^{1/\rho_i^{\mathrm{T}}}$，其中，$d_i$和$x_i$分别表示产品$i$内销和出口的产量，$\rho^{\mathrm{T}}$为转换弹性参数，且$1<\rho^{\mathrm{T}}<\infty$。

与阿明顿偏好类似，可以将企业在联合生产下的问题分解为两阶段优化问题。假设企业i在出口市场和国内市场面临的价格分别为p_i^x和p_i^d。企业的最终目标为利润最大化，但首先需要解决的问题是如何在既定复合产出q_i的情况下，实现销售价值的最大化。该问题的拉格朗日函数定义如下：

$$\mathcal{L}=p_i^dd_i+p_i^xx_i+p_i^{\mathrm{T}}\left\{q_i-\gamma_i^{\mathrm{T}}\left[\delta_i^{\mathrm{T}}d_i^{\rho_i^{\mathrm{T}}}+\left(1-\delta_i^{\mathrm{T}}\right)x_i^{\rho_i^{\mathrm{T}}}\right]^{\frac{1}{\rho_i^{\mathrm{T}}}}\right\} \tag{6-31}$$

在确定复合生产者价格后，就可以进入第二阶段的优化问题了。此时，企业的目标是最大化利润，利润定义为复合产出的价值减去投入成本，即

$$\pi_i=p_i^{\mathrm{T}}q_i\left(K_i,L_i\right)-rK_i-wL_i \tag{6-32}$$

(二) 引入税收和补贴的完整经济模型

在同时引入阿明顿假说和联合生产的背景下，引入各种税收和补贴的完整经济模型的模块可以表述如下。

首先，假定效用函数为柯布-道格拉斯形式：

$$U=\alpha\prod_{\forall i\in I}c_i^{\beta_i}$$

在征收消费税或补贴的情况下，马歇尔需求函数为

$$c_i = \beta_i \text{GDP} \Big/ \left[p_i \left(1 + t_i^c\right) \right], \quad \forall i \in I \tag{6-33}$$

式中，p_i 为复合产品 c_i 对应的价格；t_i^c 为消费税的税率或补贴的比率。此时，考虑中间投入品的情形。假设劳动力和资本使用 CES 函数进行加总，以得到两个行业的复合增加值。同时，假设复合增加值与中间投入品的复合关系满足里昂惕夫函数，生产函数则为

$$q_i = \frac{\gamma_i}{1 - \sum\limits_{\forall h \in I} a_{hi}} \left(\sum_{\forall j \in J} \delta_{ji} F_{ji}^{\rho_i} \right)^{\frac{1}{\rho_i}}, \quad \forall i \in I \tag{6-34}$$

资源约束条件可以定义为

$$\overline{F}_j = \sum_{\forall i \in I} F_{ji}, \quad \forall j \in J \tag{6-35}$$

当存在中间投入品且存在消费税时，净价格的计算公式为

$$p_i^N = p_i^{\mathrm{T}} - \sum_{\forall h \in I} p_h \left(1 + t_i^c\right) a_{hi}, \quad \forall i \in I \tag{6-36}$$

当考虑要素税或补贴 s_i^j 时，要素需求函数满足如下方程：

$$r_j \Big/ \left(1 + s_i^j\right) = p_i^N q_i \left(\sum_{\forall k \in J} \delta_{ki} F_{ki}^{\rho_i} \right)^{-1} \delta_{ji} F_{ji}^{\rho_i - 1}, \quad \forall j \in J, \forall i \in I \tag{6-37}$$

由于存在中间投入品的使用，阿明顿设定的表达式为

$$c_i + \sum_{\forall h \in I} a_{ih} q_h = \gamma_i^{\mathrm{A}} \left[\delta_i^{\mathrm{A}} d_i^{\rho_i^{\mathrm{A}}} + \left(1 - \delta_i^{\mathrm{A}}\right) m_i^{\rho_i^{\mathrm{A}}} \right]^{1/\rho_i^{\mathrm{A}}} \tag{6-38}$$

在考虑中间投入品和消费税的情况下，国内产品需求和进口产品需求的定义如下：

$$p_i^d = p_i \left(c_i + \sum_{\forall h \in I} a_{ih} q_h \right) \left[\delta_i^{\mathrm{A}} d_i^{\rho_i^{\mathrm{A}}} + \left(1 - \delta_i^{\mathrm{A}}\right) m_i^{\rho_i^{\mathrm{A}}} \right]^{-1} \delta_i^{\mathrm{A}} d_i^{\rho_i^{\mathrm{A}} - 1} \tag{6-39}$$

$$p_i^m = p_i \left(c_i + \sum_{\forall h \in I} a_{ih} q_h \right) \left[\delta_i^{\mathrm{A}} d_i^{\rho_i^{\mathrm{A}}} + \left(1 - \delta_i^{\mathrm{A}}\right) m_i^{\rho_i^{\mathrm{A}}} \right]^{-1} \left(1 - \delta_i^{\mathrm{A}}\right) m_i^{\rho_i^{\mathrm{A}} - 1} \tag{6-40}$$

考虑联合生产的聚合函数为

$$q_i = \gamma_i^{\mathrm{T}} \left[\delta_i^{\mathrm{T}} d_i^{\rho_i^{\mathrm{T}}} + \left(1 - \delta_i^{\mathrm{T}}\right) x_i^{\rho_i^{\mathrm{T}}} \right]^{1/\rho_i^{\mathrm{T}}} \tag{6-41}$$

在存在生产税或补贴的情况下，内销品和出口品的供给定义如下：

$$p_i^d = p_i^{\mathrm{T}} \left(1 + s_i\right) q_i \left[\delta_i^{\mathrm{T}} d_i^{\rho_i^{\mathrm{T}}} + \left(1 - \delta_i^{\mathrm{T}}\right) x_i^{\rho_i^{\mathrm{T}}} \right]^{-1} \delta d_i^{\rho_i^{\mathrm{T}} - 1} \delta_i^{\mathrm{A}} d_i^{\rho_i^{\mathrm{A}} - 1} \tag{6-42}$$

$$p_i^x = p_i^{\mathrm{T}} \left(1 + s_i\right) q_i \left[\delta_i^{\mathrm{T}} d_i^{\rho_i^{\mathrm{T}}} + \left(1 - \delta_i^{\mathrm{T}}\right) x_i^{\rho_i^{\mathrm{T}}} \right]^{-1} \left(1 - \delta_i^{\mathrm{T}}\right) x_i^{\rho_i^{\mathrm{T}} - 1} \tag{6-43}$$

在本节中，假定该经济体是进口小国、出口大国，则外国供应函数满足：

$$p_i^m = p_i^*\left(1+t_i^m\right) \tag{6-44}$$

式中，t_i^m 为进口税或补贴。外国需求函数可以定义为

$$p_i^x \Big/ \left(1+t_i^x\right) = \xi_i x_i^{\frac{1}{\varepsilon_i}} \tag{6-45}$$

式中，ε_i 为贸易弹性；ξ_i 为刻画外国经济主体行为变化的参数，取值为常数；t_i^x 表示出口税或补贴。正值的 t_i^x 表示出口补贴，负值的 t_i^x 表示出口关税。这里，$p_i^x \Big/ \left(1+t_i^x\right)$ 对应着国外购买本国出口品支付的价格，而 p_i^x 是在联合生产情形下将产出投放到出口市场时获得的净价格。

换言之，若政府对出口品征税，将导致国外购买本国出口品支付的价格 $p_i^x \Big/ \left(1+t_i^x\right)$ 提高；若政府对出口品提供补贴，将导致该价格下降。对于出口大国而言，出口品的贸易弹性 ε_i 是负数，而 ξ_i 是一个常数。

在存在中间投入品的情况下，GDP 将等于两个行业的增加值总和(即所有要素报酬)加上进口税、出口税、消费税、生产税、要素税，同时剔除进口补贴、出口补贴、消费补贴、生产补贴、要素补贴。所以 GDP 定义如下：

$$\begin{aligned}\mathrm{GDP} = &\sum_{\forall j\in J} \overline{F}_j r_j + \sum_{\forall i\in I} t_i^m p_i^* m_i - \sum_{\forall i\in I} \frac{t_i^x p_i^x x_i}{1+t_i^x} + \sum_{\forall i\in I} t_i^c p_i c_i \\ &+ \sum_{\forall i\in I} s_i p_i^{\mathrm{T}} q_i - \sum_{\forall i\in I}\sum_{\forall j\in J} s_i^j r_j \Big/ \left(1+s_i^j\right) F_{ji}\end{aligned} \tag{6-46}$$

二、在大国基准模型中引入有偏技术进步

当引入有偏技术进步时，生产函数定义为

$$q_i = \frac{\gamma_i}{1-\sum\limits_{\forall h\in I} a_{hi}} \left[\sum_{\forall j\in J} \delta_{ji} (a_{ji} F_{ji})^{\rho_i}\right]^{\frac{1}{\rho_i}}, \quad \forall i \in I \tag{6-47}$$

式(6-47)对应的要素需求函数为

$$r_j \Big/ \left(1+s_i^j\right) = p_i^N q_i \left[\sum_{\forall k\in J} \delta_{ki} (a_{ki} F_{ki})^{\rho_i}\right]^{-1} \delta_{ji} (a_{ji} F_{ji})^{\rho_i - 1} a_{ji}, \quad \forall j \in J, \forall i \in I \tag{6-48}$$

份额参数 δ_{ji} 的校调估算公式如下：

$$\delta_{ji} = \frac{r_j \Big/ \left(1+s_i^j\right) \Big/ \left[\left(a_{ji} F_{ji}\right)^{\rho_i - 1} a_{ji}\right]}{\sum\limits_{\forall k\in J} r_k \Big/ \left(1+s_i^k\right) \Big/ \left[\left(a_{ki} F_{ki}\right)^{\rho_i - 1} a_{ki}\right]} \tag{6-49}$$

对移位参数γ_i的校调估算公式是

$$\gamma_i = \frac{q_i}{\left[\sum_{\forall j \in J} \delta_{ji}(a_{ji}F_{ji})^{\rho_i}\right]^{\frac{1}{\rho_i}}}\left(1 - \sum_{\forall h \in I} a_{hi}\right) \tag{6-50}$$

当引入有偏技术进步的设定时，除了式(6-47)～式(6-50)的定义略有不同，整体框架与大型经济体的基准模型并无本质区别。基于基准模型引入有偏技术进步的 GAMS 代码见程序 6-3。

程序 6-3　引入有偏技术进步的大型经济体模型的 GAMS 代码

```
* 使用//作为行末注释
$eolcom //

SET I Goods /1,2/;  //定义产品集 I
SET J Factors /K,L/;  //定义要素集 J
ALIAS (J, JJ);  //定义 J 的别名
ALIAS (I, II);  //定义 I 的别名
SET S    /S1*S9/;  //社会核算矩阵的索引
ALIAS (S, SS);  //定义 S 的别名

*定义社会核算矩阵
TABLE SAM Social Accounting Matrix
        S1        S2        S3        S4        S5        S6        S7
S1      40        10                                      67        55
S2      10        40                                      140       15
S3      80        20
S4      20        80
S5      2         5
S6                          100       100       7
S7      20        50
;

*给参数命名
PARAMETERS
ALPHA           效用函数中的转换参数
BETA(I)         效用函数中的份额参数
CO(I)           初始消费水平
XO(I)           初始出口水平
```

```
GAMMA(I)          生产函数中的转换参数
DELTA(J,I)        生产函数中的份额参数
RHO(I)            生产函数中的弹性参数
GAMMA_A(I)        阿明顿模型中的转换参数
DELTA_A(I)        阿明顿模型中的份额参数
RHO_A(I)          阿明顿模型中的弹性参数
GAMMA_T(I)        转换函数中的转换参数
DELTA_T(I)        转换函数中的份额参数
RHO_T(I)          转换函数中的弹性参数
EPSILON(I)        出口需求弹性
XI(I)             外国需求的变化
UO                初始效用水平
QO(I)             初始产出水平
RO(J)             初始要素价格
FO(J,I)           初始要素使用水平
MO(I)             进口消费
INTO(II,I)        初始中间使用水平
PAO(I)            总消费价格
PDO(I)            初始国内产品价格
PMO(I)            进口产品价格
PNO(I)            初始净价格
PTO(I)            复合生产者价格
PXO(I)            初始出口产品价格
PW(I)             世界可进口价格
XR                汇率
A(II,I)           投入-产出系数
fprd0(J,I)        产品 I 中的生产要素 J 的初始生产率
fprd(J,I)         产品 I 中的生产要素 J 的生产率
FBAR(J)           要素禀赋
GDPO              初始国内生产总值
D0(I)             国内消费
;

*根据社会核算矩阵初始化参数
*中间投入品的使用赋值
INTO('1','1')=SAM('S1','S1');
INTO('2','1')=SAM('S2','S1');
INTO('1','2')=SAM('S1','S2');
```

```
INTO('2','2')=SAM('S2','S2');
*国内消费赋值
CO('1')=SAM('S1','S6');
CO('2')=SAM('S2','S6');
*出口赋值
XO('1')=SAM('S1','S7');
XO('2')=SAM('S2','S7');
*进口赋值
MO('1')=SAM('S7','S1');
MO('2')=SAM('S7','S2');
*总产出赋值
QO('1')=SAM('S1','S1')+SAM('S2','S1')+SAM('S3','S1')+SAM('S4','S1
');
QO('2')=SAM('S1','S2')+SAM('S2','S2')+SAM('S3','S2')+SAM('S4','S2
');
*要素使用赋值
FO('L','1')=SAM('S4','S1');
FO('L','2')=SAM('S4','S2');
FO('K','1')=SAM('S3','S1');
FO('K','2')=SAM('S3','S2');

*初始化价格和汇率
PAO(I)=1;
PDO(I)=1;
PTO(I)=1;
PMO(I)=1;
PXO(I)=1;
RO(J)=1;
XR=1;

RHO(I)=0.1;  //生产弹性参数赋值
RHO_A(I)=-2;  //阿明顿模型的弹性参数赋值
RHO_T(I)=1.25;  //转换弹性参数赋值
EPSILON(I)=-10;  //出口需求弹性赋值

VARIABLES
TM(I)           进口关税或补贴
TX(I)           出口关税或补贴
```

```
TC(I)           消费税或补贴
TP(I)           生产税或补贴
TF(J,I)         要素税或补贴
;

TM.FX('1')=SAM('S5','S1')/SAM('S7','S1');  //进口关税
TM.FX('2')=SAM('S5','S2')/SAM('S7','S2');
TX.FX(I)=0;  //出口关税
TC.FX(I)=0;  //消费税
TP.FX(I)=0;  //生产税
TF.FX(J,I)=0;  //要素税

*从均衡条件确定其他值
D0(I)=QO(I)-XO(I);  //国内消费
A(II,I)=INTO(II,I)/QO(I);  //投入-产出系数
PNO(I)=PTO(I)-SUM(II, PAO(II)*A(II,I));  //净价格

PW(I)=1;  //世界价格
PMO(I)=(1+TM.L(I))*PW(I);  //进口产品价格
FBAR(J)=SUM(I, FO(J,I));  //要素禀赋
*计算初始国内生产总值
GDPO=SUM(J, FBAR(J)*RO(J))+SUM(I,TM.L(I)*XR*MO(I));

fprd0(J,I)=1;
fprd(J,I)=fprd0(J,I);

DISPLAY CO,QO,RO,FO,GDPO,XO,D0,MO,PAO,PTO,PDO,PXO,PMO,GDPO,PW;
//显示结果
UO=GDPO;  //给初始效用水平赋值

BETA(I)=CO(I)*PAO(I)/GDPO;  //计算效用函数中的份额参数
ALPHA=UO/PROD(I, CO(I)**BETA(I));  //计算效用函数中的 ALPHA 参数

*计算生产函数中的份额参数
DELTA(J,I)$FO(J,I)=((RO(J)/(1+TF.L(J,I)))/(fprd0(J,I)*(fprd0(J,I)
*FO(J,I))**(RHO(I)-1)))/(SUM(JJ$FO(JJ,I),
(RO(JJ)/(1+TF.L(JJ,I)))/(fprd0(JJ,I)*(fprd0(JJ,I)*FO(JJ,I))**(RHO
(I)-1))));
```

```
*计算生产函数中的移位参数
GAMMA(I)=(QO(I)/(SUM(J$FO(J,I),  DELTA(J,I)*(fprd0(J,I)*FO(J,I))**
RHO(I)))**(1/RHO(I)))*(1-SUM(II,A(II,I)));
*阿明顿模型中的份额计算
DELTA_A(I)$MO(I)=(PDO(I)/D0(I)**(RHO_A(I)-1))/(PDO(I)/D0(I)**
(RHO_A(I)-1)+PMO(I)/MO(I)**(RHO_A(I)-1));
*阿明顿模型的转换参数计算
GAMMA_A(I)$MO(I)=(CO(I)+SUM(II, A(I,II)*QO(II)))/((DELTA_A(I)*
D0(I)**RHO_A(I)+(1-DELTA_A(I))*MO(I)**RHO_A(I))**(1/RHO_A(I)));
*转换模型中的份额参数计算
DELTA_T(I)$XO(I)=(PDO(I)/D0(I)**(RHO_T(I)-1))/(PDO(I)/D0(I)**
(RHO_T(I)-1)+PXO(I)/XO(I)**(RHO_T(I)-1));
*转换模型中的转换参数计算
GAMMA_T(I)$XO(I)=QO(I)/((DELTA_T(I)*D0(I)**RHO_T(I)+(1-
DELTA_T(I))*XO(I)**RHO_T(I))**(1/RHO_T(I)));
XI(I)$XO(I)=PXO(I)/(XO(I)**(1/EPSILON(I)));  //外国需求的变化
*给变量命名
VARIABLES
U               效用
X(I)             出口水平
M(I)             进口水平
D(I)             国内消费水平
C(I)             总消费水平
Q(I)             产出水平
R(J)             要素价格
F(J,I)            要素使用水平
PA(I)            总价格
PN(I)            净价格
GDP             国内生产总值
PT(I)            总生产者价格
PD(I)            国内价格
PX(I)            出口产品价格
PM(I)           可进口产品价格
;

*为变量分配初始值，并设置下限
U.L=UO;  //效用的初始值
C.L(I)=CO(I);  //总消费的初始值
```

```
Q.L(I)=QO(I);  //产出的初始值
R.L(J)=RO(J);  //要素价格的初始值
F.L(J,I)=FO(J,I);  //要素使用的初始值
GDP.L=GDPO;  //国内生产总值的初始值
X.L(I)=XO(I);  //出口的初始值
D.L(I)=DO(I);  //国内消费的初始值
M.L(I)=MO(I);  //进口的初始值
PA.L(I)=PAO(I);  //总价格的初始值
PN.L(I)=PNO(I);  //净价格的初始值
PT.L(I)=PTO(I);  //总生产者价格的初始值
PD.L(I)=PDO(I);  //国内价格的初始值
PX.L(I)=PXO(I);  //出口产品价格的初始值
PM.L(I)=PMO(I);  //进口产品价格的初始值

*设置变量的下限
C.LO(I)=0;  //总消费的下限
Q.LO(I)=0;  //产出的下限
R.LO(J)=0;  //要素价格的下限
F.LO(J,I)=0;  //要素使用的下限
GDP.LO=0;  //国内生产总值的下限
X.LO(I)=0;  //出口的下限
D.LO(I)=0;  //国内消费的下限
M.LO(I)=0;  //进口的下限
PA.LO(I)=0;  //总价格的下限
PN.LO(I)=0;  //净价格的下限
PT.LO(I)=0;  //总生产者价格的下限
PD.LO(I)=0;  //国内产品价格的下限
PX.LO(I)=0;  //出口产品价格的下限

* 创建方程名称
EQUATIONS
UTILITY          效用函数
DEMAND(I)        需求函数
PRODUCTION(I)    生产函数
RESOURCE(J)      资源约束
FDEMAND(J,I)     要素需求函数
INCOME           国内生产总值
ARM(I)           阿明顿复合品
```

```
DOM_D(I)          国内产品需求
IMP_D(I)          进口产品需求
NET_PRICE(I)       净价格函数
TRANSFORM(I)       转换函数
DOM_S(I)          国内供应
EXP_S(I)          出口供应
FOREIGN_DEM(I)   外国需求函数
FOREIGN_SUP(I)   外国供应函数
;

* 赋值方程表达式
UTILITY..U=E=ALPHA*PROD(I, C(I)**BETA(I)); //效用函数
DEMAND(I)..C(I)=E=BETA(I)*GDP/(PA(I)*(1+TC(I))); //需求函数
*生产函数
PRODUCTION(I)..Q(I)=E=(GAMMA(I)/(1-SUM(II,A(II,I))))*SUM(J$FO(J,I),
DELTA(J,I)*(fprd(J,I)*F(J,I))**RHO(I))**(1/RHO(I));
*要素禀赋的约束
RESOURCE(J)..FBAR(J)=E=SUM(I, F(J,I));
*要素需求函数
FDEMAND(J,I)$FO(J,I)..R(J)/(1+TF(J,I))=E=PN(I)*Q(I)*SUM(JJ$FO(JJ,
I), DELTA(JJ,I)*(fprd(JJ,I)*F(JJ,I))**RHO(I))**(-1)*DELTA(J,I)*
(fprd(J,I)*F(J,I))**(RHO(I)-1)*fprd(J,I);
*国内生产总值
INCOME..GDP=E=SUM(J, FBAR(J)*R(J))+SUM(I, TM(I)*PW(I)*M(I))-
SUM(I, TX(I)*PX(I)/(1+TX(I))*X(I))+SUM(I, TC(I)*PA(I)*C(I))+
SUM(I, TP(I)*PT(I)*Q(I))-SUM(I, SUM(J,(TF(J,I)*R(J))*F(J,I)/
(1+TF(J,I))));
*阿明顿模型
ARM(I)..C(I)+SUM(II, A(I,II)*Q(II))=E=GAMMA_A(I)*(DELTA_A(I)*D(I)
**RHO_A(I)+(1-DELTA_A(I))*M(I)**RHO_A(I))**(1/RHO_A(I));
*国内产品需求
DOM_D(I)..PD(I)=E=PA(I)*(C(I)+SUM(II, A(I,II)*Q(II)))*(DELTA_A(I)*
D(I)**RHO_A(I)+(1-DELTA_A(I))*M(I)**RHO_A(I))**(-1)*DELTA_A(I)*
D(I)**(RHO_A(I)-1);
*进口产品需求
IMP_D(I)..PM(I)=E=PA(I)*(C(I)+SUM(II, A(I,II)*Q(II)))*(DELTA_A(I)
*D(I)**RHO_A(I)+(1-DELTA_A(I))*M(I)**RHO_A(I))**(-1)*(1-DELTA_A(I))
*M(I)**(RHO_A(I)-1);
```

```
*净价格函数
NET_PRICE(I)..PN(I)=E=PT(I)-SUM(II, PA(II)*(1+TC(I))*A(II,I));
*转换函数
TRANSFORM(I)..Q(I)=E=GAMMA_T(I)*(DELTA_T(I)*D(I)**RHO_T(I)+(1-
DELTA_T(I))*X(I)**RHO_T(I))**(1/RHO_T(I));
*国内供应
DOM_S(I)..PD(I)=E=PT(I)*(1+TP(I))*Q(I)*(DELTA_T(I)*D(I)**RHO_T(I)
+(1-DELTA_T(I))*X(I)**RHO_T(I))**(-1)*DELTA_T(I)*D(I)**(RHO_T(I)-
1);
*出口供应
EXP_S(I)..PX(I)=E=PT(I)*(1+TP(I))*Q(I)*(DELTA_T(I)*D(I)**RHO_T(I)
+(1-DELTA_T(I))*X(I)**RHO_T(I))**(-1)*(1-DELTA_T(I))*X(I)**
(RHO_T(I)-1);
*外国需求
FOREIGN_DEM(I)..PX(I)/(1+TX(I))=E=XR*XI(I)*X(I)**(1/EPSILON(I));
*外国供应
FOREIGN_SUP(I)..PM(I)=E=XR*PW(I)*(1+TM(I));

*定义模型并求解
MODEL STANDARD /ALL/;
SOLVE STANDARD USING NLP MAXIMIZING U;
```

第七章　最小二乘交叉熵法平衡方法及其应用

第一节　最小二乘交叉熵法的基本原理

通过对相关文献的系统梳理可知，SAM 表的平衡方法在理论上均以某种形式的距离测度为基础，其核心目标是通过优化技术尽可能缩小调整后 SAM 表与原始数据之间的偏离程度。学者提出了多种平衡方法，包括交叉熵(cross-entropy，CE)法(Robinson et al.，1998，2001)、最小二乘(least squares，LS)法(Traore et al.，2020)、绝对值之差法(Jackson and Murray，2004)、标准化差值平方法(Friedlander，1961)、标准化绝对值之差法(Matuszewski et al.，1964)、离差熵平方期望最小化方法(黄常锋，2013a)、加权离差熵平方期望最小化方法(黄常锋，2013b)，以及多维误差扩展均方 RAS 法(刘亚清等，2015)。尽管这些方法的偏离程度定义各有不同，但所有平衡方法均依托 SAM 表的交易流量或系数矩阵信息构建目标距离函数。

研究表明，初始未平衡 SAM 表与真实 SAM 表之间的误差受原始数据、统计口径等多种因素影响，而这种误差特征会影响不同平衡方法的有效性：当初始未平衡 SAM 表的交易流量接近真实 SAM 时，最小二乘法效果较佳；当列系数矩阵更接近真实 SAM 表时，交叉熵法表现更优。为了提高平衡 SAM 表的精度，涂涛涛和马强(2012)提出了 LSCE 平衡法，该方法同时考虑了交易流量和列系数矩阵的信息。然而，LSCE 方法仍有两个需要改进之处。首先，该方法仅考虑了 SAM 表的交易流量和列系数矩阵信息(即二元信息)，未涉及行系数矩阵信息(第三元信息)。其次，LSCE 方法在综合交易流量和列系数矩阵信息时采用了加权算术平均的形式，未考虑其他加权形式。基于以上考虑，涂涛涛和马强(2021)对 LSCE 方法进行了修正，并进一步探讨了在二元信息基础上引入第三元信息时提升 SAM 表平衡方法精度的边界条件，考察综合利用交易流量、系数矩阵信息时如何选择加权平均形式来提升平衡方法的精度。其研究发现：在平衡 SAM 表时，如果交易流量信息精度较高，则应采取加权算术平均的形式构建目标函数；如果行系数或列系数矩阵精度较高，则应采取加权几何平均的形式构建目标函数。在额外信息精度较高的情形下，引入额外信息将有助于提升平衡后 SAM 表的精度。在额外信息精度较低的情形下，当在列系数和行系数矩阵信息基础上以加权几何平均形式引入精度较低的交易流量信息时，可提高平衡后 SAM 表的精度；在其余情形下，额外引入精度较低的信息并不会显著提高平衡后 SAM 表的精度。本章将采用涂涛涛和马强(2021)提出的修正 LSCE 方法对 SAM 表进行平衡。

假定 SAM 表为 $n\times n$ 的矩阵，定义 $\overline{T}$ 、T 、T^0 为初始未平衡、平衡后以及真实平衡 SAM 表的交易矩阵；$\overline{T}_{i,j}$ 、$T_{i,j}$ 、$T_{i,j}^0$ 为对应 SAM 表中列账户 j 对行账户 i 支付的交易流量；$\overline{A}$ 、A 和 A^0 为对应 SAM 表中的列系数矩阵；$\overline{B}$ 、B 和 B^0 为对应 SAM 表中的行系数矩阵。平衡后 SAM 表 T 的列系数矩阵 A 和行系数矩阵 B 的元素定义如下：

$$A_{i,j} = T_{i,j} \big/ y_j \tag{7-1}$$

$$B_{i,j} = T_{i,j} \big/ x_i \tag{7-2}$$

式中，y_j 和 x_i 分别为平衡后 SAM 表第 j 列之和、第 i 行之和。如前文所述，所有 SAM 表平衡方法都是基于特定的距离定义来实现新旧 SAM 表之间差异的最小化的。为了探寻与初始未平衡 SAM 表($\overline{T}$)接近的平衡 SAM 表(T)，最小二乘法和交叉熵法选取了不同的距离定义。具体而言，最小二乘法中的距离定义为

$$z_{\text{LS}} = \sum_i^n \sum_j^n \left(\frac{T_{i,j}}{\overline{T}_{i,j}} - 1 \right)^2 \tag{7-3}$$

常规交叉熵法中的距离使用了 SAM 表的列系数矩阵信息，且定义为

$$z_{\text{CE}} = \sum_i^n \sum_j^n A_{i,j} \ln(A_{i,j} / \overline{A}_{i,j}) \tag{7-4}$$

进一步地，如果考虑 SAM 表的行系数矩阵信息，则以行系数矩阵为信息源修正后的交叉熵法距离定义为

$$z_{\text{CE\_row}} = \sum_i^n \sum_j^n B_{i,j} \ln(B_{i,j} / \overline{B}_{i,j}) \tag{7-5}$$

因此，在距离定义时，最小二乘法、常规交叉熵法、修正交叉熵法分别选取了 SAM 表的交易流量、列系数矩阵以及行系数矩阵信息。

研究表明，当初始未平衡 SAM 表的交易流量更接近于真实 SAM 表时，最小二乘法较优；当初始未平衡 SAM 表的列系数矩阵更接近于真实 SAM 表时，交叉熵法较优(涂涛涛和马强，2012)。在实践中对 SAM 表进行平衡时，我们往往并不清楚初始未平衡 SAM 表究竟是交易流量还是系数矩阵更接近于真实 SAM 表。为此，涂涛涛和马强(2012)提出了综合 SAM 表交易流量和列系数矩阵信息的 LSCE 平衡法，其距离目标函数定义如下：

$$z_{\text{WAA}} = \beta z_{\text{LS}} + (1-\beta) z_{\text{CE}} \tag{7-6}$$

这一方法的优点在于，通过同时引入 SAM 表的交易流量和列系数矩阵信息，使平衡后 SAM 表的精度介于最小二乘法和交叉熵法之间。其中，β 和 $1-\beta$ 分别定义了最小二乘法目标值、列系数交叉熵法目标值在最终目标函数中的权重。需要指出的是，最小二乘法中的距离定义 z_{LS} 和交叉熵法中的距离定义 z_{CE} 存在数量级上的差异。式(7-6)的距离定义实质上是通过加权算术平均(weight arithmetic average，WAA)来同时考虑 SAM 表的交易流量和列系数矩阵信息的。然而，加权算术平均方法可能存在的问题在于，即使赋予 z_{LS} 和 z_{CE} 相同的权重，z_{LS} 和 z_{CE} 中绝对值较大者在式(7-6)中的影响仍然更显著。为了减轻数值异质性的影响，本章还将采取加权几何平均(weighted geometric average，WGA)方法对式(7-6)进行修正。考虑到加权几何平均取对数并经过单调变换后可转换为对数加总，所以基于加权几何平均定义的距离目标函数等价于：

$$z_{\mathrm{WGA}} = \beta \ln(z_{\mathrm{LS}}) + (1-\beta)\ln(z_{\mathrm{CE}}) \tag{7-7}$$

式(7-6)和式(7-7)仅考虑了 SAM 表的交易流量和列系数矩阵信息，而未考虑行系数矩阵信息。为了在目标约束中考虑行系数矩阵信息，可对式(7-6)和式(7-7)进行修正如下：

$$z'_{\mathrm{WAA}} = \beta' z_{\mathrm{LS}} + (1-\beta') z_{\mathrm{CE\_row}} \tag{7-8}$$

$$z'_{\mathrm{WGA}} = \beta' \ln(z_{\mathrm{LS}}) + (1-\beta')\ln(z_{\mathrm{CE\_row}}) \tag{7-9}$$

$$z''_{\mathrm{WAA}} = \beta'' z_{\mathrm{CE}} + (1-\beta'') z_{\mathrm{CE\_row}} \tag{7-10}$$

$$z''_{\mathrm{WGA}} = \beta'' \ln(z_{\mathrm{CE}}) + (1-\beta'')\ln(z_{\mathrm{CE\_row}}) \tag{7-11}$$

$$z'''_{\mathrm{WAA}} = (1-\beta_1-\beta_2) z_{\mathrm{LS}} + \beta_1 z_{\mathrm{CE}} + \beta_2 z_{\mathrm{CE\_row}} \tag{7-12}$$

$$z'''_{\mathrm{WGA}} = (1-\beta_1-\beta_2)\ln(z_{\mathrm{LS}}) + \beta_1 \ln(z_{\mathrm{CE}}) + \beta_2 \ln(z_{\mathrm{CE\_row}}) \tag{7-13}$$

式(7-8)和式(7-9)同时考虑了 SAM 表的交易流量和行系数矩阵信息；式(7-10)和式(7-11)同时考虑了 SAM 表的列系数矩阵和行系数矩阵信息；式(7-12)和式(7-13)同时考虑了 SAM 表的交易流量、列系数矩阵和行系数矩阵信息。上述目标函数在加权平均形式的选取上有所差异，WAA 为加权算术平均形式，WGA 为加权几何平均形式。式(7-6)～式(7-13)均为最小化的目标函数，其内涵见表 7-1。

表 7-1　最小化目标函数的定义及内涵

目标函数	平衡时考虑的信息	加权平均形式
式(7-6)	交易流量、列系数矩阵	加权算术平均
式(7-7)	交易流量、列系数矩阵	加权几何平均
式(7-8)	交易流量、行系数矩阵	加权算术平均

续表

目标函数	平衡时考虑的信息	加权平均形式
式(7-9)	交易流量、行系数矩阵	加权几何平均
式(7-10)	列系数矩阵、行系数矩阵	加权算术平均
式(7-11)	列系数矩阵、行系数矩阵	加权几何平均
式(7-12)	交易流量、列系数矩阵、行系数矩阵	加权算术平均
式(7-13)	交易流量、列系数矩阵、行系数矩阵	加权几何平均

依据 SAM 表的特点，平衡后的 SAM 表 T 必须进一步满足以下约束：

$$\sum_j T_{i,j} = \sum_j T_{j,i} \tag{7-14}$$

为了消除负值对估计的影响，本章借鉴 Robinson 等(1998)的做法对初始未平衡 SAM 表 $\overline{T}$ 进行非负化处理：若初始非平衡 SAM 表的元素 $\overline{T}_{i,j}$ 为负，则设该交易流量为 0，同时将 $\overline{T}_{i,j}$ 的绝对值加到 $\overline{T}_{j,i}$。针对平衡后的非负 SAM 表，采取相反的操作，则可将负数值还原至初始位置，从而保证平衡后 SAM 表的元素与平衡前符号的一致性。由于本章研究平衡方法针对的是经过非负处理后的 SAM 表，平衡后的 SAM 表还应满足约束条件：

$$T_{i,j} \geqslant 0 \tag{7-15}$$

$$0 \leqslant A_{i,j} \leqslant 1 \tag{7-16}$$

$$0 \leqslant B_{i,j} \leqslant 1 \tag{7-17}$$

为了确保平衡后 SAM 表中交易流量的零元素、非零元素与平衡前原始 SAM 表保持一致，同时，为了避免平衡后 SAM 表中的元素与平衡前 SAM 表相比差异过大，还需满足以下约束条件：

$$T_{i,j} = \begin{cases} 0, & \overline{T}_{i,j} = 0 \\ \geqslant 10^{-10}, & \overline{T}_{i,j} > 0 \end{cases} \tag{7-18}$$

$$-0.1 \leqslant G = \frac{T_{i,j} - \overline{T}_{i,j}}{\overline{T}_{i,j}} \leqslant 0.1 \tag{7-19}$$

$$0.8 \leqslant \text{Hratio} = \sum_i^n \sum_j^n T_{i,j} \Big/ \sum_i^n \sum_j^n \overline{T}_{i,j} \leqslant 1.2 \tag{7-20}$$

式(7-18)保证平衡后 SAM 表交易流量零元素与平衡前相一致；式(7-19)和式(7-20)可避免平衡后 SAM 表与平衡前 SAM 表的元素出现过大差异。式(7-19)表示，平衡后 SAM 表中的交易流量在初始未平衡 SAM 表交易流量左右浮动 10%的区间内取值；式(7-20)表示，平衡后 SAM 表的交易流量加总值在初始未平衡 SAM 表交易流量加总值左右浮动 20%的区间内取值。

式(7-1)～式(7-5)、式(7-14)～式(7-20)构成了平衡方法的约束条件，式(7-6)～式(7-13)分别为最小化的目标函数。通过选取不同的目标函数，就可以在平衡 SAM 表时综合不同的信息：式(7-8)和式(7-9)同时考虑了 SAM 表的交易流量和行系数矩阵信息，式(7-10)和式(7-11)同时考虑了 SAM 表的列系数矩阵和行系数矩阵信息，式(7-12)和式(7-13)同时考虑了 SAM 表的交易流量、列系数矩阵和行系数矩阵信息。以上即为 LSCE 方法平衡 SAM 表的主要原理。

第二节　2020 年中国宏观社会核算矩阵的编制

一、中国 2020 年宏观 SAM 表的账户结构

考虑到 SAM 表的重要性，本节将基于《2020 年中国投入产出表》等统计信息，编制 2020 年中国宏观 SAM 表。该 SAM 表的账户结构如表 7-2 所示，涵盖六类账户：生产活动、商品、生产要素、国内机构、资本形成和国外。具体而言，生产活动账户反映了国内厂商的生产活动所需的投入与产出；商品账户则反映了市场上所有商品的供给与需求；生产要素账户(包括劳动力和资本)展示要素收入及其分配情况；国内机构账户(包括居民、企业和政府)反映各主体的收支状况；资本形成账户(储蓄-投资和存货变动)则表示固定资本的形成及存货变动情况；国外账户则反映对外经济联系。

表 7-2　中国 2020 年宏观 SAM 表的账户结构

账户	生产活动	商品	劳动力	资本	居民	企业	政府	国外	储蓄-投资	存货变动	汇总
生产活动		国内总产出									总产出
商品	中间投入				居民消费		政府消费	出口	固定资本形成	存货净变动	总需求
劳动力	劳动者国内报酬							劳动者国外净报酬			要素收入

续表

账户	生产活动	商品	劳动力	资本	居民	企业	政府	国外	储蓄-投资	存货变动	汇总
资本	资本国内收益							资本的国外净收益			要素收入
居民			居民的劳动收入	居民的资本收益		企业对居民的转移支付	政府对居民的所有转移支付	国外对居民的净转移支付			居民总收入
企业				企业的资本收益			政府对企业的转移支付	国外对企业的净转移			企业总收入
政府	生产税净额	进口税			个人所得税	企业直接税费		国外对政府的净转移			政府总收入
国外		进口									外汇支出
储蓄-投资					居民储蓄	企业储蓄	政府储蓄	国外净储蓄			总储蓄
存货变动									存货变动		存货净变动
汇总	总投入	总供给	要素支出	要素支出	居民支出	企业支出	政府支出	外汇收入	总投资	存货净变动	

从资金流的角度看，SAM 表中的行表示账户的收入，列表示账户的支出。具体来说，生产活动账户的行项表示产业部门生产的不同商品组合，而列项则表示产业部门的生产投入；商品账户的行项表示商品的需求，列项表示商品的供给；生产要素账户的行项表示要素收入，列项则表示要素支出；国内机构账户的行项分别表示居民、企业和政府的收入，列项则表示其支出；资本形成账户的行项表示储蓄来源，列项表示投资；国外账户的行项表示外汇支出，列项则表示外汇收入。

二、中国 2020 年宏观 SAM 表的编制

（一）生产活动账户

生产活动账户主要核算国内厂商生产活动的总投入和总产出。其中，总投入包括中间投入、要素投入和生产税净额。具体复式核算结果如表 7-3 所示。

表 7-3　中国 2020 年宏观 SAM 表的生产活动账户　(单位：亿元)

总投入			总产出	
中间投入		1 682 605.80	国内总产出	2 699 027.80
要素投入				
	劳动者国内报酬	529 565.54		
	资本国内收益	397 276.24		
生产税净额		89 580.22		
合计		2 699 027.80	合计	2 699 027.80

生产活动账户中各项目的数据来源均为《2020 年中国投入产出表》。其中，中间投入、劳动者国内报酬、资本国内收益、生产税净额、国内总产出分别取自投入产出表中所有行业中间投入的加总、劳动者报酬的加总、固定资产折旧和营业盈余的加总、生产税净额的加总以及总产出的加总，具体数额分别为 1 682 605.80 亿元、529 565.54 亿元、397 276.24 亿元、89 580.22 亿元、2 699 027.80 亿元。

(二) 商品账户

商品账户主要反映了市场上所有商品的供给与需求。其中，市场总供给包含国内总产出、进口与进口税；市场总需求包括中间投入、最终消费、出口和资本形成。具体复式核算结果如表 7-4 所示。

表 7-4　中国 2020 年宏观 SAM 表的商品账户　(单位：亿元)

市场总供给		市场总需求		
国内总产出	2 699 027.80	中间投入		1 682 605.80
进口	162 659.15	最终消费		
进口税	17 099.75		居民消费	455 204.91
			政府消费	105 606.23
		出口		187 926.07
		资本形成		
			固定资本形成	430 624.87
			存货净变动	8 925.44
合计	2 878 786.70	合计		2 870 893.32

商品账户中各项目的数据来源和估算方法如下。

(1) 国内总产出和中间投入的数据分别取自《2020 年中国投入产出表》中所有行业总产出与中间投入的加总，分别计为 2 699 027.80 亿元和 1 682 605.80 亿元。

(2) 进口和出口数据分别取自《2020 年中国投入产出表》中所有行业进口与出口合计，分别为 162 659.15 亿元和 187 926.07 亿元。

(3) 进口税数据取自《中国统计年鉴 2021》，具体等于关税和进口货物增值税、消费税的加总，计为 17 099.75 亿元。

(4) 最终消费数据取自《2020 年中国资金流量表》，包括居民消费和政府消费，分别计为 455 204.91 亿元和 105 606.23 亿元。

(5) 资本形成数据取自《2020 年中国资金流量表》，包括固定资本形成和存货净变动。其中，固定资本形成等于固定资本形成总额“运用”合计；存货净变动等于存货增加的“运用”合计，分别计为 430 624.87 亿元和 8925.44 亿元。

(三) 劳动力账户

劳动力账户反映了劳动力要素支出和劳动力要素收入。其中，劳动力要素收入包括劳动者国内报酬与劳动者国外净报酬。具体复式核算结果如表 7-5 所示。

表 7-5　中国 2020 年宏观 SAM 表的劳动力账户　(单位：亿元)

劳动力要素支出		劳动力要素收入	
居民的劳动收入	529 580.54	劳动者国内报酬	529 565.54
		劳动者国外净报酬	15.00
合计	529 580.54	合计	529 580.54

劳动力账户中各项目的数据来源和估算方法如下。

(1) 劳动力国内报酬数据取自《2020 年中国投入产出表》中所有行业劳动者报酬的加总，计为 529 565.54 亿元。

(2) 劳动者国外净报酬数据取自《2020 年中国资金流量表》中的“劳动者报酬”项目，具体等于“劳动者报酬”项目中“国外部门”的“运用”与“来源”之差，计为 15.00 亿元。

(3) 居民的劳动收入：由于该账户遵循复式记账的原理，劳动力要素收入等于劳动力要素支出，所以居民的劳动收入为劳动者国内报酬与劳动者国外净报酬的加总，计为 529 580.54 亿元。

(四) 资本账户

资本账户反映了资本要素的收入与支出。其中，资本要素收入包括资本国内收益和资本的国外净收益；资本要素支出在居民和企业间分配。具体复式核算结果如表 7-6 所示。

表 7-6　中国 2020 年宏观 SAM 表的资本账户　　(单位：亿元)

资本要素支出		资本要素收入	
居民的资本收益	49 135.80	资本国内收益	397 276.24
企业的资本收益	340 752.09	资本的国外净收益	–7 388.35
合计	389 887.89	合计	389 887.89

资本账户中各项目的数据来源和估算方法如下。

(1) 资本国内收益数据取自《2020 年中国投入产出表》中所有行业固定资产折旧和营业盈余的加总，计为 397 276.24 亿元。

(2) 资本的国外净收益数据取自《2020 年国际收支平衡表》中的经常项目中的投资收益，具体等于投资收益的"贷方"与"借方"之差，计为–7388.35 亿元。

(3) 居民的资本收益数据取自《2020 年中国资金流量表》中住户部门财产收入的核算结果，具体等于利息、红利和其他财产收入之和，计为 49 135.80 亿元。

(4) 企业的资本收益：由于该账户遵循复式记账的原理，资本要素收入等于资本要素支出，且资本要素收入最终分配给居民和企业，所以企业的资本收益为资本要素收入减去居民的资本收益，计为 340 752.09 亿元。

(五) 居民账户

居民账户反映了居民的各项收入和支出。其中，居民总收入包括居民的劳动收入和居民的资本收益，以及企业、政府和国外对居民的转移支付；居民总支出包括居民消费、居民个人所得税和居民储蓄。具体复式核算结果如表 7-7 所示。

表 7-7　中国 2020 年宏观 SAM 表的居民账户　　(单位：亿元)

居民总支出		居民总收入	
居民消费	455 204.91	居民的劳动收入	529 580.54
居民个人所得税	11 568.26	居民的资本收益	49 135.80
居民储蓄	238 612.69	企业对居民转移支付	6 038.11
		政府对居民的所有转移支付	73 844.37
		国外对居民的净转移支付	1 091.78
合计	705 385.86	合计	659 690.60

居民账户中各项目的数据来源和估算方法如下。

(1) 居民消费、居民的劳动收入和居民的资本收益数据来源分别参见商品账户、劳动力账户和资本账户。

(2) 居民个人所得税数据取自《中国统计年鉴 2021》，计为 11 568.26 亿元；居民储蓄数据取自《2020 年中国资金流量表》中“住户部门”的“总储蓄”，计为 238 612.69 亿元。

(3) 政府对居民的所有转移支付、企业对居民转移支付数据取自《2020 年中国资金流量表》。根据《2020 年中国资金流量表》，住户部门的转移支付来源于社会保险福利、社会补助和其他三个部分。其中，住户部门的社会保险福利由政府提供，而社会补助由非金融企业部门与政府共同提供，其他转移支付可能来源于政府、企业以及国外部门，但并无明确的分配比例。为此，基于各部门“经常转移”中的“其他经常转移”，将居民获得的“其他转移支付”按比例在政府、企业以及国外部门之间进行分摊。最终，政府对居民的所有转移支付等于“政府部门”社会保险福利与社会补助的“运用”之和，再加上政府部门所分摊的“其他经常转移”，数额为 73 844.37 亿元；企业对居民转移支付等于“企业部门”的社会补助“运用”与企业部门分摊的“其他经常转移”之和，数额为 6038.11 亿元。

(4) 国外对居民的净转移支付为家庭获得的总的转移支付扣除企业对居民转移支付、政府对居民的所有转移支付。其中， 家庭获得的总的转移支付数据取自《2020 年中国资金流量表》，具体为“住户部门”中的“来源”项目。经过计算可得国外对居民的净转移支付为 1091.78 亿元。

(六) 企业账户

企业账户反映了企业的收入和支出，具体复式核算结果如表 7-8 所示。

表 7-8　中国 2020 年宏观 SAM 表的企业账户　　(单位：亿元)

企业总支出		企业总收入	
企业对居民的转移支付	6 038.11	企业的资本收益	340 752.09
企业直接税费	111 234.23	国外对企业的净转移	−7 388.35
企业储蓄	230 656.42	政府对企业的转移支付	14 565.02
合计	347 928.76	合计	347 928.76

企业项目中各项目的数据来源和估算方法如下。

(1) 企业对居民的转移支付、企业的资本收益数据来源分别参见居民账户和资本账户。

(2) 企业储蓄、政府对企业的转移支付数据均取自《2020 年中国资金流量表》。其中，企业储蓄为非金融企业部门和金融机构部门总储蓄项目“来源”的加总，计为 230 656.42 亿元；政府对企业的转移支付为非金融企业部门和金融机构部门“投资性补助”项目的“来源”加总，计为 14 565.02 亿元。

(3) 国外对企业的净转移数据取自《2020 年国际收支平衡表》中“投资收益”项目的差额，计为–7388.35 亿元。

(4) 企业直接税费为列余项，具体等于企业总支出与企业对居民的转移支付、企业储蓄的差额，计为 111 234.23 亿元。

(七) 政府账户

政府账户主要记录政府的收入和支出，具体复式核算结果如表 7-9 所示。

表 7-9 中国 2020 年宏观 SAM 表的政府账户 (单位：亿元)

政府支出		政府收入	
政府消费	105 606.23	生产税净额	89 580.22
政府对居民的所有转移支付	73 844.37	进口税	17 099.75
政府对企业的转移支付	14 565.02	居民个人所得税	11 568.26
政府储蓄	–24 057.86	企业直接税费	111 234.23
		国外对政府的净转移	–59 524.70
合计	169 957.76	合计	169 957.76

政府账户中各项目的数据来源和估算方法如下。

(1) 政府消费和进口税数据来源参见商品账户，政府对居民的所有转移支付、居民个人所得税数据来源参见居民账户，政府对企业的转移支付、企业直接税费数据来源参见企业账户，生产税净额数据来源参见生产活动账户。

(2) 政府储蓄数据取自《2020 年中国资金流量表》中“政府部门”的“总储蓄”，计为–24 057.86 亿元。

(3) 国外对政府的净转移为行余量，具体等于政府收入与生产税净额、进口税、居民个人所得税、企业直接税费的差额，计为–59 524.70 亿元。

(八) 国外账户

国外账户反映了中国的对外经济联系，具体复式核算结果如表 7-10 所示。

表 7-10 中国 2020 年宏观 SAM 表的国外账户 (单位：亿元)

支出		收入	
出口	187 926.07	进口	162 659.15
劳动者国外净报酬	15.00		
资本的国外净收益	–7 388.35		
国外对居民的净转移支付	1 091.78		

续表

支出		收入	
国外对政府的净转移	−59 524.70		
国外对企业的净转移	−7 388.35		
国外净储蓄	47 927.70		
合计	162 659.15	合计	162 659.15

国外账户中各项目的数据来源和估算方法如下。

(1) 出口与进口的数据来源参见商品账户。劳动者国外净报酬、资本的国外净收益、国外对居民的净转移支付、国外对政府的净转移、国外对企业的净转移的数据来源分别参见劳动力账户、资本账户、居民账户、政府账户和企业账户。

(2) 国外净储蓄为列余项。

(九) 储蓄-投资账户

储蓄-投资账户中对总投资和总储蓄进行了核算。其中，总储蓄包括居民储蓄、企业储蓄、政府储蓄和国外净储蓄；总投资包括固定资本形成和存货净变动。具体复式核算结果如表 7-11 所示。

表 7-11　中国 2020 年宏观 SAM 表的储蓄-投资账户　(单位：亿元)

总投资		总储蓄	
固定资本形成	430 624.87	居民储蓄	238 612.69
存货净变动	8 925.44	企业储蓄	230 656.42
		政府储蓄	−24 057.86
		国外净储蓄	47 927.70
合计	439 550.31	合计	493 138.95

储蓄-投资账户中各项目的数据来源和估算方法如下。

(1) 固定资本形成、存货净变动两项数据来源参见商品账户。

(2) 居民储蓄、企业储蓄、政府储蓄、国外净储蓄数据来源分别参见居民账户、企业账户、政府账户和国外账户。

(十) 存货变动账户

存货变动账户反映了存货的净变动，其数据来源与储蓄-投资账户相同，计为 8925.44 亿元。

将上述所有数据填入表 7-2，可得 2020 年中国宏观 SAM 表，见表 7-12。

表 7-12　中国 2020 年宏观 SAM 表(未平衡)

(单位：亿元)

账户	生产活动	商品	劳动力	资本	居民	企业	政府	国外	储蓄-投资	存货变动	加总
生产活动		2 699 027.80									2 699 027.80
商品	1 682 605.80				455 204.91		105 606.23	187 926.07	430 624.87	8 925.44	2 870 893.32
劳动力	529 565.54							15.00			529 580.54
资本	397 276.24							−7 388.35			389 887.89
居民			529 580.54	49 135.80		6 038.11	73 844.37	1 091.78			659 690.60
企业				340 752.09			14 565.02	−7 388.35			347 928.76
政府	89 580.22	17 099.75			11 568.26	111 234.23		−59 524.70			169 957.76
国外		162 659.15									162 659.15
储蓄-投资					238 612.69	230 656.42	−24 057.86	47 927.70			493 138.95
存货变动									8 925.44		8 925.44
加总	2 699 027.80	2 878 786.70	529 580.54	389 887.89	705 385.86	347 928.76	169 957.76	162 659.15	439 550.31	8 925.44	

三、中国 2020 年宏观 SAM 表的平衡

正如前文所指出的，SAM 表平衡方法在理论上均以某种形式的距离测度为基础，其核心目标是通过优化技术尽可能缩小调整后 SAM 表与原始数据之间的偏离程度。为了平衡 SAM 表，本节将采用式(7-12)作为偏离程度的定义：

$$z'''_{\mathrm{WAA}} = (1-\beta_1-\beta_2)z_{\mathrm{LS}} + \beta_1 z_{\mathrm{CE}} + \beta_2 z_{\mathrm{CE\_row}}$$

在式(7-12)中，β_1 和 β_2 分别定义了列系数与行系数交叉熵法目标值在最终目标函数中的权重，具体定义如下：

$$\beta_1 = \frac{z^*_{\mathrm{LS}} \cdot z^*_{\mathrm{CE\_row}}}{z^*_{\mathrm{LS}} \cdot z^*_{\mathrm{CE}} + z^*_{\mathrm{LS}} \cdot z^*_{\mathrm{CE\_row}} + z^*_{\mathrm{CE}} \cdot z^*_{\mathrm{CE\_row}}} \tag{7-21}$$

$$\beta_2 = \frac{z^*_{\mathrm{LS}} \cdot z^*_{\mathrm{CE}}}{z^*_{\mathrm{LS}} \cdot z^*_{\mathrm{CE}} + z^*_{\mathrm{LS}} \cdot z^*_{\mathrm{CE\_row}} + z^*_{\mathrm{CE}} \cdot z^*_{\mathrm{CE\_row}}} \tag{7-22}$$

式中，z^*_{LS}、z^*_{CE}、$z^*_{\mathrm{CE\_row}}$ 分别为基于式(7-3)、式(7-4)、式(7-5)得到的最小值，通过引入参数 β_1 和 β_2，就可实现对式(7-12)中 z_{LS}、z_{CE}、$z_{\mathrm{CE\_row}}$ 的无量纲处理[①]。通过最小化式(7-12)，就可在平衡 SAM 表时综合考虑原始未平衡 SAM 表中的交易流量、列系数矩阵以及行系数矩阵信息。采用上述 LSCE 方法对表 7-12 中未平衡的宏观 SAM 表进行平衡，可以得到平衡后的中国 2020 年宏观 SAM 表，见表 7-13。

如表 7-13 所示，与初始未平衡 SAM 表相比，平衡后 SAM 表中交易流量、列系数以及行系数的波动区间如下：其中，交易流量的百分比变化为−9.44%～4.04%，列系数的百分比变化为−8.21%～10.50%，而行系数的百分比变化为−2.84%～12.01%。之所以交易流量、列系数以及行系数的波动区间较大，其原因在于，原始未平衡 SAM 表中储蓄-投资的列和与行和存在较大差异，所以原始 SAM 表的列系数矩阵以及行系数矩阵信息可能存在一定的偏误。此时，如果通过式(7-21)、式(7-22)赋予列系数与行系数交叉熵法目标值在最终目标函数中较大的权重，将可能导致平衡后 SAM 表的结果存在较大偏误。为此，我们在式(7-12)中赋予 z_{LS}、z_{CE}、$z_{\mathrm{CE\_row}}$ 相同的权重 1/3，并得到平衡后的中国 2020 年宏观 SAM 表，见表 7-14。如表 7-14 所示，经过修正以后的平衡 SAM 表中交易流量、列系数以及行系数的波动区间显著缩小，其中，交易流量的百分比变化为−6.04%～2.27%，列系数的百分比变化为−0.80%～1.64%，行系数的百分比变化为−0.29%～5.02%。

---

① 需要指出的是，对权重采取无量纲处理的前提条件是初始未平衡 SAM 表中的交易流量、列系数和行系数的可靠性大体相当。如果列系数和行系数矩阵的可靠性较差，则应赋予其相对较小的权重。

表 7-13　中国 2020 年宏观 SAM 平衡表：权重无量纲处理　(单位：亿元)

账户	生产活动	商品	劳动力	资本	居民	企业	政府	国外	储蓄-投资	存货变动	加总
生产活动		2 717 745.53									2 717 745.53
商品	1 697 055.71				458 553.95		106 449.75	189 358.56	435 142.21	9 018.98	2 895 579.16
劳动力	550 982.34							15.59			550 997.93
资本	379 347.26							−7 293.58			372 053.68
居民			550 997.93	51 092.94		6 278.16	76 793.92	1 135.25			686 298.20
企业				320 960.75			13 722.36	−7 293.53			327 389.58
政府	90 360.22	17 248.64			11 667.71	112 185.36		−58 767.37			172 694.56
国外		160 584.99									160 584.99
储蓄-投资					216 076.54	208 926.06	−24 271.47	43 430.06			444 161.19
存货变动									9 018.98		9 018.98
加总	2 717 745.53	2 895 579.16	550 997.93	372 053.69	686 298.20	327 389.58	172 694.56	160 584.98	444 161.19	9 018.98	

表 7-14　中国 2020 年宏观 SAM 平衡表：相同权重　(单位：亿元)

账户	生产活动	商品	劳动力	资本	居民	企业	政府	国外	储蓄-投资	存货变动	加总
生产活动		2 706 820.56									2 706 820.56
商品	1 683 405.27				436 746.78		105 726.09	188 153.97	463 385.47	8 935.87	2 886 353.45
劳动力	541 564.51							15.00			541 579.51
资本	392 289.04							−7 388.62			384 900.42
居民			541 579.51	49 408.75		6 044.19	74 385.79	1 091.91			672 510.15
企业				335 491.67			14 546.33	−7 391.00			342 647.00
政府	89 561.74	17 099.26			11 551.36	111 772.22		−59 524.70			170 459.88
国外		162 433.62									162 433.62
储蓄-投资					224 212.01	224 830.59	−24 198.32	47 477.07			472 321.35
存货变动									8 935.87		8 935.87
加总	2 706 820.56	2 886 353.44	541 579.51	384 900.42	672 510.15	342 647.00	170 459.89	162 433.63	472 321.34	8 935.87	

第三节　细分部门 SAM 表的编制

一、细分部门 SAM 表编制的总体思路

细分部门的 SAM 表有助于识别资源在不同部门之间的流动情况，并揭示不同部门和收入群体之间的收入分配，从而为资源配置和解决收入分配问题提供依据。考虑到细分部门的重要性，本节将充分利用各种原始统计信息，编制细分部门的 2020 年中国 SAM 表。

本节采用“自上而下”的 SAM 表编制方法，即首先编制宏观 SAM 表，然后在此基础上细化至微观 SAM。在构建细分部门的 SAM 表时，需要进一步对生产活动、商品、居民和政府账户进行细分。具体而言，生产活动与商品账户细分为六大部门，包括农林牧渔业，采矿业，制造业，电力、燃气及水的生产和供应业，建筑业以及服务业，共涵盖 47 个子部门。其中，建筑业在 SAM 表中未进行二级分类，其余五大部门包含的子部门如下。

(1) 农林牧渔业：包括农业、林业、畜牧业、渔业及农林牧渔服务业，共 5 个子部门。

(2) 采矿业：包括煤炭采选产品、石油和天然气开采产品、金属矿采选产品、非金属矿和其他矿采选产品，共 4 个子部门。

(3) 制造业：涵盖食品和烟草，纺织品，纺织服装鞋帽皮革羽绒及其制品，木材加工品和家具，造纸印刷和文教体育用品，石油、炼焦产品和核燃料加工品，化学产品，非金属矿物制品，金属冶炼和压延加工品，金属制品，通用和专用设备制造业，交通运输设备，电气机械和器材，通信设备、计算机和其他电子设备，仪器仪表，其他制造产品，废品废料及金属制品，机械和设备修理服务，共 18 个子部门。

(4) 电力、燃气及水的生产和供应业：包括电力和热力的生产与供应、燃气生产和供应、水的生产和供应，共 3 个子部门。

(5) 服务业：涵盖批发和零售，交通运输和仓储，邮政，住宿和餐饮，信息传输、软件和信息技术服务，金融，房地产，租赁和商务服务，科学研究，综合技术服务，水利、环境和公共设施管理，居民服务、修理和其他服务，教育，卫生和社会工作，文化、体育和娱乐，公共管理、社会保障和社会组织，共 16 个子部门。

在细分后的 SAM 表中，生产要素包括劳动力和资本；居民账户细分为城镇居民和农村居民；资本账户则包括储蓄-投资和存货变动。宏观 SAM 表为描述中国宏观经济体系提供了一个全面的框架。为了进一步细化，我们需要对生产活动、商品和居民账户等进行分解，以构建 47 个部门的 SAM 表。该表基于《2020 年中

国投入产出表》，涵盖了农业、林业、畜牧业、渔业和农林牧渔服务业等 5 大农业部门；同时包括 4 个采矿业子部门，18 个制造业子部门，3 个电力、燃气及水的生产和供应业子部门，1 个建筑业和 16 个服务业子部门。

二、生产活动、商品和居民账户的分解

具体而言，47 部门 SAM 表的构建涉及对生产活动账户、商品账户和居民账户的详细分解。

(一) 生产活动账户的分解

生产活动账户的分解涉及国内总产出、中间投入、劳动者国内报酬、资本国内收益、生产税净额五个项目。其中，分行业的中间投入和生产税净额直接取自 2020 年 47 部门投入产出表①。其他账户分解过程如下。

(1) 国内总产出的行业分解：本节对国内总产出的分解考虑了多个部门生产同一类商品和一部门生产多种商品的交叉情形。采用《2020 年中国投入产出表》中的“市场份额矩阵”为结构数据，以投入产出表中各行业的总产出为控制数据，可分解出不同生产活动的商品产出。其中，“市场份额矩阵”基于供给表(70 产品部门 × 60 产业部门)换算估计得到。

(2) 劳动者国内报酬、资本国内收益的行业分解：以宏观 SAM 表中的劳动者国内报酬、资本国内收益为总量控制数据，以 2020 年 47 部门投入产出表中各行业的劳动者报酬、资本国内收益为结构数据估算得到。

(二) 商品账户的分解

商品账户的分解涉及中间投入、居民消费、政府消费、出口、固定资本形成、存货净变动、国内总产出、进口税和进口。其中，中间投入和国内总产出的分解已在生产活动账户中做了说明。其中，分行业的固定资本形成、存货净变动直接取自 2020 年 47 部门投入产出表。其他项目的分解如下。

(1) 居民消费和政府消费的行业分解：以宏观 SAM 表中的居民消费和政府消费为控制数据，以 2020 年 47 部门投入产出表中的居民消费和政府消费为结构数据进行部门分摊。

(2) 出口和进口的行业分解：以宏观 SAM 表中的出口和进口为控制数据，以 2020 年 47 部门投入产出表中的出口和进口为结构数据进行部门分摊。

(3) 进口税的行业分解：为了分解进口税，本节采用了世界银行世界综合贸易解决方案(world integrated trade solution，WITS)数据库中的关税税率数据。具体而

① 47 部门投入产出表根据中国国家统计局公布的 153 部门投入产出表合并而成。

言，依据世界银行 WITS 数据库的行业覆盖范围，农林牧渔业，采矿业，制造业以及电力、燃气及水的生产和供应业四大类行业(共 30 个子部门)的进口关税税率可直接获取。基于此，上述行业的进口税额通过行业进口额与对应关税税率的乘积进行估算。然而，服务业的关税税率数据在 WITS 数据库中存在缺失，其进口税额需采用间接分配法：以服务业整体进口税总额为基准，按各行业进口规模占比进行分摊，确保估算结果与行业进口结构保持一致。

(三) 居民账户的分解

在细分的 SAM 表中，需要将居民账户分解为城镇和农村居民。具体而言，居民账户的分解涉及居民的劳动收入、居民的资本收益、企业对居民转移支付、政府对居民的所有转移支付、国外对居民的净转移支付、居民消费、居民个人所得税、居民储蓄。其中，居民消费的分解已在商品账户分解中做了说明。其他项目的分解过程如下。

(1) 居民的劳动收入、居民个人所得税：以宏观 SAM 表中的居民劳动收入和居民个人所得税为控制数据，以城镇就业居民和农村就业居民的劳动总报酬(工资性收入和经营性收入的加总)为结构数据进行推算分解。

(2) 居民的资本收益：以宏观 SAM 表中的居民资本收益为控制数据，以城镇就业居民和农村就业居民的财产性总收入为结构数据进行推算分解。

(3) 企业对居民转移支付、政府对居民的所有转移支付、国外对居民的净转移支付：分别以宏观 SAM 表中企业对居民转移支付、政府对居民的所有转移支付、国外对居民的净转移支付为控制数据，以城镇居民和农村居民的转移性总收入为结构数据进行分解。

(4) 居民储蓄：以宏观 SAM 表中的居民储蓄为控制数据，以全国城乡储蓄人民币存款余额为结构数据进行分解。

利用《2020 年中国投入产出表》、《2020 年中国资金流量表》、《2020 年国际收支平衡表》、《中国统计年鉴 2021》、世界银行 WITS 数据库等资料，本章构建了 2020 年细化农业部门中国 47 部门 SAM 表。原始未平衡 SAM 表中储蓄-投资的列和与行和存在较大差异，所以原始 SAM 表的列系数矩阵以及行系数矩阵信息可能存在一定的偏误。因此，针对官方统计口径不一致导致的 SAM 表不平衡，我们采取了采用侧重流量信息的最小二乘法进行平衡。与现有研究相比，编制的 SAM 表具有两个优点：①SAM 表的账户结构参照了 IFPRI 的标准 CGE 模型，所以可直接应用于基于 IFPRI 标准 CGE 模型的建模分析与拓展；②国内现有研究通常仅考虑每个部门只生产一种商品的情形，而本章考虑了多部门对应一种商品和一部门生产多种商品的交叉情形。

第四节　小　结

基于《2020 年中国投入产出表》、《2020 年中国资金流量表》、《2020 年国际收支平衡表》和《中国统计年鉴 2021》等资料，本章编制了 2020 年中国宏观 SAM 表。针对官方统计口径不一致导致的 SAM 表不平衡，采用了兼顾交易流量和系数矩阵信息的修正 LSCE 方法进行平衡。研究结果表明，修正的 LSCE 方法所得到的平衡 SAM 表在最大程度上保留了初始未平衡 SAM 表的交易流量、列系数和行系数信息。该方法的优势在于能够有效保留先验信息，从而降低信息丢失的风险。本章的贡献在于基于修正的 LSCE 方法编制了 2020 年中国宏观 SAM 表。然而，需要指出的是，所有平衡方法的有效性依赖于初始未平衡 SAM 表中数据的真实性。当基础数据严重失真时，所有平衡方法均将失效。因此，在编制过程中，应尽量使用国家统计局发布的《2020 年中国投入产出表》等官方权威数据，以提升原始数据的准确性。SAM 表是进行 SAM 乘数分析和 CGE 模型分析的重要数据基础，因此本章的研究有助于提升一般均衡建模分析的有效性。

基于宏观 SAM 表，可以进一步细分劳动力、居民和部门等账户，以获取更为详细的 SAM 表。为此，本章利用《2020 年中国投入产出表》、《2020 年中国资金流量表》、《2020 年国际收支平衡表》、《中国统计年鉴 2021》以及世界银行 WITS 数据库等资料，构建了 2020 年细化农业部门的中国 47 部门 SAM 表。在原始未平衡 SAM 表中，储蓄-投资的列和与行和存在较大差异，表明原始 SAM 表的列系数矩阵和行系数矩阵可能存在一定的偏误。因此，针对官方统计口径不一致导致的 SAM 表不平衡问题，我们采用了侧重流量信息的最小二乘法进行细分 SAM 表的平衡处理。

第八章　CGE 模型应用：城镇化与粮食安全

第一节　引　　言

随着经济的发展，中国人口结构的“老龄化”和“城镇化”特征日益显著。根据 2015 年全国 1%人口抽样调查结果，与 2010 年第六次全国人口普查相比，中国 15～59 岁人口比重下降 2.81 个百分点，60 岁及以上人口比重上升 2.89 个百分点；此外，城镇人口增加 10 193 万人，乡村人口减少 6816 万人，城镇人口比重上升 6.20 个百分点。人口老龄化减少了社会可用劳动力数量，而城镇化则进一步导致农村人口和劳动力数量下降,这可能是加剧中国粮食安全压力的重要因素。

然而，关于人口老龄化和城镇化对中国粮食安全的影响，现有研究并未达成一致结论。一些学者从粮食需求层面探讨了人口老龄化的影响，认为老龄化有助于缓解粮食安全风险：一方面，老龄化会降低未来粮食需求总量的增长速度(向晶和钟甫宁，2013)；另一方面，老龄化还会减少对肉类消费的需求，从而降低饲料粮的需求压力(白军飞等，2014)。从粮食供给侧的视角，胡雪枝和钟甫宁(2012)、刘景景和孙赫(2017)的研究发现，农村人口老龄化并未对粮食生产产生负面效应。然而，一些学者得出了相反的结论。他们认为，务农人口老龄化和劳动力减少会对粮食生产产生负面影响(席利卿等，2014)，并降低北方粮食生产的技术效率(彭代彦和文乐，2016)，从而扩大粮食供需缺口，加剧粮食安全问题。

现有研究通常从人口城镇化和土地城镇化两个维度分析城镇化对粮食安全的影响，结果显示，不同维度下的研究结论存在差异。一些学者认为，人口城镇化会提高粮食安全水平，而土地城镇化会导致耕地面积减少，会对粮食生产造成负面冲击(徐建玲和查婷俊，2014)。许高峰和王运博(2013)指出，人口城镇化会导致农业劳动力减少，从而对粮食生产造成负面影响。李录堂和薛继亮(2008)采用时间序列模型和灰色系统法，预测了中国人口、耕地和人均粮食产量，结果发现，耕地面积的减少有利于提升中国粮食安全水平。

上述研究之所以会得出不同的结论，主要有三个方面的原因。首先，研究的立足点侧重于供给或需求的单侧角度，未能全面考虑粮食安全。其次，在探讨粮食安全问题时，未综合考虑人口老龄化和人口城镇化的复合效应。最后，中国劳动力市场在经济转型期具有显著的市场分割特征(李坤望等，2014；李路路等，2016)，这影响了要素配置效率和收入分配，从而对粮食安全形成了冲击，已有研究通常忽视了这一因素。

基于上述考虑，本章拟采用 CGE 模型，兼顾粮食安全的供给和需求层面，同时引入劳动力市场分割因素，探讨人口结构变迁对中国粮食安全的动态影响。CGE 模型的优点在于其理论框架综合考虑了生产者、消费者、政府和外国经济之间的交互关联性，能够更全面地考察人口结构变迁对粮食安全的直接与间接效应。此外，为了进一步验证结论的稳健性，本章在模拟中将考虑六种不同的宏观闭合情景，并兼顾生产要素的互补性和替代性特征。

第二节　理论模型、数据与模拟方案

一、理论模型

本章采用的中国 CGE 模型参照了 IFPRI 开发的标准 CGE 模型。IFPRI 的 CGE 模型提供了一般均衡分析的灵活框架，其中包含了反映发展中国家特点的许多模块，并被广泛应用于发展中国家的研究。但在评估人口老龄化、人口城镇化对中国粮食安全的影响之前，需要设定模型的宏观闭合，同时还需在模型中引入要素市场分割。

(一) 宏观闭合的设定

运用 CGE 模型进行政策模拟时，需要在 CGE 模型中选择合适的宏观闭合设置。所谓模型的闭合选择，是指选择哪些变量由模型内生决定，哪些变量由模型外生决定。闭合选择可以反映不同的宏观经济理论，同时也定义了模型中的因果方向，所以对 CGE 模型的运行结果和稳健性具有重要影响。具体而言，宏观闭合设定涉及四个方面：价格基准、政府闭合、外部经济闭合以及储蓄-投资闭合。

1. 价格基准

CGE 模型中的价格通常是零阶齐次的，为了使价格绝对值可比，就必须确定价格基准，此时，所有价格和收入变化可解释为相对价格基准的变化(张欣，2023)。在 CGE 模型中，消费者价格指数(consumer price index，CPI)或生产者价格指数(producer price index，PPI)均可作为价格基准，参数 NUMERAIRE 即表示价格基准的设置：①当参数 NUMERAIRE 赋值为 1 时，消费者价格指数被设定为价格基准；②当参数 NUMERAIRE 赋值为 2 时，生产者价格指数被设定为价格基准。

2. 政府闭合

在 CGE 模型中，政府闭合有三种选择：①政府储蓄内生，直接税率固定(GOV-1)；②政府储蓄外生固定，直接税率内生且所有机构税率变化的比例相同(GOV-2)；③政府储蓄外生固定，直接税率内生且不同机构税率变化受初始税率的影响

(GOV-3)。在模型中，与政府闭合相关的两个核心方程为

$$YG = EG + GSAV \tag{8-1}$$

$$TINS_i = \overline{tins_i} \cdot (1 + \overline{TINSADJ} \cdot tins01_i) + \overline{DTINS_i} \cdot tins01_i \tag{8-2}$$

式(8-1)和式(8-2)分别为政府平衡方程与直接税率方程。YG 为政府收入；EG 为政府支出；GSAV 为政府储蓄；$TINS_i$ 为国内机构 i 的直接税率；$\overline{tins_i}$ 为国内机构 i 的外生直接税率；$\overline{TINSADJ}$ 为直接税的调整因子；$tins01_i$ 参数取值为 0 或 1，当 $tins01_i$ 的值为 1 时，意味着该机构的直接税率可以调整；而当其值为 0 时，则表示该机构的直接税率是固定的；$\overline{DTINS_i}$ 为国内机构税收份额的改变。

政府闭合模式的设定实质上是选择内生与外生变量，从而确保政府平衡方程即式(8-1)成立。当选择政府闭合 GOV-1 时，式(8-2)右边的所有变量均为外生变量，而政府储蓄为出清政府平衡方程的内生变量。当选择 GOV-2 或 GOV-3 时，政府储蓄为外生变量，其区别在于：在 GOV-2 中，DTINS 为内生变量，初始税率对税率变化无影响；在 GOV-3 中，TINSADJ 为内生变量，税率变化受初始税率的影响。

3. 外部经济闭合

在 CGE 模型中，外部经济闭合存在 ROW-1 和 ROW-2 两种模式。当选择闭合 ROW-1 时，实际汇率内生可变，外国储蓄外生给定；当选择闭合 ROW-2 时，实际汇率外生给定，国外储蓄内生可变。与外部经济闭合相关的核心方程为经常账户平衡方程，定义如下：

$$\sum_{c\in CM} pwm_c \cdot QM_c + \sum_{f\in F} trnsfr_{row,f} = \sum_{c\in CE} pwe_c \cdot QE_c + \sum_{i\in INSD} trnsfr_{i,row} + \overline{FSAV} \tag{8-3}$$

其含义为“进口+国内要素对外国的转移支付=出口+外国对国内机构的转移支付+外国储蓄”。其中，pwm_c 和 pwe_c 分别为以外国货币计价的进口品和出口品的价格；QE_c 和 QM_c 分别为出口量和进口量；$trnsfr_{row,f}$ 表示国内要素 f 对外国的转移支付；$trnsfr_{i,row}$ 表示外国对国内机构 i 的转移支付；$\overline{FSAV}$ 为外国储蓄；CM 为进口商品的集合；CE 为出口商品的集合；F 为要素的集合；INSD 为机构的集合。

外部经济闭合模式的设定实质上是选择不同的内生和外生变量，使经常账户平衡方程成立：①当选择 ROW-1 时，外国储蓄外生给定，汇率灵活调整并确保经常账户平衡方程成立；②当选择 ROW-2 时，汇率外生给定，外国储蓄内生可变并确保经常账户平衡方程成立。

4. 储蓄-投资闭合

在 CGE 模型中，储蓄-投资闭合有五种选项：①投资外生给定，储蓄内生调

整且非政府机构的储蓄率按相同比率调整(SI-1)；②投资外生给定，储蓄内生调整且不同机构储蓄率的调整比率依赖于基准储蓄率(SI-2)；③投资内生可变，所有非政府机构储蓄率外生给定(SI-3)；④投资与政府消费在名义总吸收(total nominal absorption)中的份额固定，非政府机构的储蓄率按相同比率调整(SI-4)；⑤投资与政府消费在名义总吸收中的份额固定，不同机构储蓄率的调整比率依赖于基准储蓄率(SI-5)。与储蓄-投资闭合相关的核心方程为

$$\sum_{i \in \text{INSDNG}} \text{MPS}_i \cdot (1 - \text{TINS}_i) \cdot \text{YI}_i + \text{GSAV} + \text{EXR} \cdot \overline{\text{FSAV}} = \sum_{c \in C} \text{PQ}_c \cdot \text{QINV}_c + \sum_{c \in C} \text{PQ}_c \cdot \text{qdst}_c \tag{8-4}$$

$$\text{MPS}_i = \overline{\text{mps}_i} \cdot (1 + \overline{\text{MPSADJ}} \cdot \text{mps01}_i) + \text{DMPS} \cdot \text{mps01}_i \tag{8-5}$$

式(8-4)为储蓄-投资平衡方程，其含义为“非政府储蓄+政府储蓄+外国储蓄=固定投资+存货变动”。其中，MPS_i 为机构 i 的储蓄率；TINS 为机构 i 的直接税率；YI_i 为机构 i 的收入；GSAV 为政府储蓄；EXR 为汇率；$\overline{\text{FSAV}}$ 为外币计价的外国储蓄；PQ_c 为复合商品 c 的价格(composite commodity price)；QINV_c 为固定投资；qdst_c 为存货变动；C 为商品的集合。式(8-5)为机构 i 储蓄率的定义，其中，$\overline{\text{mps}_i}$ 表示国内机构 i 的基准储蓄率；$\overline{\text{MPSADJ}}$ 为储蓄率比例因子；mps01_i 参数取值为 0 或 1，$\text{mps01}_i = 1$ 时，表示对于特定的机构(以 i 表示)，其储蓄率是可以灵活调整的；$\text{mps01}_i = 0$ 时，表示该机构的储蓄率是固定的，无法进行灵活调整；DMPS 为国内机构储蓄率的变动。

储蓄-投资闭合的设定实质上是选择不同的内生变量和外生变量，使储蓄-投资平衡方程即式(8-4)成立：①在闭合模式 SI-1 和 SI-2 中，实际投资外生给定，储蓄率内生。其区别在于，SI-1 中非政府机构的储蓄率按相同比率调整，而 SI-2 中不同机构储蓄率的调整比率依赖于基准储蓄率；②在闭合模式 SI-3 中，非政府机构的储蓄率外生给定，而投资需求内生可变；③闭合模式 SI-4 和 SI-5 为平衡闭合，投资与政府消费在名义总吸收中的份额外生给定。其区别在于，在闭合模式 SI-4 中，储蓄率比例因子 $\overline{\text{MPSADJ}}$ 外生而国内机构储蓄率的变动内生。在闭合模式 SI-5 中，储蓄率比例因子 MPSADJ 内生而国内机构储蓄率的变动外生给定。

(二) CGE 模型中要素市场分割的引入

在 CGE 模型中，要素市场的闭合分为三种情形：①要素自由流动且充分就业(factor mobile and fully employed，FMOBFE)；②要素市场分割且充分就业(factor activity-specific and fully employed，FACTFE)；③要素自由流动且存在失业(factor mobile and unemployed，FMOBUE)。与要素市场闭合相关的两个核心方程为

$$\mathrm{WF}_f \cdot \mathrm{WFDIST}_{f,a} = \mathrm{PVA}_a(1-\mathrm{tva}_a)\cdot \mathrm{QVA}_a \cdot \left(\sum_{f\in F'} \delta_{f,a}^{\mathrm{va}} \cdot \mathrm{QF}_{f,a}^{-\rho_a^{\mathrm{va}}}\right)^{-1} \cdot \delta_{f,a}^{\mathrm{va}} \cdot \mathrm{QF}_{f,a}^{-\rho_a^{\mathrm{va}}-1} \tag{8-6}$$

$$\sum_{a\in A} \mathrm{QF}_{f,a} = \mathrm{QFS}_f \tag{8-7}$$

式(8-6)为要素需求方程，式(8-7)定义了要素市场的均衡。WF_f 为要素 f 的平均价格；$\mathrm{WFDIST}_{f,a}$ 为生产活动 a 中要素 f 的工资扭曲因子；PVA_a 为生产活动 a 加总增加值的价格；tva_a 为生产活动 a 的增值税税率；QVA_a 为生产活动 a 的加总增加值；$\delta_{f,a}^{\mathrm{va}}$ 为 CES 增加值函数中要素 f 的份额；$\mathrm{QF}_{f,a}$ 为生产活动 a 对要素 f 的需求数量；ρ_a^{va} 为 CES 增加值函数的指数；QFS_f 为要素 f 的供给量。

要素市场闭合模式的设定实质上是选择不同的内生与外生变量，使要素市场均衡方程成立：①当要素自由流动且充分就业时，工资扭曲因子和要素供给变量外生给定，平均工资 WF_f 和要素需求 $\mathrm{QF}_{f,a}$ 内生给定。此时，WF_f 灵活变动出清要素市场；②当要素市场分割且充分就业时，要素需求和平均工资外生给定，要素供给量 $\mathrm{QF}S_f$ 和工资扭曲因子 $\mathrm{WFDIST}_{f,a}$ 内生给定。此时，$\mathrm{WFDIST}_{f,a}$ 灵活变动出清要素市场；③当要素自由流动且存在失业时，要素平均价格和工资扭曲因子外生给定，要素需求 $\mathrm{QF}_{f,a}$ 和要素供给量 $\mathrm{QF}S_f$ 内生给定。每个行业在给定工资的情形下自由雇佣需要的要素数量 $\mathrm{QF}_{f,a}$。

二、数据描述

利用《2012 年中国投入产出表》、《2012 年中国资金流量表》、《2012 年国际收支平衡表》、世界银行 WITS 数据库、联合国粮食与农业组织的《2012 年中国食物平衡表》以及《中国财政年鉴 2013》《中国农村统计年鉴 2013》《中国劳动统计年鉴 2013》《中国统计年鉴 2013》《全国农产品成本收益资料汇编 2013》《中国住户调查年鉴 2015》，本章构建了 2012 年细分农业部门中国 SAM 表。本章构建的 SAM 表包括生产活动、商品、生产要素、企业、居民、政府、资本和国外共八类账户。其中，生产活动与商品账户分别包含农林牧渔业，采矿业，制造业，电力、燃气及水的生产和供应业，建筑业和服务业六大部门，共计 60 个子部门。本章的 SAM 表具有三个重要特征：①针对农业部门进行了细分，其中，农产品被分解为水稻、小麦、玉米、其他谷物、豆类、油料作物、棉花、糖类、蔬菜、水果、其他作物等 11 个子部门；畜牧产品细分为猪、牛、羊、禽、其他畜产品等 5 个子部门；②针对农产品和畜牧产品，将土地要素从劳动力和资本要素中分离出来；③考虑了农业部门同时使用非熟练劳动力与熟练劳动力的情形。本章采用兼顾交易流量和系数矩阵信息的最小二乘交叉熵法进行平衡，得到精度介于最小二乘法和交叉熵法之间的平衡 SAM 表，从而保证所提供的细化农业部门的中国 SAM 表具有较高的相对精确度。

本章侧重考察三大主粮(水稻、小麦和玉米)的粮食安全议题，出于简化考虑，对 SAM 表中的部分行业合并如下：煤炭开采和洗选业(coal)、石油和天然气开采业(petr)、金属矿采选业(mine)、非金属矿采选业(onim)合并为采矿业(MINE)；食品制造及烟草加工业(food)、纺织业(text)、化学工业(chem)等合并为制造业(MANU)；电力、热力的生产和供应业(heat)，燃气生产和供应业(gass)，水的生产和供应业(wats)合并为电力、燃气及水的生产和供应业(HGWS)；交通运输及仓储业(trns)、邮政业(post)、科学研究事业(scie)、综合技术服务业(tech)等合并为服务业(SER)。合并后的 SAM 表共包含 24 个部门：水稻，小麦，玉米，其他谷物，豆类，油料作物，棉花，糖类，蔬菜，水果，其他作物，林产品，猪，牛，羊，禽，其他畜产品，渔业，农林牧渔服务业，采矿业，制造业，电力、燃气及水的生产和供应业，建筑业以及服务业。此外，CGE 模型中阿明顿弹性等系数参考了 Diao 等(2012)的研究成果。

三、模拟方案的设计

(一) 人口老龄化与人口城镇化冲击的模拟

中国人口结构同时存在着人口老龄化和人口城镇化的趋势。其中，人口老龄化会导致劳动力供给总量的减少，而人口城镇化体现为劳动力由农村向城镇的转移。人口老龄化、人口城镇化最终均会影响到中国劳动力构成的变化，所以本章将通过引入非熟练与熟练劳动力构成变化的冲击来模拟人口老龄化、人口城镇化的影响，见表 8-1。为此，需要估算 2012～2025 年期间非熟练与熟练劳动力的人数[①]。具体估算过程如下：根据联合国经济和社会事务部针对 2012～2025 年期间中国适龄人口总数(劳动力度量指标)的预测值，以及基于国家统计局数据并结合自回归积分滑动平均(autoregressive integrated moving average，ARIMA)模型预测而得的 2012～2025 年城镇就业人口占总就业人口的占比，即可估算出 2012～2025 年期间城镇、农村劳动力人数。再由《中国住户调查年鉴 2013》获取的 2012 年中国农村居民中非熟练劳动力、熟练劳动力占比数据，结合《中国统计年鉴 2013》中的全国居民非熟练劳动力、熟练劳动力占比数据，就可估算出 2012 年中国城镇

---

① 在本章中，根据受教育程度将就业人员划分为非熟练与熟练劳动力。其中，非熟练劳动力为未上过学、小学和初中教育水平的劳动者；熟练劳动力定义为高中、大学专科、大学本科和研究生教育水平的劳动者。

居民中非熟练劳动力、熟练劳动力占比。假定 2012～2025 年期间城镇、农村中非熟练与熟练劳动力占比保持稳定，利用上述估算出的 2012～2025 年城镇、农村劳动力人数，继而可估算出 2012～2025 年非熟练劳动力与熟练劳动力人数。

表 8-1　2013～2025 年非熟练劳动力、熟练劳动力以及耕地面积的变动

年份	非熟练劳动力变动/%	熟练劳动力变动/%	耕地面积变动/%
2013	–0.23	1.27	0.00
2014	–0.56	2.33	–0.05
2015	–1.01	3.36	–7.99
2016	–1.53	3.95	–7.99
2017	–2.13	4.48	–7.99
2018	–2.76	4.98	–7.99
2019	–3.38	5.50	–7.99
2020	–3.96	6.07	–7.99
2021	–4.47	6.73	–8.19
2022	–4.94	7.45	–8.39
2023	–5.39	8.19	–8.59
2024	–5.88	8.90	–8.79
2025	–6.43	9.56	–8.98

注：2013～2025 年非熟练劳动力、熟练劳动力与耕地面积的变动百分比均以 2012 年为基准年份。

需要指出的是，人口城镇化通常伴随着土地城镇化，所以在模拟人口老龄化和人口城镇化的冲击时，还需考虑土地城镇化的影响。在本模型中，土地城镇化的冲击主要体现为耕地面积的变化，见表 8-1。为了估算出 2013～2025 年耕地面积的百分比变动，本章结合《全国国土规划纲要(2016—2030 年)》中的中国耕地保有量数据和 Wind 资讯发布的 2001～2015 年中国耕地面积数据进行计算①。简言之，人口老龄化、人口城镇化以及土地城镇化冲击在模型中体现为非熟练劳动力、熟练劳动力以及耕地面积的变动。如表 8-1 所示，与 2012 年基准年份相比，非熟练劳动力呈负向变动，熟练劳动力呈正向变动，耕地面积呈负向变动。由表 8-1

① 2012～2015 年中国耕地面积数据直接取自 Wind 资讯，分别为 20.27 亿亩(1 亩=666.7m^2)、20.27 亿亩、20.26 亿亩和 18.65 亿亩。此外，根据《全国国土规划纲要(2016—2030 年)》，2015 年、2020 年、2030 年中国耕地保有量的约束性目标值分别为 18.65 亿亩、18.65 亿亩和 18.25 亿亩。据此，可以设定 2015~2020 年中国耕地面积固定为 18.65 亿亩；同时，可估算出 2020~2030 年中国耕地面积环比降速约为 0.22%，根据此降速可估算出 2021～2030 年中国耕地面积数据。

可知，2015 年中国耕地面积出现了较大幅度的减少，显著区别于 2014 年。

(二) 粮食安全指标的设定

粮食安全不仅涉及粮食的供给层面，同时还涵盖粮食的需求层面(涂涛涛等，2017)。为了更全面地考察人口结构变迁对粮食安全的冲击效应，本章同时从国内粮食产量、国内粮食消费者价格、进口依赖度以及人均粮食占有量四个层面来综合考虑粮食安全，见表 8-2。其中，国内粮食产量、进口依赖度侧重于从粮食供给角度评估粮食安全，而国内粮食消费者价格和人均粮食占有量侧重于从需求角度评估粮食安全。当国内粮食产量增加、进口依赖度下降时，表明供给侧视角的粮食安全程度在上升；当国内粮食消费者价格下降、人均粮食占有量增加时，表明需求侧视角的粮食安全程度在上升；反之，表明粮食安全状况在恶化。出于简化考虑，本章针对大米、小麦和玉米的安全指标采取了平均化的处理方式，具体处理过程见表 8-2。

表 8-2　粮食安全指标的定义

指标	变量	含义
人均粮食占有量	$\frac{\sum QQ_c}{POP}$	三大主粮的人均占有量。其中，QQ_c 为商品 c(大米、小麦和玉米)在国内市场的复合供给，POP 为中国人口数
国内粮食消费者价格	$\sum\left(\frac{QQ_c}{\sum QQ_c}PDD_c\right)$	三大主粮在国内市场的平均消费者价格。其中，PDD_c、QQ_c 分别表示商品 c(大米、小麦和玉米)在国内市场的消费者价格和国内市场的复合供给
进口依赖度	$\frac{\sum QM_c}{\sum(QM_c+QD_c)}$	三大主粮进口量占国内总销量的比重。其中，QM_c 和 QD_c 分别为商品 c(大米、小麦和玉米)的进口量和国内产出在国内的销量
国内粮食产量	$\sum QA_a$	三大主粮国内总产量。其中，QA_a 为 a 行业(大米、小麦和玉米)的产出水平

注：2012～2025 年中国人口数据来自联合国经济和社会事务部人口司于 2014 年发布的《2014 全球城市化发展报告》。

(三) 模型闭合和要素市场的设置

在本模型中，设定 PPI 为价格基准。其原因在于，若 CPI 被设定为价格基准，将无法考虑由 CPI 调整引发的价格对冲效应与产业结构间的再平衡效应，从而导致模拟结果中“粮食进口依赖度”被放大或误判。此外，借鉴 Lofgren 等(2002)、涂涛涛和马强(2014)的思路，宏观闭合选取了外国储蓄、实际投资和实际政府消费外生给定的约翰森(Johansen)闭合：在 IFPRI 标准 CGE 模型框架下，约翰森闭合体现为 ROW-1、SI-1 或 SI-2，以及政府闭合任意三种选择的组合。为了验证研究结论的稳健性，本章将同时考虑六种宏观闭合的情景，见表 8-3。基于上述六种宏观闭合情景，本章将同时考虑存在要素市场分割、不存在要素市场分割两种情形下，人口老龄化和人口城镇化冲击对粮食安全指标的动态影响。在本章中，要素市场分割体现为非熟练劳动力在特定行业不可自由流动，要素市场不存在分割体现为所有要素在所有行业间均可自由流动。

表 8-3　宏观经济闭合的六种情景

情景	价格基准	外部经济闭合	储蓄-投资闭合	政府闭合
情景 1	PPI	ROW-1	SI-1	GOV-1
情景 2	PPI	ROW-1	SI-1	GOV-2
情景 3	PPI	ROW-1	SI-1	GOV-3
情景 4	PPI	ROW-1	SI-2	GOV-1
情景 5	PPI	ROW-1	SI-2	GOV-2
情景 6	PPI	ROW-1	SI-2	GOV-3

第三节　人口老龄化、城镇化对中国粮食安全影响的模拟

基于 IFPRI 标准 CGE 模型，本章以人均粮食占有量、国内粮食消费者价格、进口依赖度以及国内粮食产量四个指标来度量粮食安全，并模拟了人口老龄化、城镇化对中国粮食安全的影响。需要指出的是，生产要素替代弹性刻画了要素之间的互补与替代关系：若要素替代弹性小于 1，生产要素间为互补关系；若要素替代弹性大于 1，生产要素间为替代关系。要素替代弹性的取值既会影响粮食生产的供给层面，也会通过影响要素报酬分配而影响粮食消费的需求层面。因此，本章还将考察要素替代弹性取值对研究结论稳健性的影响。

一、基于生产要素互补关系的模拟

为了模拟生产要素为互补关系的情形，本章要素替代弹性的默认取值为 0.45，这与 Diao 等(2012)的研究保持一致。基于 CGE 模型模拟的结果显示，无论是否存在劳动力市场分割，基于六种宏观闭合的情景模拟均得到了一致的结果：即在长期内，人口结构变迁会导致国内粮食产量下降(见图 8-1)、国内粮食消费者价格上升(见图 8-2)、进口依赖度增加(见图 8-3)，以及人均粮食占有量下降(见图 8-4)。因此，随着我国人口老龄化和人口城镇化的推进，中国的粮食安全在长期会受到一定的负面冲击，且这一模拟结果具有较强的稳健性。需要指出的是，国内粮食

产量、国内粮食消费者价格、进口依赖度、人均粮食占有量指标在 2015 年出现了显著性的跳跃变化(见图 8-1～图 8-4)。其原因在于，2015 年中国耕地面积出现了较大幅度的减少(见表 8-1)，这对模拟结果产生了显著影响，但并未改变人口老龄化和城镇化对中国粮食安全负向冲击的长期效应。

注意：为了便于分析，本章对国内粮食产量和人均粮食占有量进行了标准化处理，即令 2012 年国内粮食产量和人均粮食占有量为 100 单位。

进一步的研究还发现，当考虑了劳动力市场分割后，人口老龄化和人口城镇化对粮食安全的负面冲击将会加强。

(1) 当不存在要素市场分割时，六种宏观闭合情景下 2025 年三大主粮的国内

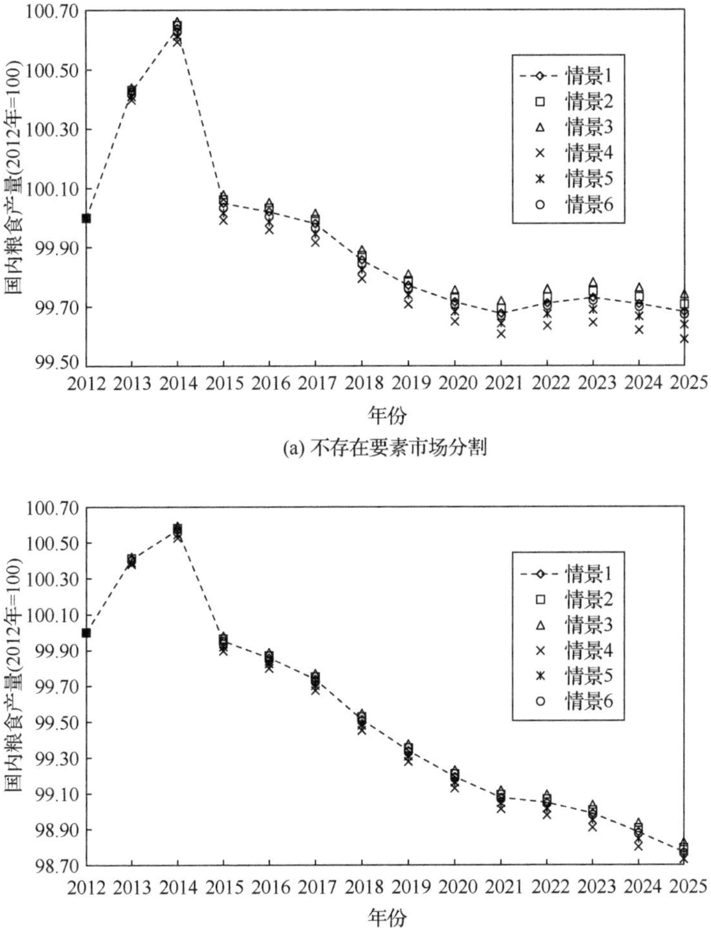

(a) 不存在要素市场分割

(b) 存在要素市场分割

图 8-1　人口老龄化、城镇化对国内粮食产量的动态影响

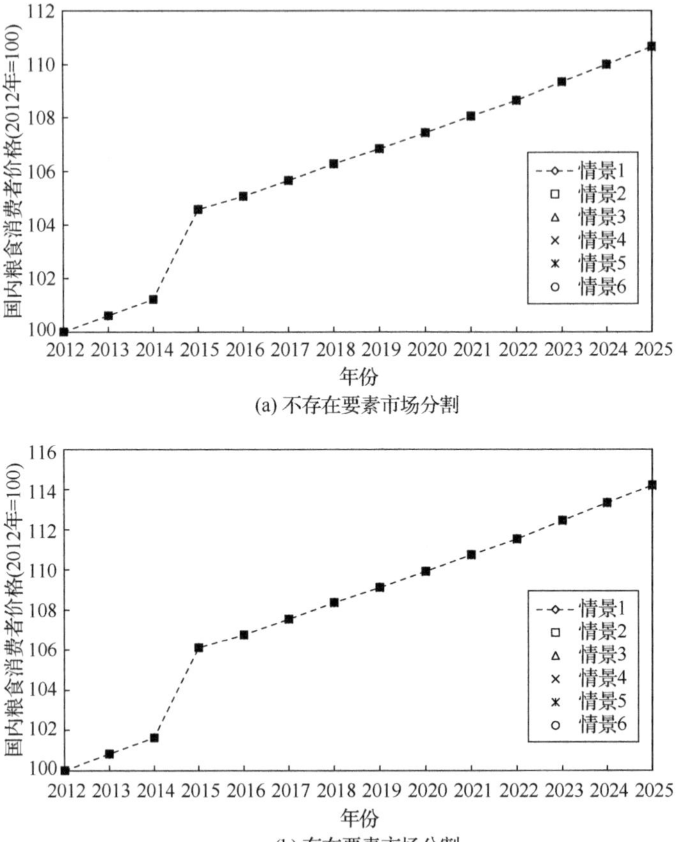

(a) 不存在要素市场分割

(b) 存在要素市场分割

图 8-2　人口老龄化、城镇化对国内粮食消费者价格的动态影响

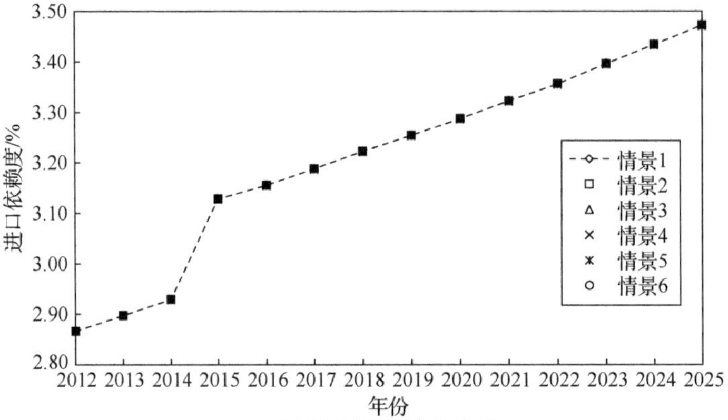

(a) 不存在要素市场分割

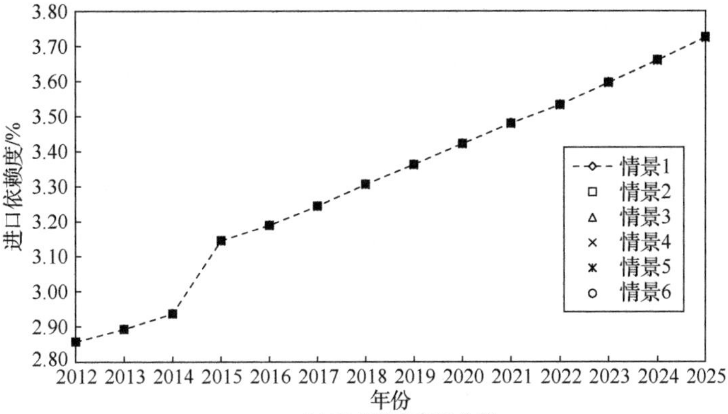

(b) 存在要素市场分割

图 8-3　人口老龄化、城镇化对进口依赖度的动态影响

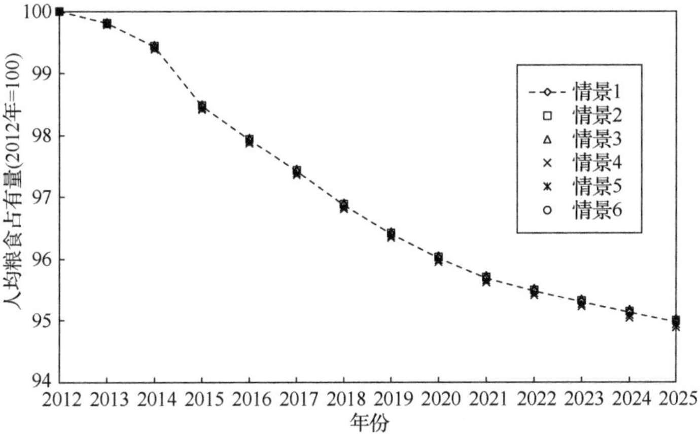

(a) 不存在要素市场分割

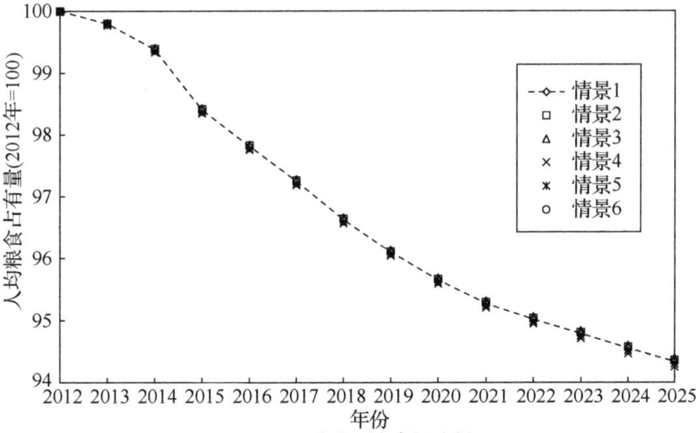

(b) 存在要素市场分割

图 8-4　人口老龄化、城镇化对人均粮食占有量的动态影响

产量比 2012 年平均下降了约 0.33%[见图 8-1(a)]；当存在要素市场分割时，六种宏观闭合情景下 2025 年三大主粮的国内产量比 2012 年平均下降了约 1.24%[见图 8-1(b)]。

(2) 当不存在要素市场分割时，六种宏观闭合情景下 2025 年三大主粮的国内消费者价格比 2012 年平均增长约 10.66%[见图 8-2(a)]；当存在要素市场分割时，六种宏观闭合情景下 2025 年三大主粮的国内消费者价格比 2012 年平均增长约 14.60%[见图 8-2(b)]。

(3) 当不存在要素市场分割时，六种宏观闭合情景下 2025 年三大主粮的进口依赖度平均会增至约 3.47%[见图 8-3(a)]；当存在要素市场分割时，六种宏观闭合情景下 2025 年三大主粮的进口依赖度平均会增至约 3.73%[见图 8-3(b)]。

(4) 当不存在要素市场分割时，六种宏观闭合情景下 2025 年三大主粮的人均粮食占有量比 2012 年平均下降了约 5.04%[见图 8-4(a)]；当存在要素市场分割时，六种宏观闭合情景下 2025 年三大主粮的人均粮食占有量比 2012 年平均下降了约 5.67%[见图 8-4(b)]。

二、基于生产要素替代关系的模拟

为了验证研究结论的稳健性，本章还考虑了要素为替代关系的情形。为此，设定要素替代弹性为 1.6。基于 CGE 模型的模拟分析发现，无论劳动力市场是否存在分割，人口老龄化和城镇化均会导致国内粮食消费者价格上升、进口依赖度增加，以及人均粮食占有量下降，即人口老龄化和人口城镇化始终会加剧中国粮食安全问题。然而，人口老龄化和人口城镇化对国内粮食产量的影响取决于劳动力市场的分割状态：当劳动力市场存在分割时，人口老龄化和人口城镇化在长期会导致国内粮食产量下降，从而加剧中国粮食安全问题，见图 8-5(b)；而一旦消除了劳动力市场分割的障碍，人口老龄化和人口城镇化在长期会提高国内粮食产量，从而有助于中国粮食安全水平的提升，见图 8-5(a)。

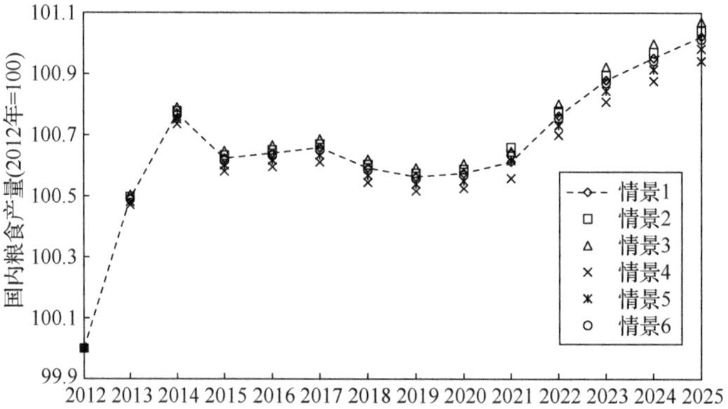

(a) 不存在要素市场分割

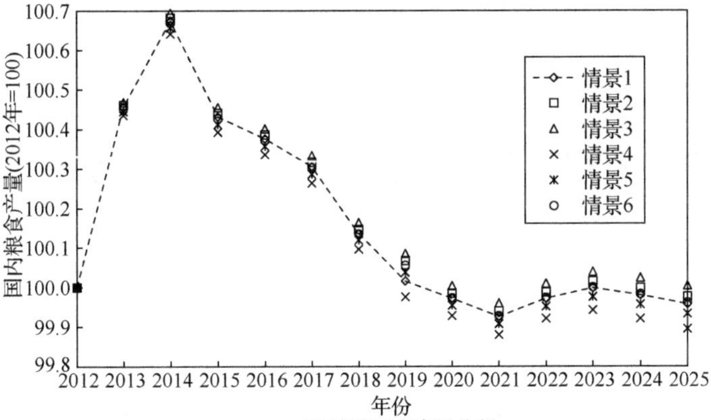

(b) 存在要素市场分割

图 8-5　人口老龄化、城镇化对国内粮食产量的动态影响

第四节　小　　结

本章在 IFPRI 标准 CGE 模型中引入了劳动力市场分割因素，探讨了劳动力市场分割、人口结构变迁与粮食安全之间的关系。在研究中发现：①当要素间存在互补关系时，无论劳动力市场是否分割，人口结构变迁均对中国粮食安全产生负面影响。具体而言，随着人口老龄化和城镇化的推进，中国的粮食产量将长期下降，价格上涨，进口依赖度增加，人均粮食占有量也将减少。然而，消除劳动力市场分割后，人口结构变迁对粮食安全的负面影响会减弱。②当要素间为替代关系时，人口结构变迁同样导致粮食价格上涨、进口依赖度增加和人均粮食占有量下降，但对国内粮食产量的影响则取决于劳动力市场的分割状态：在市场存在分割时，人口老龄化和城镇化会导致国内粮食产量长期下降；而在市场不存在分割时，这一过程反而会提升国内粮食产量。因此，消除劳动力在行业间流动的障碍，有助于有效配置要素资源，从而增强农业的安全系数。

上述研究结果的政策启示在于：在中国人口老龄化与城镇化不可逆转的背景下，为了有效保障粮食安全，迫切需要消除劳动力在行业间流动的壁垒。具体而言，劳动力市场分割加剧了人口结构变迁对粮食安全的负面影响。因此，消除劳动力在行业间的流动壁垒，推动劳动力市场一体化，有助于更有效地配置资源，缓解人口老龄化和城镇化对粮食产量的负面冲击，为农业发展提供稳定的劳动力供给，从而保障粮食安全。

第九章　CGE 模型应用：技术进步与粮食安全

第一节　引　　言

改革开放以来，中国农业取得了巨大成就。国家统计局的数据显示，中国粮食产量在 2003～2015 年期间实现“十二连增”，截至 2018 年，中国粮食产量已达 6.57×10^8t。然而，当前中国粮食安全的可持续性面临着耕地减少、农村劳动力老龄化，以及国际经济与政治环境不稳定等冲击。首先，随着中国城市化和工业化的持续推进，中国耕地面积持续减少。国家统计局的数据显示，2010～2017 年中国耕地面积由 $1.353 \times 10^8 hm^2$ 减少至 $1.349 \times 10^8 hm^2$；而联合国粮食及农业组织的数据显示，1961～2016 年期间，中国人均耕地面积由 0.155hm^2 下降为 0.086hm^2，降幅高达 44.5%。其次，农村劳动力老龄化将导致中国粮食生产中劳动力的匮乏。根据国家统计局发布的数据，2015～2018 年期间，中国 60 周岁及以上人口占总人口的比重由 16.1%增加至 17.9%。另外，根据世界卫生组织于 2016 年发布的《中国老龄化与健康国家评估报告》，随着人口的城乡流动，2030 年中国农村地区 60 岁及以上人口的比例将高达 21.8%。最后，随着中国国际竞争力与影响力的提升，中国面临的国际环境也愈发不稳定。在中美贸易摩擦不断升级的背景下，中国的农产品贸易环境也随之逐渐恶化。这意味着，单纯依赖外部粮食进口来保障中国粮食供给安全会存在极大的不确定性。简言之，可用耕地面积减少和农业劳动力供给短缺会对中国粮食的国内生产与供给产生负面冲击，而中美贸易摩擦的加剧将进一步恶化中国粮食供给的外部风险。因此，在上述不利条件下探讨保障中国粮食安全的有效途径，具有极其重要的现实意义。

从中国现实国情来看，试图提高耕地面积和劳动力投入具有较大难度。首先，中国工业化与城市化的进程具有不可逆性(颜玉华，2011)，在这一背景下，大幅增加耕地面积的可能性较小。其次，随着城市中二、三产业劳动力短缺现象的出现，非农产业的劳动报酬会上升，这将进一步吸引青壮年农业劳动力向非农产业的转移(王通，2018)。换言之，中国农业劳动力的流失在短期内是难以逆转的。最后，美国已将中国视为战略竞争对手，中美贸易摩擦在未来一段时期内将会成为常态，这使中国粮食安全面临的外部风险进一步增加。因此，对于中国而言，在外部环境进一步恶化的背景下，增加耕地面积和农业劳动力投入并非保障粮食供给安全的有效途径。

已有研究表明，当水土、劳动力等资源与要素禀赋制约了粮食的持续增产时，打破约束的有效途径之一便是依靠技术进步(王琛等，2014)。为此，众多学者考察了农业技术进步与粮食安全的关联性。相关研究发现，农业生产领域的技术进步是保障粮食安全的重要手段(杨静等，2017；杨义武等，2017)，这一保障作用主要体现为要素生产效率和粮食产量的提高(彭小辉等，2018)。事实上，技术进步对粮食产量的提升作用不仅适用于中国，也发生在马来西亚(Iliyasu et al.，2015)、乌干达(Pan et al.，2018)、坦桑尼亚(Habtemariam et al.，2019)等国家。需要指出的是，现有研究大多从总体上探讨技术进步与粮食安全的关系，而未考察农业技术进步路径的差异化影响。考虑到这一局限性，涂涛涛等(2017)基于中国动态 CGE 框架将农业技术进步路径分为土地、劳动力和资本增进型技术进步，并考察了农业技术进步偏向对中国粮食安全的影响。其研究发现，土地、劳动力和资本增进型技术进步对中国粮食的增产作用依次递减。

上述研究对于理顺技术进步与粮食安全的关联性具有重要意义。然而，需要指出的是，在对粮食安全的内涵进行界定时，上述研究通常仅考虑了粮食产量层面，而未从营养供给视角探讨粮食安全。实际上，与产量层面相比，营养供给层面的粮食安全可能更为重要。营养供给的缺乏会导致营养不良率的上升。营养不良不仅会造成严重的健康问题，还会导致青少年认知水平的下降，并降低其教育的质量(Pak，2017；李云森和罗良，2018)。而欠佳的健康状况与低质量的教育往往是贫困恶性循环的根源，进一步加剧了贫困的程度。一般而言，贫困人口更容易面临粮食供给短缺问题。粮食供给的短缺与营养不良会使贫穷人口陷入“贫穷陷阱”。正如 Marivoet 等(2019)所指出的，粮食安全不仅包含粮食供给，还应考虑营养与健康安全。因此，本章在界定粮食安全指标时，将同时考虑农产品产量与营养供给指标。综上，本章拟区分农业技术进步路径，综合考虑产量与营养供给指标，探讨农业技术进步路径对中国粮食安全的影响。在研究方法上，本章将运用全球贸易分析项目(global trade analysis project，GTAP)模型进行模拟分析。

第二节　模型介绍与情景设置

一、模型介绍

为了探讨农业技术进步路径与粮食安全的关联性，本章拟采用由美国普渡大学开发的 GTAP 模型进行分析[①]。GTAP 模型为跨区域、多部门一般均衡模型，该

① 数据库版本为 GTAP9.0。

模型建立了不同国家(或地区)生产、消费、政府支出等行为的子模型，并根据国家(地区)间的贸易关系对子模型进行整合。在 GTAP 模型中，产品的生产通常采用嵌套的 CES 生产函数。在本章的模型中，生产要素包含资本、熟练劳动力、非熟练劳动力、土地、水(淡水)和自然资源①六类。其中，熟练劳动力包含两类，即技术和辅助专业人员、官员与管理人员；非熟练劳动力包含三类，即职员、服务与商店人员、农业及其他非熟练劳动力。生产要素分为可自由流动要素和不可自由流动要素。具体而言，可自由流动要素包括资本、熟练劳动力、非熟练劳动力以及土地；不可自由流动要素则包括水和自然资源。并且，本章所使用的 GTAP 模型主要基于 GAMS 软件实现(van der Mensbrugghe，2018)。需要指出的是，标准 GTAP 模型数据库包含 57 个部门和 140 个地区。出于简化模拟结果的考虑，本章将 140 个地区合并为 11 个国家或区域。

二、要素增进型技术进步及其在 GTAP 模型中的嵌入

与要素增进型技术进步相对应的是偏向型技术进步。关于技术进步偏向的研究最早由 Hicks(1932)开创，他认为，生产要素价格的相对变化会引发技术革新，并使技术进步偏向于提高昂贵生产要素的生产率。基于内生性经济理论框架，Acemoglu(2002)探讨了技术进步偏向性的内在机制及影响，并指出有偏技术进步主要包括两类：第一类为要素增进型技术进步，即提高某种要素的产出效率的技术进步；第二类为偏向型技术进步，即技术进步导致要素边际产出比例的变化。在本章中，我们将主要考察要素增进型技术进步的影响。

为了模拟要素增进型技术进步对粮食安全的影响，首先需要在 CGE 模型框架下引入要素增进型技术进步。借鉴 Acemoglu(2002)的研究，要素增进型技术进步的设定见式(9-1)：

$$Y_t = C\left\{\gamma_L[A_L(t)L(t)]^{\frac{\sigma-1}{\sigma}} + \gamma_H[A_H(t)H(t)]^{\frac{\sigma-1}{\sigma}}\right\}^{\frac{\sigma}{\sigma-1}} \tag{9-1}$$

式(9-1)为 CES 生产函数。其中，生产效率参数 C 表示要素的投入产出效率；γ_i 体现生产要素 i 在生产函数中的重要性；σ 是生产要素 L 与生产要素 H 之间的替代弹性；A_L 为 L 增进型技术进步；A_H 为 H 增进型技术进步。通过调整式(9-1)中的参数 A_L 和 A_H，就可以分别模拟 L 和 H 增进型技术进步。借鉴这一思路，GTAP 模型中与式(9-1)相对应的增加值生产函数定义见式(9-2)：

① GTAP 模型中的自然资源指的是某行业所必需的自然资源，如矿产、石油、森林资源等，不包括水(淡水)和土地资源。

$$\mathrm{VA}_{r,a}=\left[\sum_{f\in F}\alpha_{r,f,a}^{f}\left(\lambda_{r,f,a}^{f}\mathrm{XF}_{r,f,a}^{f}\right)^{\frac{\sigma_{r,a}^{v}-1}{\sigma_{r,a}^{v}}}\right]^{\frac{\sigma_{r,a}^{v}}{\sigma_{r,a}^{v}-1}} \tag{9-2}$$

式中，$\mathrm{VA}_{r,a}$为r地区a活动的增加值，与式(9-1)中的Y_t对应；$\mathrm{XF}_{r,f,a}^{f}$为r地区a活动对f要素的需求，与式(9-1)中的H和L对应；$\sigma_{r,a}^{v}$为生产要素间的替代弹性，与式(9-1)中的σ对应；$\alpha_{r,f,a}^{f}$为f要素需求的份额参数，与式(9-1)中的γ_i对应；$\lambda_{r,f,a}^{f}$表示f要素的技术转换因子，与式(9-1)中的A_L和A_H对应；F为生产要素的集合。在 GTAP 模型中，通过改变式(9-2)中相应f要素的技术转换因子$\lambda_{r,f,a}^{f}$，即可实现资本(或其他要素)增进型技术进步冲击的模拟。

三、粮食安全指标设置

为了衡量粮食安全，本章将同时考虑农产品产量①和人均营养元素供给指标。在 GTAP 模型中，农业部门产出的定义见式(9-3)：

$$\mathrm{XP}_{r,a}=A_{r,a}^{\mathrm{xp}}\left[a_{r,a}^{\mathrm{va}}\left(\lambda_{r,a}^{\mathrm{va}}\cdot\mathrm{VA}_{r,a}\right)^{\frac{\sigma_{r,a}^{p}-1}{\sigma_{r,a}^{p}}}+a_{r,a}^{\mathrm{nd}}\left(\lambda_{r,a}^{\mathrm{nd}}\cdot\mathrm{ND}_{r,a}\right)^{\frac{\sigma_{r,a}^{p}-1}{\sigma_{r,a}^{p}}}\right]^{\frac{\sigma_{r,a}^{p}}{\sigma_{r,a}^{p}-1}} \tag{9-3}$$

如式(9-3)所示，r地区a行业的产量$\mathrm{XP}_{r,a}$为 CES 生产函数。其中，$\mathrm{VA}_{r,a}$和$\mathrm{ND}_{r,a}$分别为产出增加值和中间投入需求；$A_{r,a}^{\mathrm{xp}}$为共同转换因子；$\sigma_{r,a}^{p}$为替代弹性；$a_{r,a}^{\mathrm{va}}$为增加值的份额参数；$a_{r,a}^{\mathrm{nd}}$为中间投入需求的份额参数；$\lambda_{r,a}^{\mathrm{va}}$和$\lambda_{r,a}^{\mathrm{nd}}$分别为$\mathrm{VA}_{r,a}$和$\mathrm{ND}_{r,a}$的转换因子。

本章采用的营养供给指标包括人均热量供给、人均脂肪供给和人均蛋白质供给。为了测算人均营养元素供给，需要先确定农产品供给量和单位农产品营养供给量。具体而言，参考 CGEBox(Britz and van der Mensbrugghe，2018)官方手册②所提供的方法，可以测算单位农产品营养供给(世界平均值)，见式(9-4)：

$$\mathrm{unit}_{i,k}=\mathrm{psq}_{w,k}/\left(\mathrm{fst}_i/\mathrm{pop}_w\right)\cdot 365/1000 \tag{9-4}$$

式中，$\mathrm{unit}_{i,k}$为单位i农产品中营养元素k的含量；$\mathrm{psq}_{w,k}$为 2011 年世界范围营

① 农产品产量是由 GTAP 中各类农产品部门产量按权重加总得到的，权重参数由 CGEBox 模型给定。

② CGEBox 是 Britz 和 van der Mensbrugghe 于 2018 年基于 GAMS 编写的开源的全球一般可计算均衡模型，该模型是模块化的，可以灵活地扩展，从而适用于不同类型的一般可计算均衡模型的模拟，该模型详细介绍见 Britz 和 van der Mensbrugghe(2018)的文献。

养元素 k 的人均日供给量；fst_i 为世界范围农产品 i 的总供给量；pop_w 为世界总人口。利用人均营养元素日供给量以及农产品总供给量，可推算出单位农产品营养供给(世界平均值)。在此基础上，利用数据库中的原始数据与模拟数据可测算出技术冲击发生前后营养供给的百分比变化。具体而言，中国人均营养元素供给的定义见式(9-5)：

$$\mathrm{psq}_{c,k} = \frac{\sum_{i=1}^{n} X_i \cdot \mathrm{unit}_{i,k}}{\mathrm{pop}} \tag{9-5}$$

式中，k 为营养类别；i[①]为具体农产品种类；n 为农产品种类总量；$\mathrm{psq}_{c,k}$ 为中国人均营养元素供给；X_i 为中国 i 类产品的总供给；pop 为中国总人口。

四、要素增进型技术进步影响粮食安全的机制分析

要素增进型技术进步对粮食安全的影响包含供给和需求两个渠道：首先，要素增进型技术进步会直接提高该要素的生产效率，从而有利于提高农产品的国内产量；其次，要素增进型技术进步意味着不同要素生产效率的变动，进而改变投入要素的相对价格，从而影响农业生产中要素投入的结构。这将最终对要素报酬和家庭收入产生影响，而家庭收入的变动则会进一步对农产品的需求(国内品和进口品)产生影响，见图 9-1。

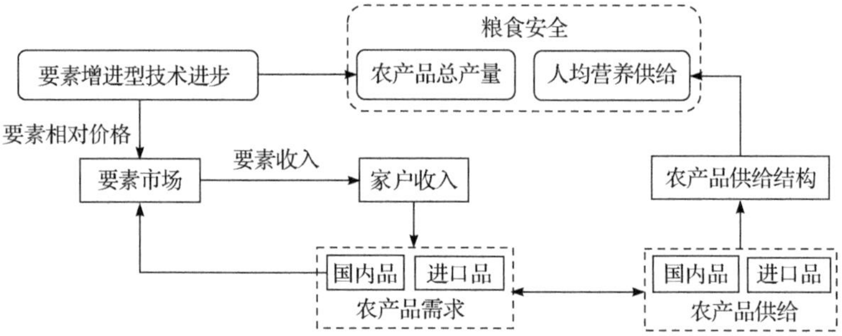

图 9-1　要素增进型技术进步影响粮食安全的机制传导图

从对农产品产量的影响来看，要素增进型技术进步会改变 r 地区 a 活动的增加值 $\mathrm{VA}_{r,a}$，进而影响农产品产量 $\mathrm{XP}_{r,a}$。然而，由于要素生产效率的差异，同类农产品生产中不同要素偏向性技术进步的增产作用存在差异。此外，不同农业部

① i 指的并不是农产品大品类，而是具体到小麦、大米、西红柿这种具体的农产品类别，在联合国粮食及农业组织食物平衡表中包含 115 种农产品。为了避免重复计算，删除了啤酒、甜菜、甘蔗以及酒精饮料 4 类产品。

门要素投入的比例存在差异，所以在不同农业部门中同类要素增进型技术进步的增产效果也存在差异。

从人均营养元素供给来看，要素增进型技术进步的影响主要是通过改变国内农产品供给构成来发挥作用。中国农产品的国内供给由国内生产供给和进口两部分构成。正如前面分析所指出的，要素增进型技术进步会改变农产品的国内产量、国内价格和家庭收入。其中，农产品国内外相对价格的变动，会影响农产品的进出口；而家庭收入和农产品价格的变动会影响农产品的国内需求；最终，农产品国内需求、国内产量以及进出口的变化会共同影响农产品的国内供给构成，进而引发人均营养元素供给的变化。

五、模拟方案

本章将农业分为三类部门，即粮食生产部门、作物(果蔬、糖类、油料等)生产部门、肉类和奶类生产部门。在此基础上，分别在三类部门中引入要素增进型技术进步冲击(通过调整 $\lambda_{r,f,a}^{f}$ 的大小来模拟技术进步冲击)，从而模拟要素增进型技术进步对中国粮食安全的影响。

研究表明，近年来中国农业技术进步率为 5%左右(刘莉和张文爱，2017；陈径天等，2018)。因此，本章在情景模拟中将技术进步率设定为 5%。具体而言，本章还将技术进步细分为土地增进型、资本增进型、水资源增进型、熟练劳动力增进型、非熟练劳动力增进型五种类型①。综上，本章共设置了 15 种模拟方案，见表 9-1。

表 9-1 情景设置(一)

情景	发生技术进步冲击的部门	技术进步类型	技术进步率
情景 1a	粮食生产	土地增进型	5%
情景 2a		资本增进型	5%
情景 3a		水资源增进型	5%
情景 4a		熟练劳动力增进型	5%
情景 5a		非熟练劳动力增进型	5%

① 土地增进型指的是提高土地生产效率的技术进步，如套种、轮作以及提高土地肥力等措施。资本增进型指的是提高资本生产效率的技术进步，如农机推广。水资源增进型指的是提高水资源生产效率的技术进步，如滴灌技术替代漫灌技术。熟练劳动力增进型指的是提高熟练劳动力生产效率的技术进步，如熟练劳动力的专业技能进一步提高。非熟练劳动力增进型指的是提高非熟练劳动力生产效率的技术进步，如对非熟练劳动力进行培训、推广现代耕作技术等。

续表

情景	发生技术进步冲击的部门	技术进步类型	技术进步率
情景 1b	果蔬、糖类、油料等作物生产	土地增进型	5%
情景 2b		资本增进型	5%
情景 3b		水资源增进型	5%
情景 4b		熟练劳动力增进型	5%
情景 5b		非熟练劳动力增进型	5%
情景 1c	肉类和奶类生产	土地增进型	5%
情景 2c		资本增进型	5%
情景 3c		水资源增进型	5%
情景 4c		熟练劳动力增进型	5%
情景 5c		非熟练劳动力增进型	5%

在情景 1a～5a 中，考察了粮食生产部门引入要素增进型技术进步的情形；在情景 1b～5b 中，考察了在作物生产部门引入要素增进型技术进步的情形；在情景 1c～5c 中，考察了在肉类和奶类生产部门引入要素增进型技术进步的情形。针对上述三类部门，分别考察了土地增进型、资本增进型、水资源增进型、熟练劳动力增进型、非熟练劳动力增进型这五类技术进步冲击。通过上述模拟方案，就可以模拟不同类型技术进步冲击对粮食安全指标的影响。

第三节　模拟结果分析

采用 CGEBox 软件平台，本节基于 GTAP 模型模拟分析了不同要素增进型技术进步对中国粮食安全的影响。

一、模拟结果

基于模拟方案情景设置，本章所提出的五类要素增进型技术进步均有利于提高各类农产品产量。下面将针对不同类型的要素增进型技术进步对农产品产量及人均营养元素供给的影响进行详细分析。

（一）农产品产量变化

图 9-2 展示了当发生要素增进型技术进步时，三类农产品部门的农产品产量相对于基准产量的变动百分比。

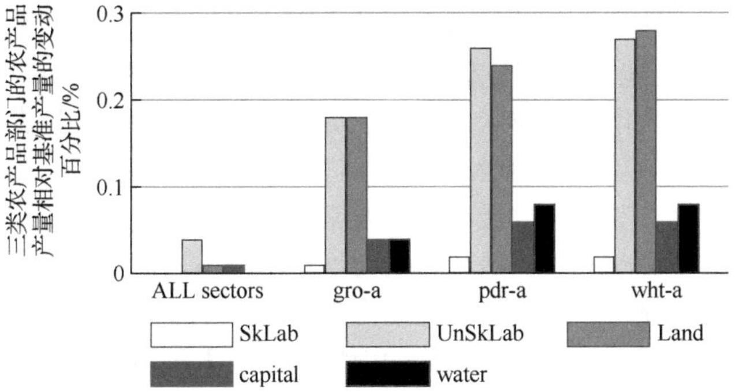

(a) 情景1a～5a

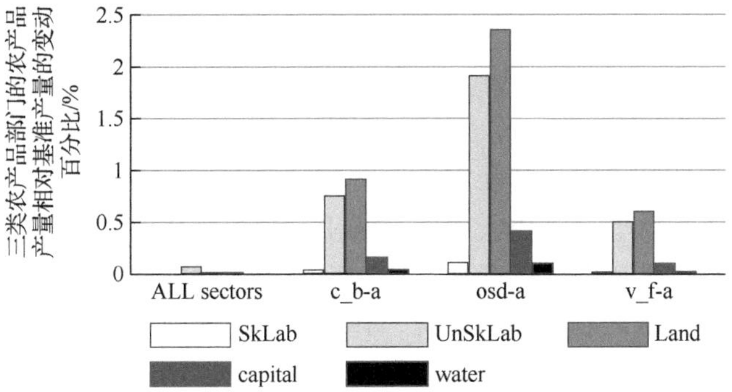

(b) 情景1b～5b

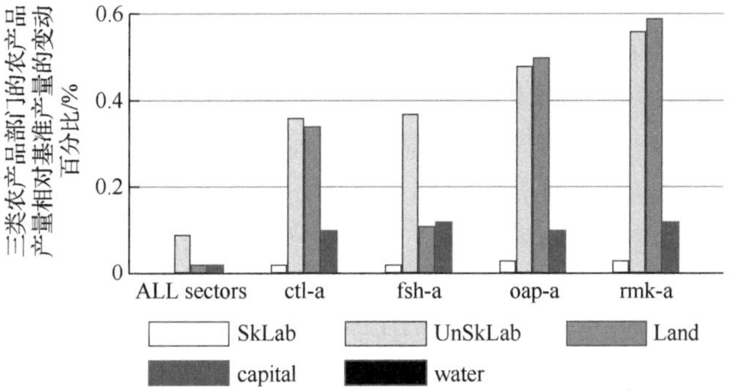

(c) 情景1c～5c

图 9-2　相对基准结果农产品产量变动百分比(一)

ALL sectors 为农业部门产品的总产量；pdr-a、wht-a、gro-a 分别为水稻、小麦、其他谷物的产量；v_f-a、c_b-a 及 osd-a 分别为蔬菜水果、糖类及油料三类产品的产量；ctl-a、fsh-a、oap-a 及 rmk-a 分别为畜牧类、渔产品、其他肉产品及奶类产品产量；SkLab、UnSkLab、Land、capital、water 分别为熟练劳动力增进型、非熟练劳动力增进型、土地增进型、资本增进型、水资源增进型五类要素增进型技术进步

首先，从粮食生产部门来看，五类要素增进型技术进步均能有效地提高水稻、小麦和其他谷物的产量。其中，土地和非熟练劳动力在粮食生产投入中所占比重

最大，所以土地和非熟练劳动力增进型技术进步对粮食生产部门的增产作用最为显著。然而，由于土地及非熟练劳动力在三种不同粮食作物中所占比例存在差异，土地和非熟练劳动力增进型技术进步对三类粮食作物的增产作用存在差异。具体而言，当土地和非熟练劳动力增进型技术进步发生后，对小麦产量的增长作用最为明显，水稻次之，其他谷物最低。从要素增进型技术进步发生在粮食生产部门对农产品总产量的影响来看，熟练劳动力增进型资本增进型和水资源增进型技术进步对其影响并不显著；而非熟练劳动力增进型和土地增进型技术进步均有效地提高了农产品总产量，其中非熟练劳动力增进型技术进步对农产品部门的增产作用最为显著。由于粮食产品在所有农产品中占比较低，因此当要素增进型技术进步仅发生在粮食生产部门时，农产品总产量的增长幅度远小于粮食部门各类粮食产量的增长幅度。

其次，从作物生产部门来看，五类要素增进型技术进步均有利于果蔬、糖类、油料等作物增产。其中土地增进型技术进步对作物生产部门的增产作用最大，非熟练劳动力增进型技术进步的作用次之，其原因在于作物生产部门生产中农业非熟练劳动力及土地在要素总投入中所占的比重较高。从中国农产品总产量变化来看，作物生产部门发生非熟练劳动力增进型、土地增进型以及资本增进型三类技术进步均会有效地提高农产品总产量。其中，土地增进型技术进步对农业部门的增产作用最为显著。由于作物产品在所有农产品中占比较低，五类要素增进型技术进步仅发生在作物生产部门时，农产品总产量的增长幅度会远小于作物生产部门产量的增长幅度。

最后，从肉类和奶类生产部门来看，除水资源增进型技术进步外，其他四类要素增进型技术进步均有利于提高肉类和奶类生产部门农产品的产量。然而，由于不同农产品生产中的要素投入比例存在差异，五类要素增进型技术进步对四类农产品的增产作用也具有显著的差异。具体而言，土地增进型技术进步对奶类产品及其他肉产品的增产作用最明显，非熟练劳动力增进型技术进步次之；而非熟练劳动力增进型技术进步冲击对畜牧类产品产量增长幅度影响最大，土地增进型技术进步冲击次之。由于渔产品生产中非熟练劳动力所占比重大而土地要素占比较低，因此非熟练劳动力增进型技术进步的增产作用相对较大，土地增进型技术进步对促进渔产品增产的作用则相对较小。从农产品的总产量来看，肉类和奶类生产部门发生非熟练劳动力增进型技术进步、土地增进型技术进步以及资本增进型技术进步均能够有效地提高农产品的总产量。其中，非熟练劳动力增进型技术进步对农产品部门的增产作用最为显著。

（二）人均营养元素供给变化

本节将重点分析要素增进型技术进步冲击对人均营养元素供给的影响，图 9-3

展示了当作物生产部门、粮食生产部门和肉类与奶类生产部门分别发生要素增进型技术进步时，脂肪、热量以及蛋白质人均供给相对于基准结果的变动百分比。

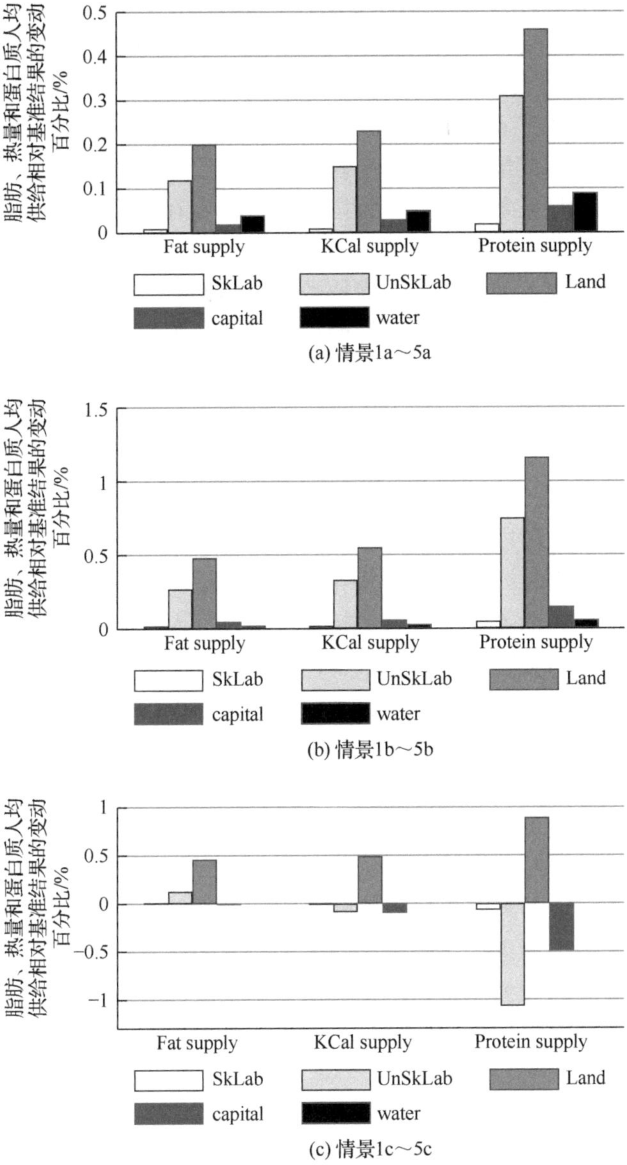

图 9-3　相对基准结果营养指标变动百分比(一)

Fat supply、KCal supply 和 Protein supply 分别为脂肪、热量和蛋白质三类营养物质人均供给；SkLab、UnSkLab、Land、capital、water 分别为熟练劳动力增进型、非熟练劳动力增进型、土地增进型、资本增进型、水资源增进型五类要素增进型技术进步

图 9-3 显示，当作物生产部门和粮食生产部门受到土地增进型技术进步冲击后，三种人均营养元素供给量均会增加，其中人均蛋白质供给增长幅度最大，人均热量次之，人均脂肪供给增长幅度最小。当肉类和奶类生产部门受到土地增进型技术进步冲击时，脂肪、热量与蛋白质的人均供给均呈上升趋势，其中人均蛋白质供给的增长幅度大于人均热量和人均脂肪供给的增长幅度。从土地增进型技术进步冲击不同农产品部门对人均营养元素供给的影响差异来看，当技术进步发生在作物生产部门时，各种人均营养元素供给增长幅度最大；技术冲击肉类和奶类生产部门时增长幅度次之；而技术进步发生在粮食生产部门时，增长幅度最小。

从资本增进型技术进步来看，当技术冲击作物生产部门和粮食生产部门时，三类营养元素人均供给量均增加，但增长幅度远小于发生土地增进型技术进步时的增长幅度；若技术冲击肉类和奶类生产部门，三类人均营养元素供给量则会出现小幅度下降。从要素增进型技术进步冲击对三类人均营养元素供给的冲击大小来看，人均蛋白质供给所受冲击最大，人均热量供给次之，人均脂肪供给所受冲击最小。

从非熟练劳动力增进型技术进步来看，当作物生产部门和粮食生产部门发生要素增进型技术进步时，三类人均营养元素供给量均会增加。然而，当肉类和奶类生产部门发生非熟练劳动力增进型技术进步时，人均脂肪供给会增加，人均热量与蛋白质的供给则会减少。总体来看，非熟练劳动力增进型技术进步的冲击会增加人均脂肪供给，但对于其他两类人均营养元素供给的影响方向则不确定。从人均营养元素供给结构的变化来看，三类营养元素增加幅度从小到大排序为：人均蛋白质、人均热量和人均脂肪。

从熟练劳动力增进型和水资源增进型技术进步的冲击方向来看，人均营养元素供给量的变化方向与受到非熟练劳动力增进型技术进步冲击时的变动方向基本是一致的。然而，这两类要素增进型技术进步对人均营养元素供给冲击幅度的影响小于非熟练劳动力增进型技术进步对人均营养元素供给的冲击。从要素增进型技术进步对三类人均营养元素供给的冲击大小来看，人均蛋白质供给所受冲击最大，人均热量供给次之，人均脂肪供给最小。

(三) 研究结果

通过模拟分析三类农产品部门发生要素增进型技术进步对粮食安全的影响，可以发现以下几点。

(1) 从农产品产量来看，要素增进型技术进步增加了各类农产品产量及农产品总产量。同时，由于不同农产品部门中要素使用比例的差别，不同类型的要素增进型技术进步对农产品增产的作用存在差异，其中土地和非熟练劳动力增进型技术进步的增产作用最显著。

(2) 从对人均营养元素供给的影响来看，不同类型的要素增进型技术进步对人均营养元素供给的影响方向不同。具体而言，三类农产品部门受到土地增进型技术进步的冲击时，三类人均营养元素供给均会提高。而非熟练劳动力增进型和资本增进型技术进步发生在作物生产和粮食生产部门时，有利于提高三类人均营养元素供给。水资源增进型技术进步则对人均营养元素供给的影响较小，可忽略不计。

(3) 当要素增进型技术进步冲击不同农业部门时，人均营养元素供给所受到的影响也存在差异。当粮食生产部门和作物生产部门发生要素增进型技术进步冲击时，五类要素增进型技术进步均使三类人均营养元素供给增加；当肉类和奶类生产部门发生土地增进型技术进步时，三类人均营养元素供给会增加，而其他类型的要素增进型技术进步则会导致人均蛋白质和人均热量供给的降低，以及人均脂肪供给的增加。

二、对非熟练劳动力增进型技术进步的进一步分析

从前文的分析可以发现，非熟练劳动力增进型技术进步对粮食安全具有重要作用。因此，我们在本节将进一步对非熟练劳动力进行细分，从而比较提高不同类型的非熟练劳动力的生产效率对粮食安全的影响。本节参考 CGEBox 软件的设定，将非熟练劳动力细分为三类：职员、服务与商店人员、农业及其他非熟练劳动力，从而模拟不同类型的非熟练劳动力增进型技术进步对粮食安全的影响，具体情景设置如表 9-2 所示。

表 9-2　情景设置(二)

情景	发生技术进步冲击的部门	技术进步类型	技术进步率
情景 5a-1	粮食生产	农业及其他非熟练劳动力增进型	5%
情景 5a-2		服务与商店人员增进型	5%
情景 5a-3		职员增进型	5%
情景 5b-1	果蔬、糖类、油料等作物生产	农业及其他非熟练劳动力增进型	5%
情景 5b-2		服务与商店人员增进型	5%
情景 5b-3		职员增进型	5%
情景 5c-1	肉类和奶类生产	农业及其他非熟练劳动力增进型	5%
情景 5c-2		服务与商店人员增进型	5%
情景 5c-3		职员增进型	5%

(一) 农产品产量变化

通过情景模拟发现，当进一步细分了非熟练劳动力时，三类非熟练劳动力增进型技术进步均有利于提高农产品产量。具体的模拟结果见图 9-4。

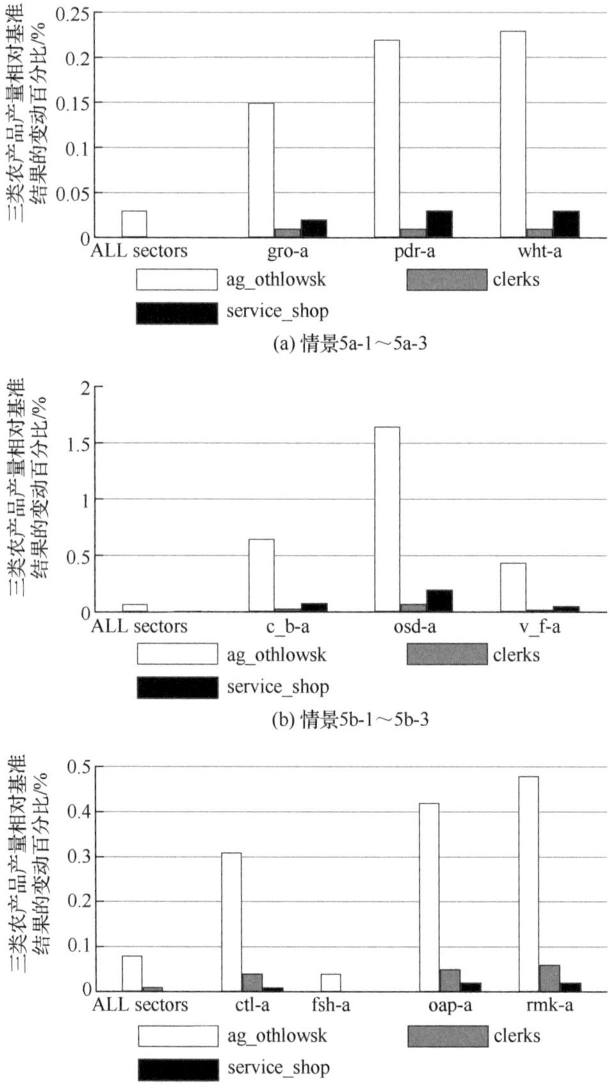

(a) 情景5a-1～5a-3

(b) 情景5b-1～5b-3

(c) 情景5c-1～5c-3

图 9-4　相对基准结果农产品产量变动百分比(二)

ALL sectors 为农业部门产品的总产量；pdr-a、wht-a、gro-a 分别为水稻、小麦、其他谷物的产量；v_f-a、c_b-a 及 osd-a 分别为蔬菜水果、糖类及油料三类产品的产量；ctl-a、fsh-a、oap-a 及 rmk-a 分别为畜牧类、渔产品、其他肉产品及奶类产品产量；ag_othlowsk、clerks、service_shop 分别为农业及其他非熟练劳动力增进型、服务与商店人员增进型、职员增进型三类技术进步从细分非熟练劳动力的模拟结果来看，三类非熟练劳动力增进型技术进步均有利于各类农产品增产，其中农业及其他非熟练劳动力增进型技术进步对各类农产品的增产作用最为显著。不同类型的非熟练劳动力增进型技术进步对三类农产品部门产量的影响也存在差异。具体而言，农业及其他非熟练劳动力增进型技术进步对作物生产部门的增产作用最大，对肉类和奶类生产部门的增产作用次之，对粮食生产部门三类产品的增产作用最小。相对于农业及其他非熟练劳动力增进型技术进步而言，其他两类增进型技术进步对农作物产量的冲击相对较小。

(二) 人均营养元素供给变化

通过情景模拟发现，不同类型的非熟练劳动力增进型技术进步对三类人均营养元素供给的影响存在明显差异，模拟结果如图 9-5 所示。

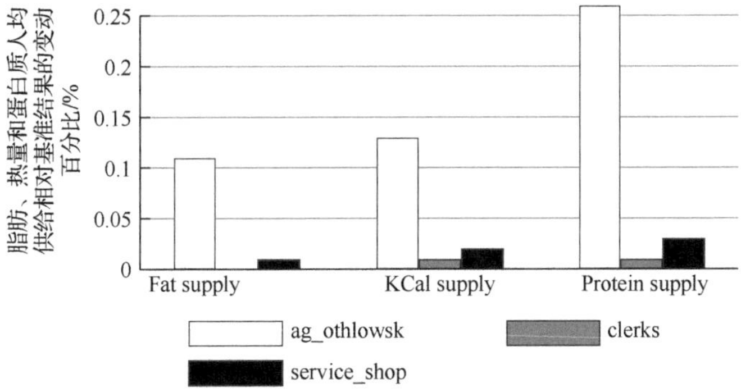

(a) 情景5a-1～5a-3

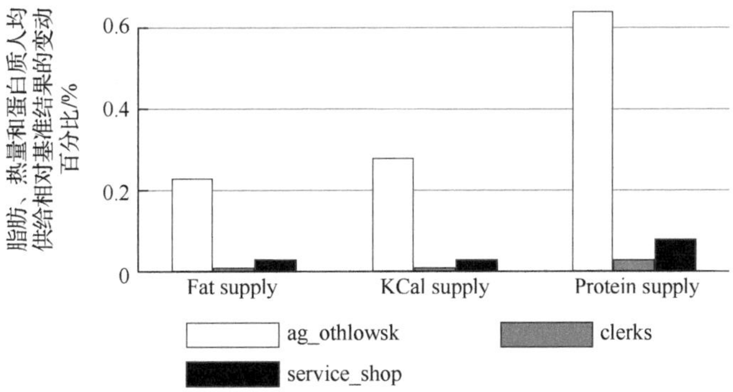

(b) 情景5b-1～5b-3

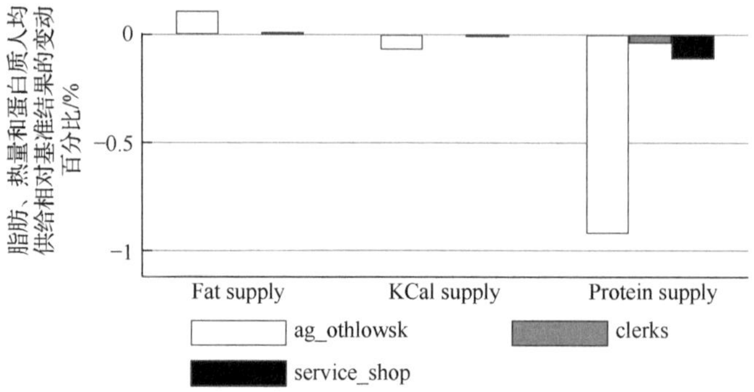

(c) 情景5c-1～5c-3

图 9-5　相对基准结果营养指标变动百分比(二)

Fat supply、KCal supply 和 Protein supply 分别为脂肪、热量和蛋白质三类营养物质人均供给；ag_othlowsk、clerks、service_shop 分别为农业及其他非熟练劳动力增进型、服务与商店人员增进型、职员增进型三类技术进步

图 9-5 显示，在细分非熟练劳动力的情景下，三类非熟练劳动力增进型技术进步均会影响脂肪、热量和蛋白质的人均供给。具体而言，当三类农业部门分别受到要素增进型技术进步冲击时，农业及其他非熟练劳动力增进型技术进步对三类人均营养元素供给的冲击最大；职员增进型技术进步冲击次之；服务与商店人员增进型技术进步冲击最小。从要素增进型技术进步冲击对三类人均营养元素供给的影响差异来看，人均蛋白质供给所受冲击最大，人均热量供给次之，人均脂肪供给最小。

(三) 研究结果

通过分析三类农产品部门发生要素增进型技术进步时人均营养元素供给相对于基准结果的变动百分比发现：从农产品产量来看，三类非熟练劳动力增进型技术进步均有利于提高各类农产品产量，其中农业及其他非熟练劳动力增进型技术进步的增产作用最为显著；从人均营养供给来看，三种非熟练劳动力增进型技术进步中农业及其他非熟练劳动力增进型技术进步对人均营养元素供给的冲击最为显著；而从要素增进型技术进步冲击对三类人均营养元素供给的影响大小来看，人均蛋白质供给受到的冲击最大，而人均脂肪供给受到的冲击最小。

第四节　小　　结

基于标准 GTAP 模型，本章利用 CGEBox 软件模拟分析了不同类型的要素增进型技术进步对粮食安全的影响，模拟结果如下：

(1) 从农产品产量来看，土地和非熟练劳动力增进型技术进步对农产品的增产作用最大。进一步细分非熟练劳动力发现，农业及其他非熟练劳动力增进型技术进步对农产品的增产作用最为显著。从要素增进型技术进步冲击的部门不同对农产品总产量的影响来看，作物(果蔬、糖类、油料等)生产部门发生要素增进型技术进步冲击时，农产品总产量增长幅度最大。

(2) 在人均营养元素供给方面，无论哪个农业生产部门发生土地增进型技术进步，均能有效提高三种人均营养元素供给。当粮食生产部门及作物(果蔬、糖类、油料等)生产部门发生非熟练劳动力增进型技术进步时，能够有效地提高三种人均营养元素供给；肉类和奶类生产部门发生非熟练劳动力增进型技术进步则会降低人均热量和人均蛋白质的有效供给。

政策启示如下：

(1) 在中国农村劳动力短缺及耕地有限的背景下，技术进步是保证农产品增产的有效手段。而土地和非熟练劳动力增进型技术进步能够最大限度地促进我国农产品增产。在农业生产中，提高土地生产效率的手段主要包括套种、轮作以及推广测土配方施肥，在保持土壤肥力的同时提高土地生产效率。在提高非熟练劳动力生产效率方面，对非熟练劳动力进行培训、推广现代耕作技术是提高非熟练劳动力生产效率的重要手段。因此，应推广新型耕作模式及科学的施肥技术，从而提高土地生产效率。与此同时，政府应组织农户进行技术培训，推广现代耕作技术，提高非熟练劳动力生产效率。

(2) 在考虑营养供给的情况下，要素增进型技术进步对粮食安全的影响与只考虑农产品产量的结论相似。在大多数情况下，就土地增进型和非熟练劳动力增进型技术进步而言，无论技术进步来自哪个农业生产部门，均能有效提高三种人均营养元素的供给。基于此，在考虑营养供给时的政策含义与仅考虑农产品产量的政策含义基本一致，即在技术进步路径选择上应选择土地增进型及非熟练劳动力增进型技术进步，从而最大限度地保障国内营养供给安全。

本章的边际贡献在于：在界定中国粮食安全指标时，同时考虑粮食产量与营养供给指标；同时，对农业生产要素进行进一步细分，并比较农业技术进步路径对中国粮食安全的影响。与此同时，本章的研究还存在一定的局限性，仅从比较静态的视角考察了要素增进型技术进步对粮食安全的影响，而未探究动态条件下要素增进型技术进步对粮食安全的影响。

第十章 CGE 模型应用：技术进步与收入分配

第一节 引 言

得益于算法、海量数据和硬件计算能力的协同迭代与显著跃升，人工智能迎来了发展的新高潮。当前，世界主要经济体均在大力发展和推广人工智能，而中国已将人工智能视为经济发展的重要新引擎。国务院印发的《新一代人工智能发展规划》提出，到 2030 年，人工智能理论、技术与应用总体达到世界领先水平。2017 年 12 月，工业和信息化部印发《促进新一代人工智能产业发展三年行动计划(2018—2020 年)》并指出，要将新一代人工智能技术的产业化和集成应用作为重点，推进人工智能和制造业的深度融合，加快制造强国和网络强国的建设进程。美国总统特朗普于 2019 年 2 月签署了《美国人工智能倡议》行政命令，该倡议从投资、人才培养、资源分配、标准建设等多视角对美国人工智能的发展进行了阐述。可以预见，未来一段时间内，人工智能将在多个领域持续快速发展，成为推动科技进步与经济社会变革的重要力量。近年来，人工智能技术在公共卫生、智能制造、远程服务等领域的广泛应用，展现了其在提升社会治理能力和优化资源配置方面的巨大潜力。特别是在应对突发事件和缓解结构性劳动力短缺方面，人工智能为构建更具韧性的社会运行机制提供了可行路径。随着技术不断成熟，其对经济运行方式、就业结构及社会管理体系的深刻影响将进一步显现。人工智能在世界范围的应用已成为必然趋势，而人工智能的应用所带来的经济效应也是不容忽视的。对此，早在 2017 年 9 月，美国国家经济研究局(National Bureau of Economic Research，NBER)就主办了“人工智能的经济学”会议，并讨论了人工智能对经济增长、就业、收入分配等多方面的影响(Aghion et al.，2017；Brynjolfsson et al.，2014；Stiglitz and Korinek，2017)。

在人工智能高速发展的背景下，“机器替代人”的顾虑在实业界和学术领域再次引发了热议。相关研究表明，人工智能对人的替代效应可能比以往任何一种技术进步都要显著(曹静和周亚林，2018)。其背后的原因在于，人工智能的发展会导致自动化成本的显著下降，从而引发生产活动中机器对人类劳动的替代。对此，根据世界银行的统计，2013 年 50 多个国家中 57%的工作受到了自动化的冲击(Manyika et al.，2017)。Frey 和 Osborne(2017)的研究也发现，美国 47%的劳动岗位存在较高被替代的风险，具体涉及交通运输、后勤服务、办公文员等岗位。那么，人工智能的应用对中国不同类型的要素报酬会产生何种冲击？这将是本章重点讨论的议题。

当前，关于人工智能或自动化对要素报酬影响的研究结论尚存在争议。根据熊彼特的创新理论，技术创新和生产率的提高会在短期增加对生产新产品所需生产要素的需求，但工艺创新的节约效应会导致劳动需求的下降，最终导致失业率的增加和劳动要素报酬的减少。相关研究结果也表明，作为技术进步的一种形式，人工智能可能对劳动要素报酬具有显著的负向影响(DeCanio，2016)。Acemoglu 和 Restrepo(2020)进一步研究发现，制造业中工业机器人的应用对制造业劳动要素报酬具有较强的负面影响。另一些研究则持有不同的观点，如 Autor(2015)认为自动化对劳动力确实存在一定的替代作用，但自动化与劳动要素之间也具有较强的互补性，且这种互补性对劳动要素报酬具有正向效应①。例如，新技术的引进与应用可能会引起补充任务的产生(例如，控制、编程和维护)，从而形成新的就业机会，并提高劳动要素报酬(Acemoglu and Restrepo，2020)。此外，Vermeulen 等(2018)的研究发现，随着自动化成本的下降，在非自动化任务中对劳动力的需求也会增加。

通过对相关文献的梳理可知，目前人工智能对要素报酬的影响尚未得到一致的结论。为了解释上述分歧，首先需要对人工智能的内涵进行解读。

(1) 人工智能是实现自动化的一种手段，本质上仍然是技术进步的一种形式。对于生产过程而言，自动化的实现主要是通过使用机器，从而降低对部分劳动要素的需求(Autor et al.，2003)。同样地，在 Hémous 和 Olsen(2022)构建的模型中，自动化表现为机器对劳动要素的替代。人工智能和自动化一样，均会引起生产过程中的资本效率提升与单位产出增加。换言之，人工智能与自动化通常以资本的形式投入生产过程，并提高了单位产出。

(2) 与传统自动化不同，目前的人工智能技术能更加优质、高效地完成部分任务，如蔬果采摘②、信息检索、处理库存、翻译复杂文档③、编写业务报告、创作诗歌④、创作音乐⑤和诊断疾病⑥等。且随着科技的发展，人工智能在上述任务中的表现也将更加出色。

综上，本章认为人工智能的内涵包括两个层面：①人工智能是技术进步的一

---

① 针对农业部门的生产活动而言，自动化无法完全替代人工劳动，如部分粮食的播种和采摘环节，考虑到粮食的成活率以及采摘质量，必须投入部分人工劳动。

② 尽管机械化在美国农业中运用得十分广泛，但由于蔬果具有易损伤的特点，多年来主要采用人工与机械协作采摘的方式。最近，由剑桥大学工程师开发的机器人(Vegebot)为高效完成蔬果采摘提供了可能。

③ 如 Skype Translator 实时语音翻译、腾讯翻译君、Google Translator。

④ 由清华大学计算机系自然语言处理与社会人文计算实验室研发的自动诗歌生成系统“九歌”，能够创作集句诗、近体诗、藏头诗等不同体裁的诗歌。

⑤ 2018 年 9 月 9 日，人工智能音乐创作领域的领先创业公司 AIVA Technologies 发布了运用人工智能创作的中国风音乐专辑《艾娲》。

⑥ 人工智能已被应用于分析医学影像，辅助医生识别肿瘤、病变等。

种表现形式，且主要体现为资本生产率的提高，即资本增进型技术进步；②人工智能的发展和应用逐渐打破了资本和劳动力之间的替代边界，在本章中体现为资本-劳动力替代弹性的增加。

根据前文的分析，人工智能是资本增进型技术进步的一种表现形式。那么，资本增进型技术进步对要素报酬的影响如何呢？事实上，Acemoglu(2002)已从理论上论证了偏向性技术进步与要素报酬变动之间的关联性。其研究发现，技术进步的要素报酬分配效应主要取决于技术进步方向与要素替代弹性：当要素替代弹性小于 1(要素间为互补关系)时，劳动力(资本)增进型技术进步将导致资本(劳动力)要素的收入份额上升；当要素替代弹性大于 1(要素间为替代关系)时，劳动力(资本)增进型技术进步将导致劳动力(资本)要素的收入份额上升。在这一过程中，价格效应和市场规模效应会同时发挥作用。其中，价格效应会鼓励技术创新偏向稀缺要素的方向发展,市场规模效应则会鼓励技术创新偏向丰富要素的方向发展，在上述传导路径中，要素替代弹性的大小决定了这两种效应的相对强弱，进而决定了技术进步对要素报酬的作用方向。基于 Acemoglu(2002)的分析框架，国内学者也针对偏向性技术进步对中国要素报酬的影响展开了讨论。例如，陆菁和刘毅群(2016)的研究发现，中国工业部门整体的要素替代弹性大于 1，所以资本增进型技术进步对资本报酬份额的增加具有正向促进作用。另一些学者对要素替代弹性的测算结果表明，中国的要素替代弹性小于 1，且技术进步体现为劳动力增进型技术进步，所以导致资本报酬份额的上升以及劳动力报酬份额的下降(郝枫和盛卫燕，2014)。白重恩等(2008)的研究结果则表明，中国工业部门的要素替代弹性为 1，此时技术进步对资本和劳动力要素报酬均没有显著的影响。

因此，基于 Acemoglu(2002)等的研究可以得出推论，如果仅存在劳动力和资本两种生产要素，且技术进步表现为资本增进型技术进步，那么，劳动力报酬的变动将取决于劳动力-资本的要素替代弹性的大小。具体而言，当要素替代弹性小于 1 时，资本增进型技术进步将导致劳动力报酬增加；当要素替代弹性大于 1 时，资本增进型技术进步则会导致劳动力报酬减少。结合前文的分析，在本章中，人工智能主要体现为资本增进型技术进步，同时，人工智能逐渐打破了资本和劳动力要素之间的替代边界，在本章的分析中体现为资本-劳动力替代弹性的增加。综上，我们可以预期，随着人工智能的发展，中国劳动力报酬受到的负面冲击可能会逐渐增强。然而上述研究尚存在待改进之处，具体来说，Acemoglu(2002)的分析框架仅针对两种生产要素展开了探讨，且未考虑不同行业、不同经济主体间交互效应对要素报酬的影响。基于以上考虑，本章拟进一步对生产要素类型进行细分，并利用可计算一般均衡模型框架模拟分析人工智能对中国要素报酬分配的影响。综上，本章结构安排如下：第二节对模型及数据进行介绍，第三节对模拟结果展开分析，第四节为结论性评述。

第二节　标准 GTAP 模型、数据与模拟方案

一、模型介绍

为了探究人工智能对中国要素报酬分配的影响，本章将采用 GTAP 模型，且在 GAMS 软件中实现模拟。GTAP 模型是由美国普渡大学所开发的多区域可计算一般均衡模型。标准 GTAP 模型则是通过建立描述不同国家(或地区)生产、消费、政府支出等行为的子模型，再根据国家(地区)间的贸易关系，将子模型整合为多区域、多部门的一般均衡模型。在 GTAP 模型中，产品的生产模块中采用嵌套的 CES 生产函数。在本章选取的 GTAP 模型中，生产要素包含资本、熟练劳动力、非熟练劳动力、土地和自然资源五类。其中，资本、熟练劳动力、非熟练劳动力以及土地要素设定为可自由流动或部分流动。本章所采用的标准 GTAP 模型包含 57 个部门和 140 个地区，为了简化模拟结果，本章将模型中所包含的 140 个地区合并为 12 个国家或区域。

在 GTAP 模型中，生产函数采用嵌套的 CES 生产函数形式，这既满足规模报酬不变的假设，也体现了不同初始投入要素之间的替代关系。如图 10-1 所示，总产出(变量为 XP)由增加值(变量为 VA)和中间投入需求(ND)两部分生成，并构成第一层嵌套；增加值由自然资源、土地、资本、劳动力所生成，并构成第二层嵌套；进一步地，劳动力由熟练劳动力与非熟练劳动力所生成，从而构成第三层嵌套。且上述各层嵌套结构均采用 CES 生产函数的形式。

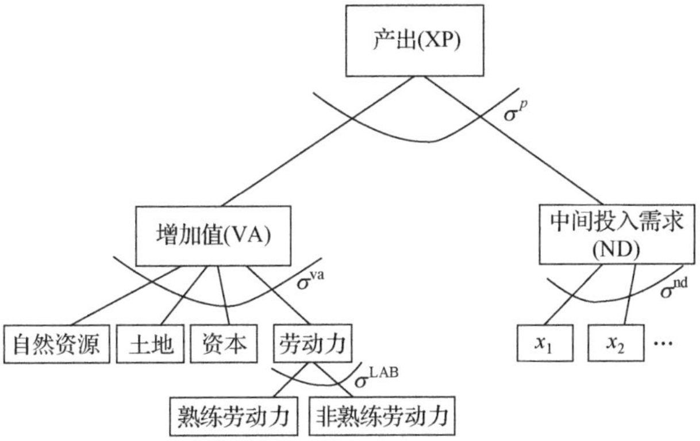

图 10-1　生产部门 CES 函数嵌套

资料来源：作者参考 van der Mensbrugghe(2018)的研究绘制所得。

根据 van der Mensbrugghe(2018)的研究，第一层嵌套结构中产出 XP 函数定义如下：

$$\mathrm{XP}_{r,a}=A_{r,a}^{\mathrm{xp}}\cdot\left[\alpha_{r,a}^{\mathrm{va}}\cdot(\lambda_{r,a}^{\mathrm{va}}\cdot\mathrm{VA}_{r,a})^{\frac{\sigma_{r,a}^{p}-1}{\sigma_{r,a}^{p}}}+\alpha_{r,a}^{\mathrm{nd}}\cdot(\lambda_{r,a}^{\mathrm{nd}}\cdot\mathrm{ND}_{r,a})^{\frac{\sigma_{r,a}^{p}-1}{\sigma_{r,a}^{p}}}\right]^{\frac{\sigma_{r,a}^{p}}{\sigma_{r,a}^{p}-1}} \tag{10-1}$$

式(10-1)为 CES 函数形式，体现了产出与增加值、中间投入需求之间的关系。其中，$A_{r,a}^{\mathrm{xp}}$ 为统一移位因子，表示总生产力水平的变化；$\sigma_{r,a}^{p}$ 为增加值与中间投入需求的替代弹性；$\alpha_{r,a}^{\mathrm{va}}$ 和 $\alpha_{r,a}^{\mathrm{nd}}$ 分别为增加值和中间投入需求的份额参数；$\lambda_{r,a}^{\mathrm{va}}$ 和 $\lambda_{r,a}^{\mathrm{nd}}$ 分别为增加值和中间投入需求的转换因子。根据利润最大化条件，可分别得到增加值和中间投入需求的公式如下：

$$\mathrm{VA}_{r,a}=\alpha_{r,a}^{\mathrm{va}}\mathrm{XP}_{r,a}\left(\frac{\mathrm{PX}_{r,a}}{\mathrm{PVA}_{r,a}}\right)^{\sigma_{r,a}^{p}}(A_{r,a}^{\mathrm{xp}}\lambda_{r,a}^{\mathrm{va}})^{\sigma_{r,a}^{p}-1} \tag{10-2}$$

$$\mathrm{ND}_{r,a}=\alpha_{r,a}^{\mathrm{nd}}\mathrm{XP}_{r,a}\left(\frac{\mathrm{PX}_{r,a}}{\mathrm{PND}_{r,a}}\right)^{\sigma_{r,a}^{p}}(A_{r,a}^{\mathrm{xp}}\lambda_{r,a}^{\mathrm{nd}})^{\sigma_{r,a}^{p}-1} \tag{10-3}$$

式中，$\mathrm{PVA}_{r,a}$ 和 $\mathrm{PND}_{r,a}$ 分别表示在 r 地区内 a 活动所对应的增加值价格和中间投入需求价格；$\mathrm{PX}_{r,a}$ 表示生产函数嵌套(图 10-1)中产出 XP 所对应的价格。根据规模报酬不变的假定，产出价格 PX 等于单位产出成本，可进一步得到

$$\mathrm{PX}_{r,a}=\frac{1}{A_{r,a}^{\mathrm{xp}}}\left[\alpha_{r,a}^{\mathrm{va}}\left(\frac{\mathrm{PVA}_{r,a}}{\lambda_{r,a}^{\mathrm{va}}}\right)^{1-\sigma_{r,a}^{p}}+\alpha_{r,a}^{\mathrm{nd}}\left(\frac{\mathrm{PND}_{r,a}}{\lambda_{r,a}^{\mathrm{nd}}}\right)^{1-\sigma_{r,a}^{p}}\right]^{\frac{1}{1-\sigma_{r,a}^{p}}} \tag{10-4}$$

同理，在第二层嵌套结构中，根据利润最大化原则，可分别得到生产要素 f 的需求 $\mathrm{XF}_{r,f,a}^{d}$ 和分行业中间投入品需求 $\mathrm{XA}_{r,i,a}$ 的定义如下：

$$\mathrm{XF}_{r,f,a}^{d}=\alpha_{r,f,a}^{f}\mathrm{VA}_{r,a}\left(\frac{\mathrm{PVA}_{r,a}}{\mathrm{PF}_{r,f,a}^{a}}\right)^{\sigma_{r,a}^{v}}(\lambda_{r,f,a}^{f})^{\sigma_{r,a}^{v}-1} \tag{10-5}$$

$$\mathrm{XA}_{r,i,a}=\alpha_{r,i,a}^{\mathrm{io}}\mathrm{ND}_{r,a}\left(\frac{\mathrm{PND}_{r,a}}{\mathrm{PA}_{r,i,a}}\right)^{\sigma_{r,a}^{\mathrm{nd}}}(\lambda_{r,i,a}^{\mathrm{io}})^{\sigma_{r,a}^{\mathrm{nd}}-1} \tag{10-6}$$

式中，$\mathrm{XF}_{r,f,a}^{d}$ 表示 r 地区 a 活动中对 f 要素的需求量；$\mathrm{XA}_{r,i,a}$ 表示 r 地区 a 活动中对商品 i 的中间投入需求；$\sigma_{r,a}^{v}$ 表示第二层嵌套结构中不同生产要素间的替代弹性(如资本与加总劳动力)；$\lambda_{r,f,a}^{f}$ 表示 f 要素的技术转换因子；$\lambda_{r,i,a}^{\mathrm{io}}$ 表示中间投入需求的技术转换因子；$\alpha_{r,i,a}^{\mathrm{io}}$ 是一个权重参数，反映了不同商品在特定地区和生产活动中的相对重要性。如果 $\alpha_{r,i,a}^{\mathrm{io}}$ 的值较低，说明商品 i 在生产活动 a 中的重要

性相对较小，生产可以通过其他替代品实现。反之，则表明商品 i 对活动 a 的中间投入需求贡献显著，生产时所需的商品 i 的资源占比高。在可计算一般均衡模型中，通过改变相应 f 要素的技术转换因子 $\lambda_{r,f,a}^{f}$ 的数值，即可模拟资本(或其他要素)增进型技术进步的冲击。进一步地，增加值的价格 $\mathrm{PVA}_{r,a}$ 和中间投入需求价格 $\mathrm{PND}_{r,a}$ 函数定义如下：

$$\mathrm{PVA}_{r,a}=\left[\sum_{f}\alpha_{r,f,a}^{f}\left(\frac{\mathrm{PF}_{r,f,a}^{a}}{\lambda_{r,f,a}^{f}}\right)^{1-\sigma_{r,f,a}^{v}}\right]^{1/(1-\sigma_{r,a}^{v})} \tag{10-7}$$

$$\mathrm{PND}_{r,a}=\left[\sum_{i}\alpha_{r,f,a}^{\mathrm{io}}\left(\frac{\mathrm{PA}_{r,i,a}}{\lambda_{r,f,a}^{\mathrm{io}}}\right)^{1-\sigma_{r,a}^{\mathrm{nd}}}\right]^{1/(1-\sigma_{r,a}^{\mathrm{nd}})} \tag{10-8}$$

同样地，在第三层嵌套结构中，劳动力要素进一步细分为熟练和非熟练劳动力。相对应的要素需求函数定义如下：

$$\mathrm{XF}_{r,\mathrm{SkLab},a}^{d}=\alpha_{r,\mathrm{SkLab},a}^{\mathrm{SkLab}}\mathrm{XF}_{r,\mathrm{Lab},a}^{d}\left(\frac{\mathrm{PF}_{r,\mathrm{Lab},a}^{a}}{\mathrm{PF}_{r,\mathrm{SkLab},a}^{a}}\right)(\lambda_{r,\mathrm{SkLab},a}^{\mathrm{SkLab}})^{\sigma_{r,a}^{\mathrm{Lab}}-1} \tag{10-9}$$

$$\mathrm{XF}_{r,\mathrm{UnskLab},a}^{d}=\alpha_{r,\mathrm{UnskLab},a}^{\mathrm{UnskLab}}\mathrm{XF}_{r,\mathrm{Lab},a}^{d}\left(\frac{\mathrm{PF}_{r,\mathrm{Lab},a}^{a}}{\mathrm{PF}_{r,\mathrm{UnskLab},a}^{a}}\right)(\lambda_{r,\mathrm{UnskLab},a}^{\mathrm{UnskLab}})^{\sigma_{r,a}^{\mathrm{Lab}}-1} \tag{10-10}$$

式中，$\mathrm{XF}_{r,\mathrm{SkLab},a}^{d}$ 和 $\mathrm{XF}_{r,\mathrm{UnskLab},a}^{d}$ 分别表示 r 地区 a 活动中对熟练和非熟练劳动力的需求；$\mathrm{XF}_{r,\mathrm{Lab},a}^{d}$ 和 $\mathrm{PF}_{r,\mathrm{Lab},a}^{d}$ 分别表示 r 地区 a 活动中加总劳动力的需求和价格；$\mathrm{PF}_{r,\mathrm{SkLab},a}^{d}$ 和 $\mathrm{PF}_{r,\mathrm{UnskLab},a}^{d}$ 分别表示 r 地区 a 活动中熟练和非熟练劳动力的价格；$\sigma_{r,a}^{\mathrm{Lab}}$ 则表示熟练与非熟练劳动力间的替代弹性；$\lambda_{r,\mathrm{SkLab},a}^{\mathrm{SkLab}}$ 和 $\lambda_{r,\mathrm{UnskLab},a}^{\mathrm{UnskLab}}$ 分别表示熟练和非熟练劳动力的技术转换因子。

在标准 GTAP 模型中，要素市场中的生产要素可分为两类：第一类为部分或完全流动要素(fm)，此类要素供给满足 CET 函数，且要素转换弹性的取值范围为 0～∞；第二类为不可流动要素(fnm)，此类要素供给服从向上倾斜的供给曲线，其对应的要素转换弹性固定为 0。在模型的默认设置中，资本和劳动力要素在部门之间为完全流动，土地要素在部门之间为部分流动，而自然资源要素则是不可流动的。具体来说，标准 GTAP 模型中，将流动要素 fm 的总供给 $\mathrm{XFT}_{r,\mathrm{fm}}$ 定义如下：

$$\mathrm{XFT}_{r,\mathrm{fm}}=A_{r,\mathrm{fm}}^{\mathrm{ft}}\left(\frac{\mathrm{PFT}_{r,\mathrm{fm}}}{\mathrm{PABS}_{r}}\right)^{\eta_{r,\mathrm{fm}}^{\mathrm{ft}}} \tag{10-11}$$

式中，$A_{r,\mathrm{fm}}^{\mathrm{ft}}$ 是一个技术系数，表示在 r 地区流动要素 fm 的技术效率，反映了技术水平；$PFT_{r,fm}$ 表示 r 地区流动要素 fm 的价格；$PABS_r$ 为 r 地区国内吸收(domestic absorption)的价格指数；$\eta^{ft}_{r,fm}$ 为 r 地区流动要素 fm 的供给弹性。特定行业对应的要素供给函数则如式(10-12)所示：

$$\begin{cases} XF^s_{r,fm,a} = \gamma^f_{r,fm,a} XFT_{r,fm} \left(\dfrac{PF^y_{r,fm,a}}{PFT_{r,fm}} \right)^{\omega^f_{r,fm}}, & \omega^f_{r,fm} \neq \infty \\ PF^y_{r,fm,a} = PFT_{r,fm}, & \omega^f_{r,fm} = \infty \\ XF^s_{r,fnm,a} = \gamma^f_{r,fnm,a} \left(\dfrac{PF^y_{r,fnm,a}}{PABS_r} \right)^{\eta^{ff}_{r,fnm}} \end{cases} \tag{10-12}$$

如式(10-12)所示，第一行为部分流动要素(土地)的供给函数定义，第二行为完全流动要素(资本和劳动力要素)的供给函数定义，第三行则为不可流动要素(如自然资源)的供给函数定义。其中，$XF^s_{r,fm,a}$ 和 $XF^s_{r,fnm,a}$ 分别表示 r 地区 a 活动可流动要素(fm)和不可流动要素(fnm)的供给量；$PF^y_{r,fm,a}$ 和 $PF^y_{r,fnm,a}$ 分别表示 r 地区 a 活动中可流动要素和不可流动要素的价格；$PFT_{r,fm}$ 表示 r 地区加总流动要素的价格；$\eta^{ff}_{r,fnm}$ 为不可流动要素的供给弹性；$\omega^f_{r,fm}$ 为流动要素的转换弹性。

其中，经过税收调整后的要素购买者价格 $PF^a_{r,f,a}$ 可定义如下：

$$PF^a_{r,f,a} = PF_{r,f,a}(1 + \tau^{ft}_{r,f,a} + \tau^{fs}_{r,f,a}) \tag{10-13}$$

式中，$PF^a_{r,f,a}$、$\tau^{ft}_{r,f,a}$、$\tau^{fs}_{r,f,a}$ 分别表示 r 地区 a 活动中 f 要素的均衡价格、生产税率、补贴率；$PF_{r,f,a}$ 为 r 地区 a 活动中 f 要素的未含税或补贴的基础价格。由此，可将要素 f 的报酬定义如下：

$$Income_f = XF^d_{r,f,a} \cdot PF^a_{r,f,a} \tag{10-14}$$

综上，在决定要素报酬的因素中，GTAP 模型中与 Acemoglu(2002)的分析框架中相匹配的因素包括：f 要素的技术转换因子 $\lambda^f_{r,f,a}$、第二层嵌套结构中不同生产要素间的替代弹性 $\sigma^v_{r,a}$ 以及第三层嵌套结构中的熟练与非熟练劳动力要素间的替代弹性 $\sigma^{Lab}_{r,a}$。结合前文的分析，本章拟通过调整 GTAP 模型中的上述参数值来实现人工智能对中国要素报酬冲击的模拟。

二、宏观闭合与模拟情景的设置

(一) 宏观闭合的设置

在进行政策模拟之前，需要对标准 GTAP 模型的宏观闭合进行设置。宏观闭合实际上确定了模型中的内生和外生变量，从而决定了模型的因果方向，所以对模拟结果有着举足轻重的影响。本章选定的宏观闭合设置如下：在储蓄国外闭合中，储蓄在不同区域的分配均满足经风险调整后预期收益率等于全球收益率的条件；在政府账户闭合中，政府税率由外生给定，同时基于效用函数将区域收入中的特定份额分配给政府部门用于消费；在私人消费和储蓄闭合中，私人消费和区域储蓄的预算份额均可灵活调整；最后，汇率设定为区域价格基准。

(二) 模拟情景的设置

如前文所述，本章中人工智能的内涵包含两个层面：首先，人工智能体现为资本增进型技术进步，即主要显著提升了资本的生产效率；其次，人工智能的发展会导致资本-劳动力要素替代弹性的增加，在此定义为人工智能的深化[①]。在运用标准 GTAP 模型进行模拟时，本章通过改变式(10-5)中资本要素所对应的技术转换因子 $\lambda_{r,f,a}^{f}$，即可模拟资本增进型技术进步冲击的影响；通过改变第二层嵌套结构中不同生产要素间的替代弹性 $\sigma_{r,a}^{v}$，即可分析资本-劳动力要素替代弹性变动的影响；此外，考虑到非熟练和熟练劳动力间互补或替代属性对劳动力要素报酬分配的影响，本章还将考察第三层嵌套结构中熟练与非熟练劳动力间替代弹性 $\sigma_{r,a}^{\text{Lab}}$ 变动对劳动力要素报酬的影响。综上，具体模拟情景设置如表 10-1 所示。

表 10-1　模拟情景设置

情景	资本增进型技术进步冲击的区域	参数设置		
		资本的技术转换因子	第三层嵌套结构中熟练与非熟练劳动力间的替代弹性	第二层嵌套结构中生产要素间的替代弹性
情景 1a	世界范围 (All)	1.05 或 1.1	0.2 或 1.8	0.2
情景 1b		1.05 或 1.1	0.2 或 1.8	0.6
情景 1c		1.05 或 1.1	0.2 或 1.8	1.0
情景 1d		1.05 或 1.1	0.2 或 1.8	1.4
情景 1e		1.05 或 1.1	0.2 或 1.8	1.8
情景 2a	仅中国 (China)	1.05 或 1.1	0.2 或 1.8	0.2
情景 2b		1.05 或 1.1	0.2 或 1.8	0.6
情景 2c		1.05 或 1.1	0.2 或 1.8	1.0
情景 2d		1.05 或 1.1	0.2 或 1.8	1.4
情景 2e		1.05 或 1.1	0.2 或 1.8	1.8

① 随着人工智能技术的进步，曾经无法被机器替代的具有创造性的工作在未来也可能被机器所取代，从而表现为资本-劳动力要素替代弹性的增加。在本章中，我们将其定义为人工智能的深化。

续表

情景	资本增进型技术进步冲击的区域	参数设置		
		资本的技术转换因子	第三层嵌套结构中熟练与非熟练劳动力间的替代弹性	第二层嵌套结构中生产要素间的替代弹性
情景 3a	仅美国(USA)	1.05 或 1.1	0.2 或 1.8	0.2
情景 3b		1.05 或 1.1	0.2 或 1.8	0.6
情景 3c		1.05 或 1.1	0.2 或 1.8	1.0
情景 3d		1.05 或 1.1	0.2 或 1.8	1.4
情景 3e		1.05 或 1.1	0.2 或 1.8	1.8
情景 4a	美国与中国(US_China)	1.05 或 1.1	0.2 或 1.8	0.2
情景 4b		1.05 或 1.1	0.2 或 1.8	0.6
情景 4c		1.05 或 1.1	0.2 或 1.8	1.0
情景 4d		1.05 或 1.1	0.2 或 1.8	1.4
情景 4e		1.05 或 1.1	0.2 或 1.8	1.8

如表 10-1 所示，本章在标准 GTAP 模型中引入资本增进型技术进步冲击。在此基础上，拟考察人工智能冲击深化、广度、强度等对要素报酬分配的影响。

(1) 本章以资本-加总劳动力替代弹性递增时资本增进型技术进步冲击的影响来模拟人工智能深化的影响。具体而言，第二层嵌套结构中生产要素间的替代弹性考虑了 0.2、0.6、1.0、1.4 和 1.8 共计五个取值。

(2) 为了分析人工智能冲击广度对结果的影响，模拟方案中分别考虑了世界范围(方案 1a～1e)、仅中国(方案 2a～2e)、仅美国(方案 3a～3e)、美国与中国(方案 4a～4e)发生资本增进型技术进步冲击的情形。

(3) 为了分析人工智能冲击强度对结果的影响，资本要素的技术转换因子考虑了 1.05 和 1.1 两个取值。

(4) 为了考察非熟练与熟练劳动力间互补或替代属性对结果的影响，非熟练与熟练劳动力的替代弹性分别考虑了 0.2 和 1.8 两个取值。

第三节　模拟结果分析

一、人工智能对世界范围要素报酬均值的影响

图 10-2 展示了相对于基准情景，人工智能冲击对世界范围要素报酬均值的影响。如图 10-2 所示，就世界平均要素报酬而言，人工智能的深化(资本-加总劳动力替代弹性的增加)是影响要素报酬的核心因素。具体而言，当世界范围[对应图 10-2(a)～图 10-2(d)]或仅中国[对应图 10-2(e)～图 10-2(h)]发生资本增进型技术

进步时，随着资本-劳动力要素替代弹性逐渐增加(人工智能的深化)，世界范围的资本报酬均值由下降变为上升，而非熟练和熟练劳动力报酬均值则由上升变为下降；当仅美国[对应图 10-2(i)～图 10-2(l)]发生资本增进型技术进步时，随着资本-劳动力要素替代弹性逐渐增加，世界范围的资本报酬均值由下降变为上升，而非熟练劳动力报酬均值由上升变为下降，熟练劳动力报酬均值始终增加但增幅有所下降；当中国和美国同时[对应图 10-2(m)～图 10-2(p)]发生资本增进型技术进步时，随着资本-劳动力要素替代弹性逐渐增加，世界范围的资本报酬均值由下降变为上升，而非熟练劳动力报酬均值则由上升变为下降，熟练劳动力报酬均值的变动则取决于非熟练与熟练劳动力的替代弹性的大小。因此，就世界范围而言，人工智能的深化有利于资本平均报酬的增加，而不利于劳动力平均报酬，同时，人工智能的广度对要素报酬的变动并不具有根本性的影响。

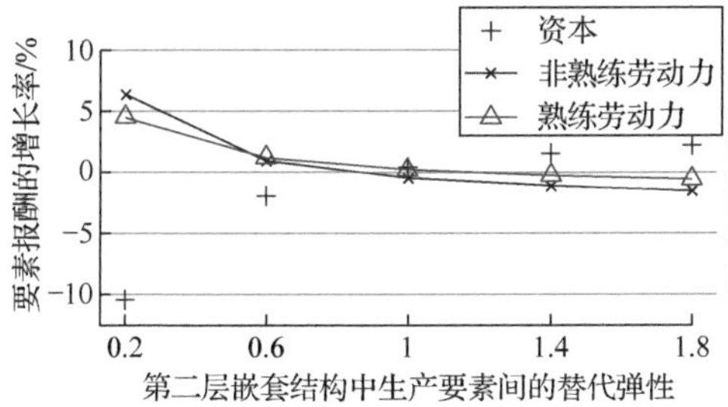

(a) (All,1.05,0.2)

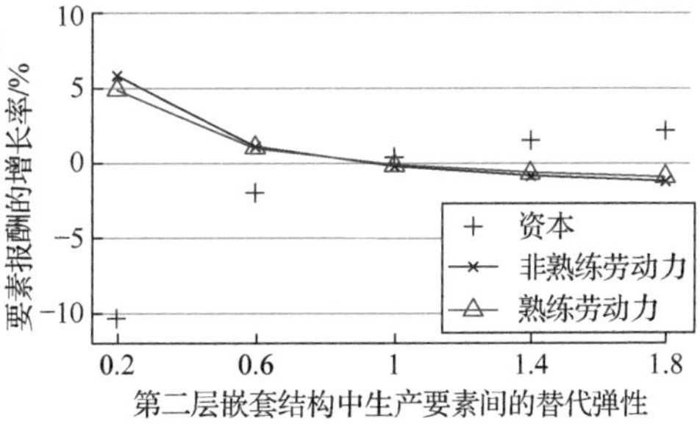

(b) (All,1.05,1.8)

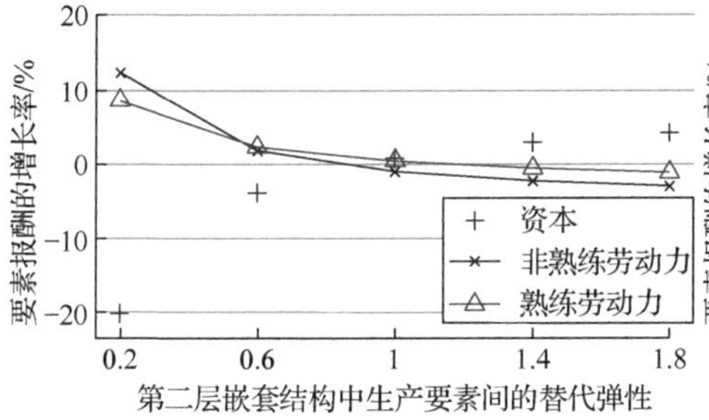

(c) (All,1.1,0.2)

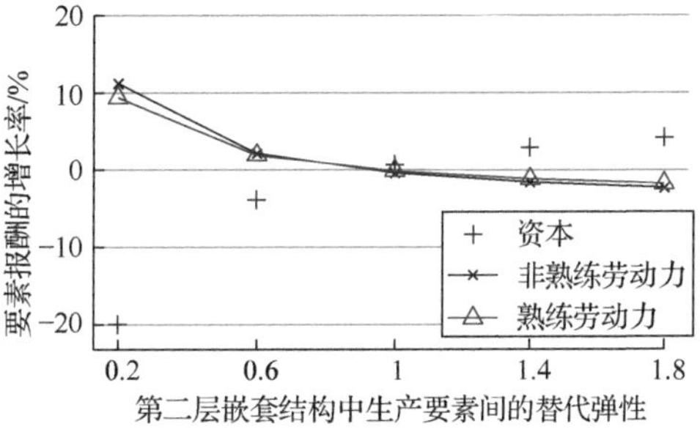

(d) (All,1.1,1.8)

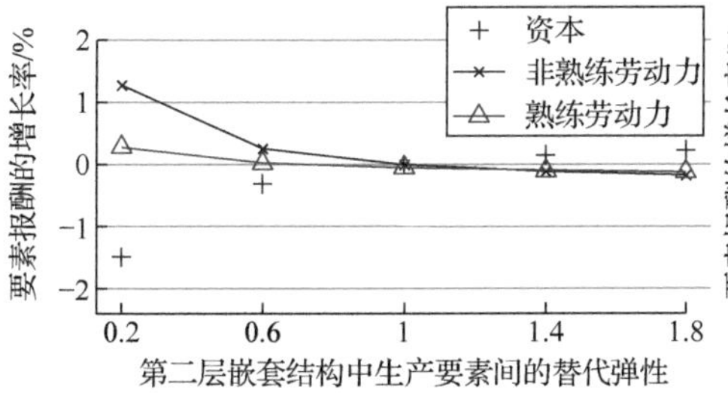

(e) (China,1.05,0.2)

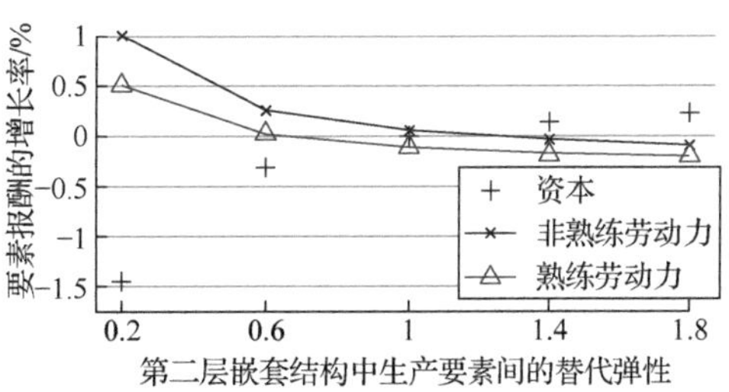

(f) (China,1.05,1.8)

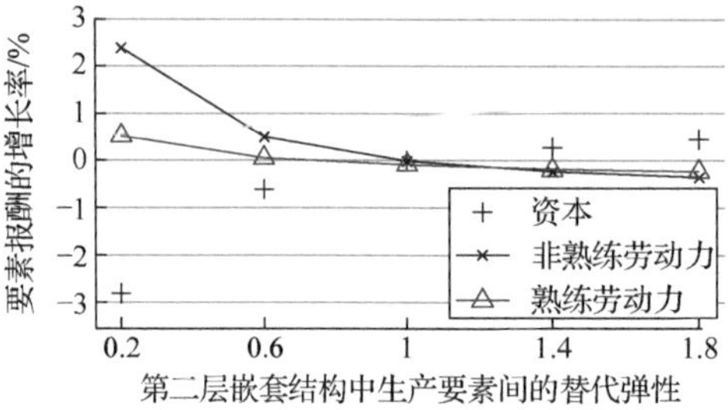

(g) (China,1.1,0.2)

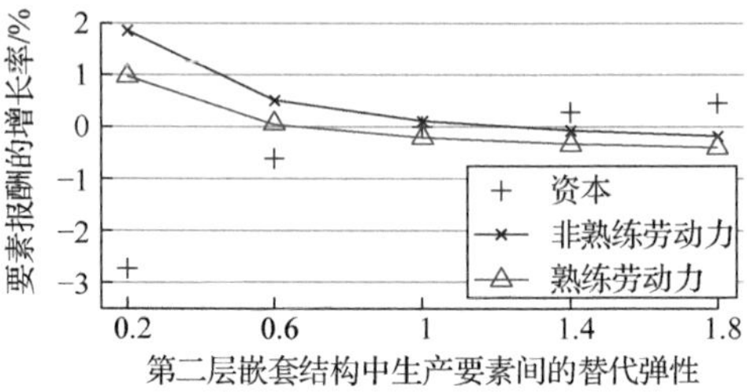

(h) (China,1.1,1.8)

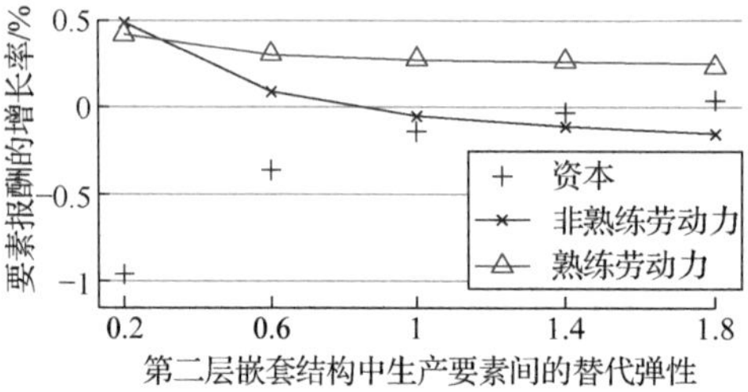

(i) (USA,1.05,0.2)

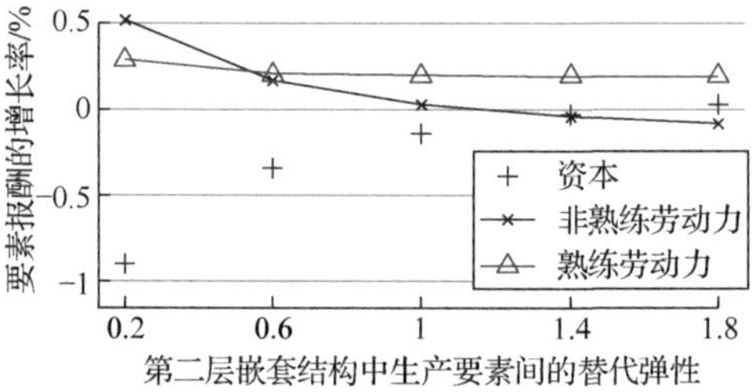

(j) (USA,1.05,1.8)

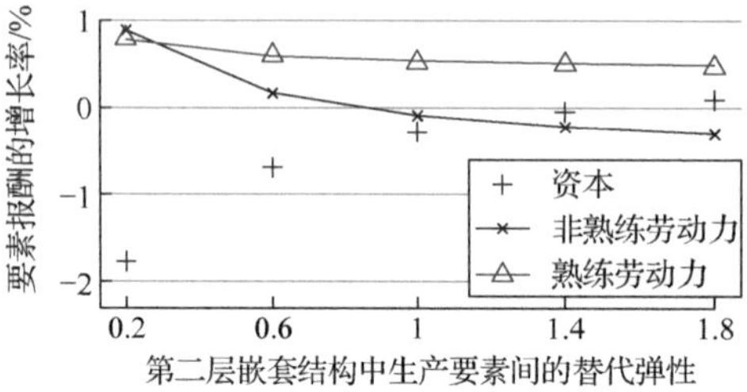

(k) (USA,1.1,0.2)

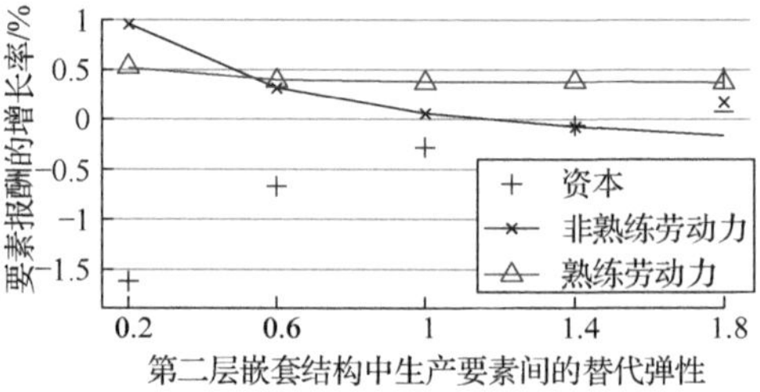

(l) (USA,1.1,1.8)

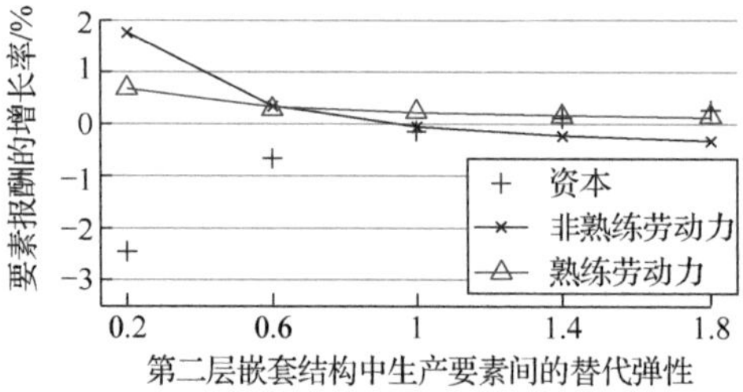

(m) (US_China,1.05,0.2)

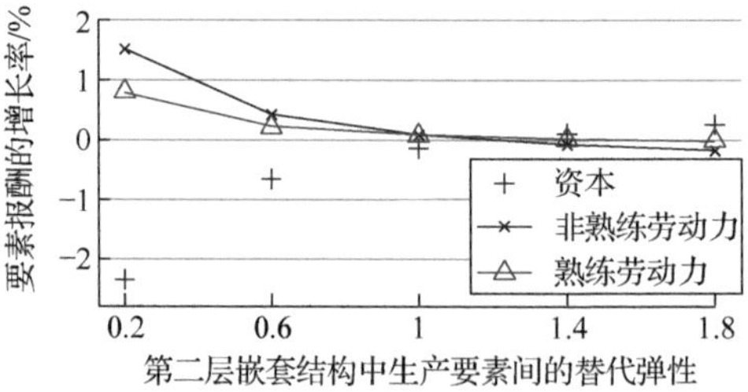

(n) (US_China,1.05,1.8)

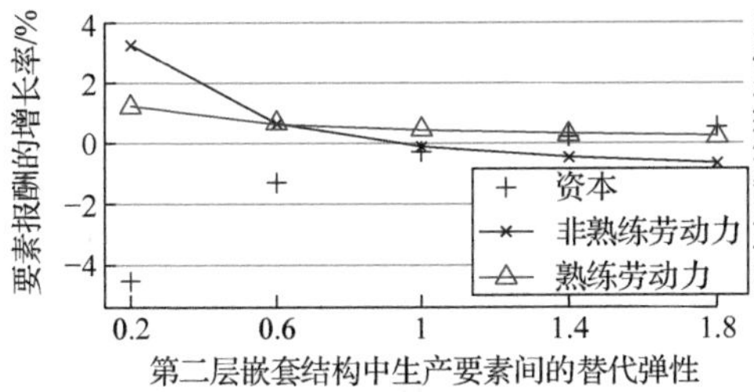

(o) (US_China,1.1,0.2)

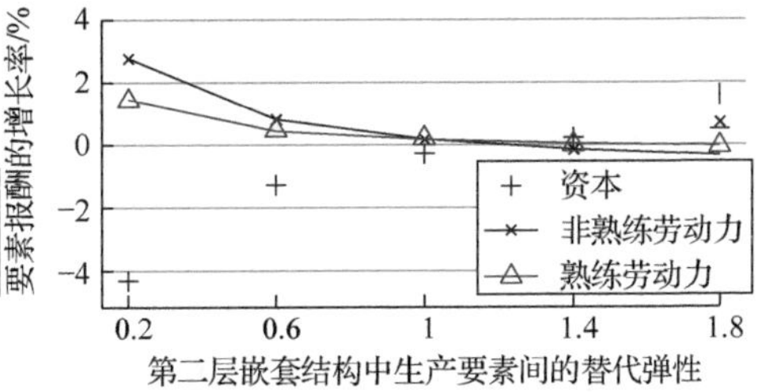

(p) (US_China,1.1,1.8)

图 10-2　世界范围要素报酬均值的增长率

在(#，##，###)中，#定义了资本增进型技术进步发生的区域，取值 All、China、USA、US_China；##定义了资本的技术转换因子，取值 1.05 和 1.1；###定义了非熟练与熟练劳动力的替代弹性，取值 0.2 和 1.8

此外，就世界范围的要素报酬而言，人工智能强度、非熟练与熟练劳动力替代弹性均不会从根本上影响人工智能深化的要素收入分配效应。

(1) 针对人工智能冲击强度的分析可知，技术进步率的变动不会影响人工智能冲击世界范围要素报酬的变动方向，但会影响要素报酬的变动幅度。具体来说，当仅中国地区发生技术进步时[对应图 10-2(e)～图 10-2(h)]，随着技术进步率由 1.05 增加到 1.1[图 10-2(e)与图 10-2(g)；图 10-2(f)与图 10-2(h)]，世界范围的资本、非熟练和熟练劳动力要素报酬相对于基准结果增长率的幅度更为显著。另外，当技术进步的发生地区变更为世界范围[对应图 10-2(a)～图 10-2(d)]、仅美国地区[对应图 10-2(i)～图 10-2(l)]以及中国和美国同时[对应图 10-2(m)～图 10-2(p)]受到冲击时，上述结论依然成立。因此，技术进步率(人工智能冲击强度)增加之后，模型的模拟结果依旧稳健。且随着技术进步率的提高，人工智能深化影响要素报酬变动的趋势依旧不会改变，而仅会加大要素报酬的变动幅度，即对图 10-2 中要素报酬的增长率曲线具有垂直拉伸效应。

(2) 非熟练与熟练劳动力替代弹性的变动不会影响人工智能深化冲击世界范围要素报酬的方向，但会影响图 10-2 中要素报酬增长率曲线的斜率。具体来说，当仅中国发生技术进步时[对应图 10-2(e)～图 10-2(h)]，随着非熟练与熟练劳动力要素替代弹性由 0.2 增加到 1.8[图 10-2(e)与图 10-2(f)；图 10-2(g)与图 10-2(h)]，世界范围资本和非熟练劳动力报酬增长率曲线的斜率变得更为平缓(相对于基准结果)，而熟练劳动力报酬增长率曲线的斜率则变得更为陡峭(相对于基准结果)。另外，当技术进步的发生地区变更为世界范围[对应图 10-2(a)～图 10-2(d)]，以及中国和美国同时[对应图 10-2(m)～图 10-2(p)]受到冲击时，上述结论依然成立。然而，当仅美国地区发生技术进步冲击时[对应图 10-2(i)～图 10-2(l)]，随着非熟练与熟练劳动力替代弹性的增加，世界范围资本、非熟练和熟练劳动力报酬增长率曲线的斜率则会变得更为平缓(相对于基准结果)。

二、人工智能对中国要素报酬的影响

图 10-3 展示了相对于基准情景，人工智能冲击对中国要素报酬的影响。就中国地区而言，人工智能的深化(资本-劳动力要素替代弹性逐渐增加)及广度均对中国的要素报酬具有显著的影响。具体而言，当世界范围[对应图 10-3(a)～图 10-3(d)]发生资本增进型技术进步时，随着资本-劳动力要素替代弹性逐渐增加(人工智能深化)，中国资本报酬由下降变为上升，非熟练和熟练劳动力报酬则由上升变为下降；当仅中国[对应图 10-3(e)～图 10-3(h)]、中国和美国同时[对应图 10-3(m)～图 10-3(p)]发生资本增进型技术进步时，随着资本-劳动力要素替代弹性逐渐增加，中国资本要素报酬由下降变为上升，非熟练和熟练劳动力要素报酬始终增加但增幅有所下降；而当仅美国[对应图 10-3(i)～图 10-3(l)]发生资本增进型技术进步时，随着资本-劳动力要素替代弹性逐渐增加，中国的资本、非熟练劳动力和熟练劳动力要素报酬变动趋势均由上升变为下降，也就是说，此时资本-加总劳动力替代弹性的增加既不利于中国的资本报酬，也不利于中国的劳动力报酬。

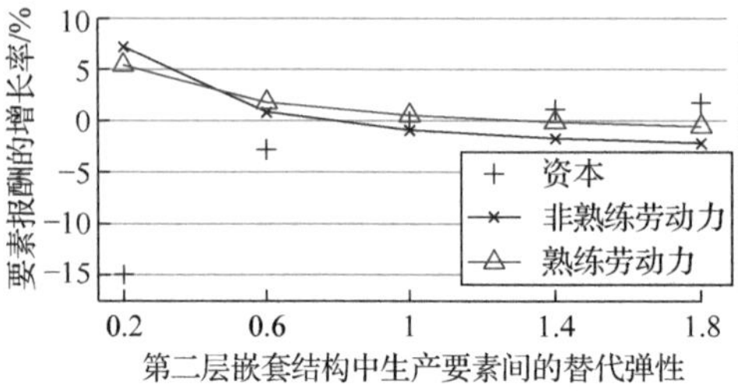

(a) (All,1.05,0.2)

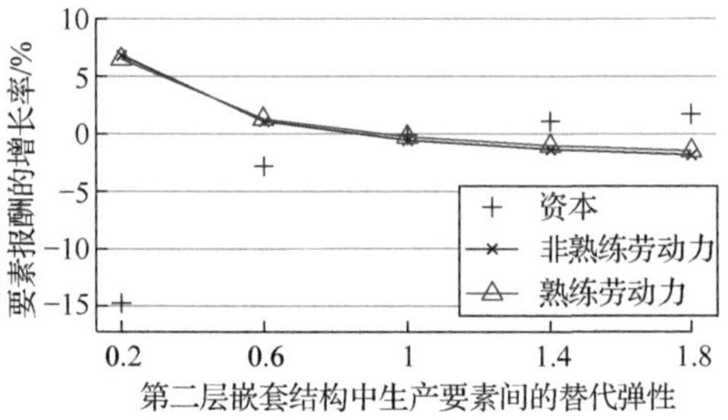

(b) (All,1.05,1.8)

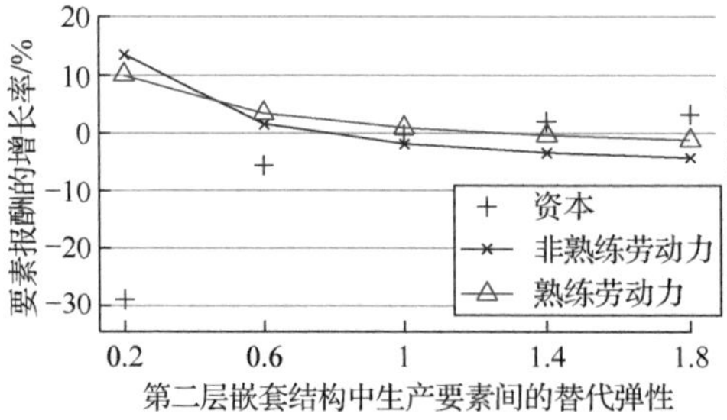

(c) (All,1.1,0.2)

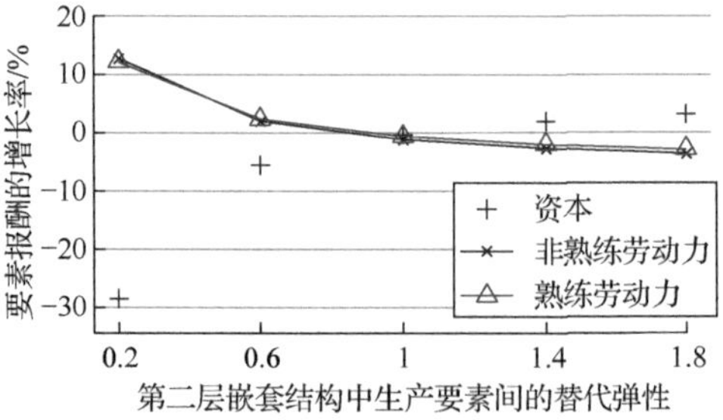

(d) (All,1.1,1.8)

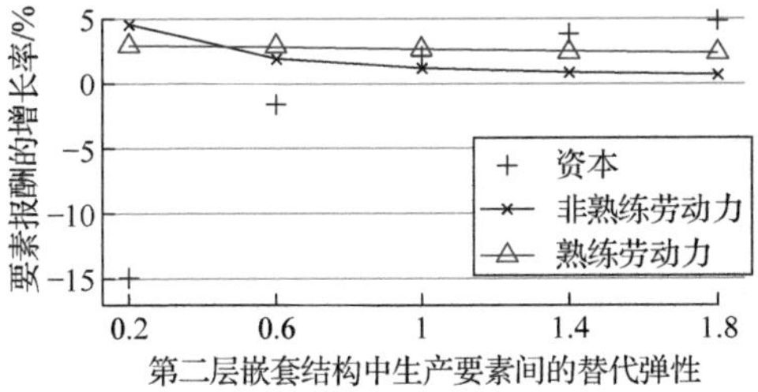

(e) (China,1.05,0.2)

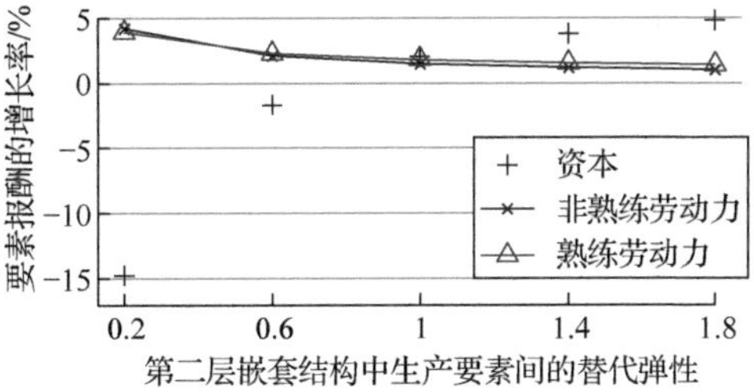

(f) (China,1.05,1.8)

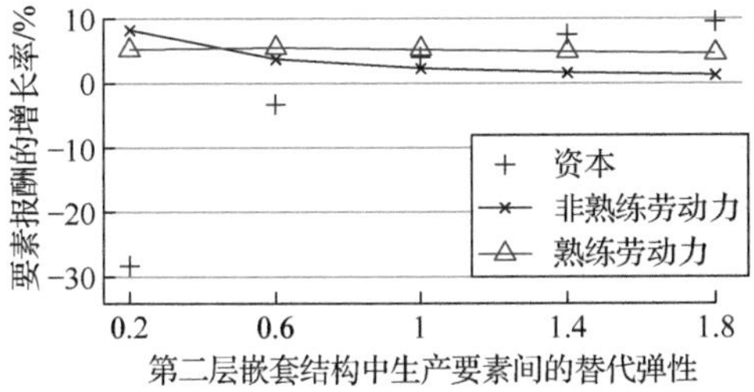

(g) (China,1.1,0.2)

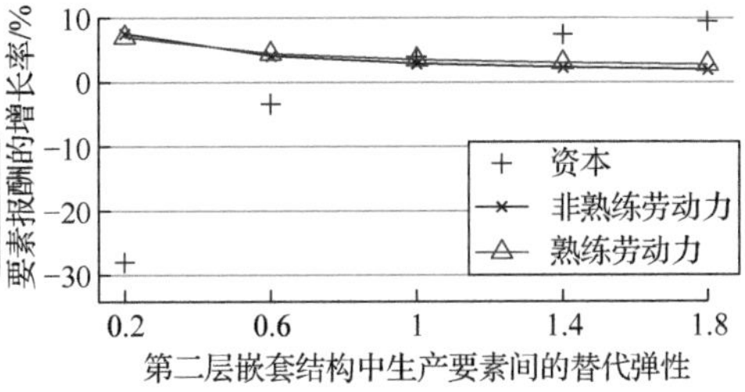

(h) (China,1.1,1.8)

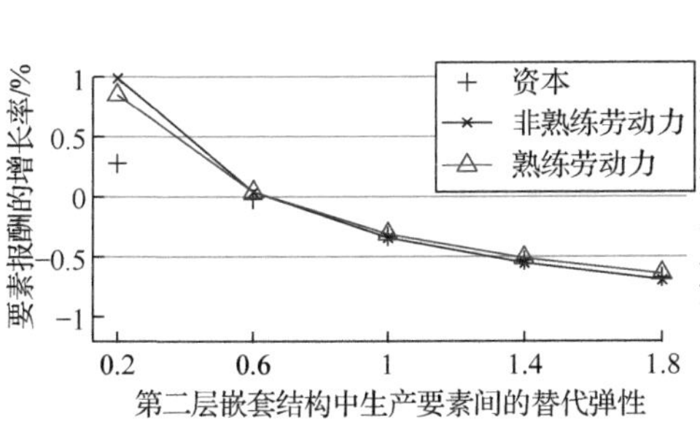

(i) (USA,1.05,0.2)

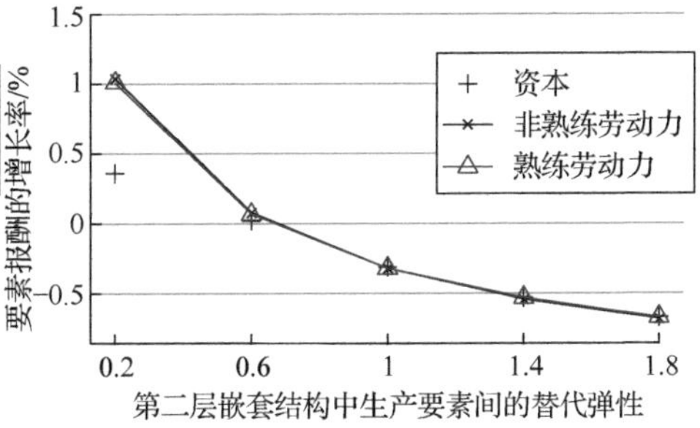

(j) (USA,1.05,1.8)

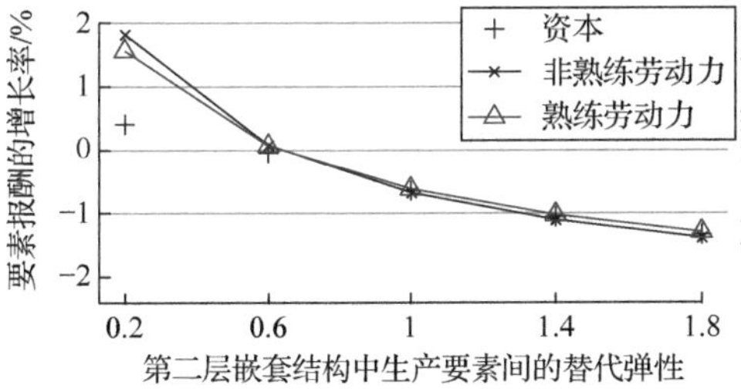

(k) (USA,1.1,0.2)

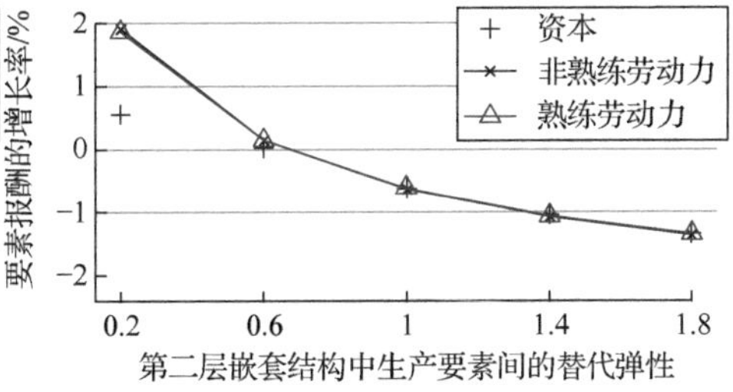

(l) (USA,1.1,1.8)

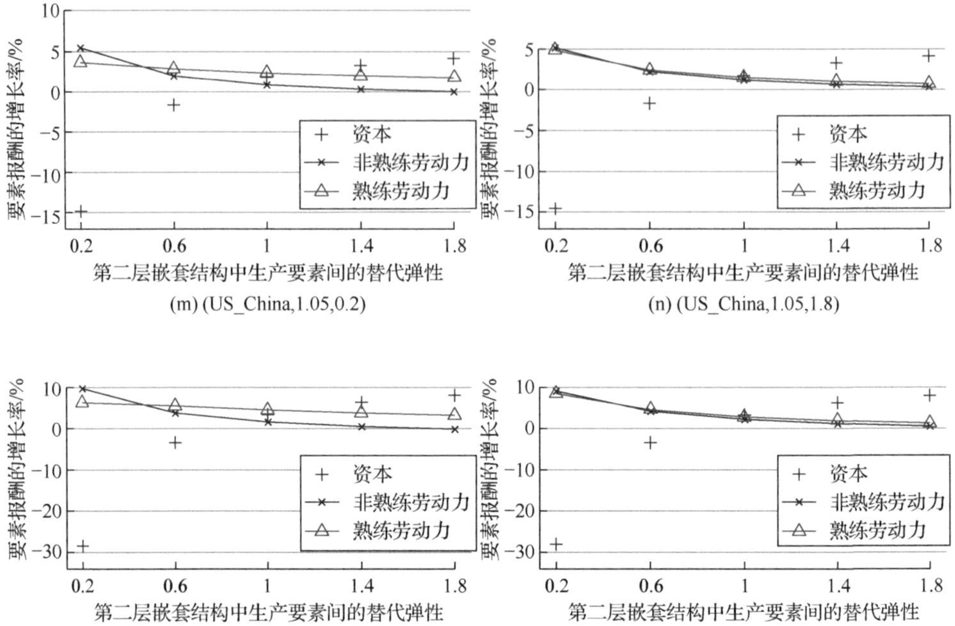

(m) (US_China,1.05,0.2)　(n) (US_China,1.05,1.8)

(o) (US_China,1.1,0.2)　(p) (US_China,1.1,1.8)

图 10-3　中国要素报酬的百分比变动

在(#，##，###)中，#定义了资本增进型技术进步发生的区域，取值 All、China、USA、US_China；##定义了资本的技术转换因子，取值 1.05 和 1.1；###定义了非熟练与熟练劳动力的替代弹性，取值 0.2 和 1.8

此外，研究表明，人工智能冲击的强度、熟练与熟练劳动力替代弹性均不会从根本上影响模拟结果。

(1) 根据对人工智能冲击强度的模拟结果分析可知，技术进步率的变动不会影响人工智能冲击中国要素报酬的变动方向，但会影响要素报酬变动的幅度。具体来说，当仅中国地区[对应图 10-3(e)～图 10-3(h)]受到技术进步冲击时，随着技术进步率由 1.05 增加到 1.1[图 10-3(e)与图 10-3(g)；图 10-3(f)与图 10-3(h)]，中国地区资本、非熟练和熟练劳动力要素报酬相对于基准结果增长率变动的幅度更为显著。当技术进步的发生地区变更为世界范围[对应图 10-3(a)～图 10-3(d)]、美国地区[对应图 10-3(i)～图 10-3(l)]以及中国和美国同时[对应图 10-3(m)～图 10-3(p)]受到冲击时，上述结论仍然成立。因此，技术进步率(人工智能冲击强度)增加之后，模型的模拟结果依旧稳健。进一步研究发现，随着技术进步率的提高，人工智能深化影响中国要素报酬的变动趋势不会发生变化，但会加大要素报酬的变动幅度，即对图 10-3 中要素报酬的变动曲线具有垂直拉伸效应。

(2) 非熟练与熟练劳动力替代弹性的变动不会影响人工智能深化冲击中国要素报酬的方向，但会影响图 10-3 中要素报酬变动曲线的斜率。具体来说，当仅世界范围[对应图 10-3(a)～图 10-3(d)]、中国以及中国和美国地区同时[对应图 10-3(m)～图 10-3(p)]发生技术进步冲击时，非熟练与熟练劳动力要素替代弹性由 0.2 增加到 1.8 之后，会使中国资本和非熟练劳动力报酬的增长率曲线(相对于基准结果)变得更为平缓，而熟练劳动力报酬的增长率曲线(相对于基准结果)则变得更为陡峭；当仅中国地区发生技术进步冲击时，非熟练与熟练劳动力要素替代弹性的增加会使中国熟练劳动力增长率曲线变得更为陡峭(相对于基准结果)，而资本和非熟练劳动力增长率曲线则变得平缓(相对于基准结果)；当仅美国地区发生技术进步冲击时[对应图 10-3(i)～图 10-3(l)]，非熟练与熟练劳动力要素替代弹性的增加，会使中国的资本、非熟练和熟练劳动力报酬的增长率曲线(相对于基准结果)均变得更为陡峭。

三、人工智能对美国要素报酬的影响

图 10-4 展示了相对于基准情景，人工智能冲击对美国要素报酬的影响。与中国情形类似，人工智能对美国要素报酬的影响方向同时取决于人工智能深化(资本-加总劳动力替代弹性逐渐增加)和技术进步冲击的广度。具体而言，当世界范围[对应图 10-4(a)～图 10-4(d)]发生资本增进型技术进步冲击时，随着资本-加总劳动力替代弹性逐渐增加(人工智能深化)，美国资本报酬由下降变为上升，非熟练和熟练劳动力报酬则由上升变为下降。当仅中国[对应图 10-4(e)～图 10-4(h)]受到资本增进型技术进步冲击时，资本-加总劳动力替代弹性的增加既不利于美国的资本报酬，也不利于美国的劳动力报酬。然而，当仅美国[对应图 10-4(i)～图 10-4(l)]、或中国和美国同时[对应图 10-4(m)～图 10-4(p)]受到资本增进型技术进步冲击时，随着资本-加总劳动力替代弹性的增加，美国的资本、非熟练和熟练劳动力要素报酬均将变为上升。此时，资本-加总劳动力替代弹性的增加既有利于美国的资本报酬，也有利于劳动力报酬。

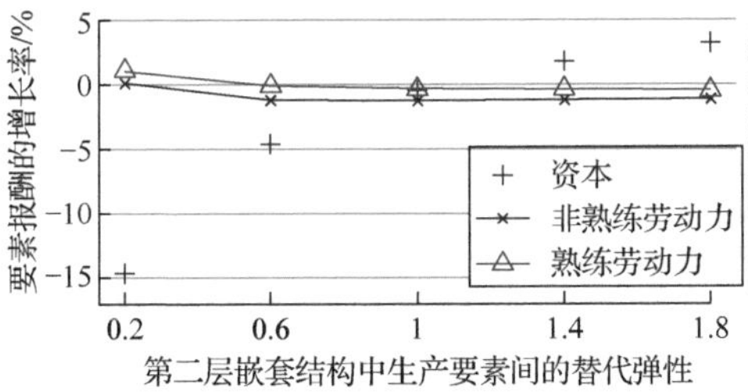

(a) (All,1.05,0.2)

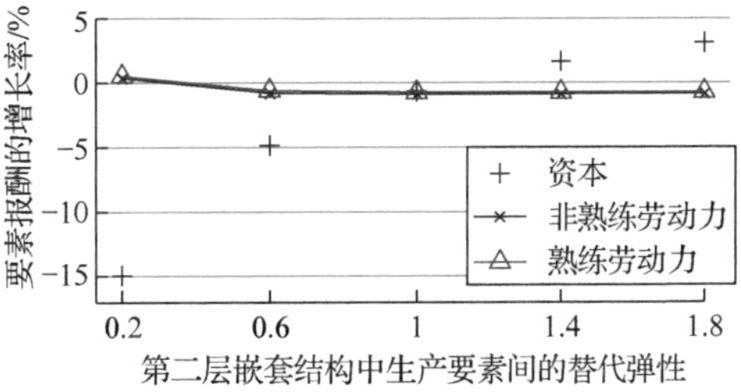

(b) (All,1.05,1.8)

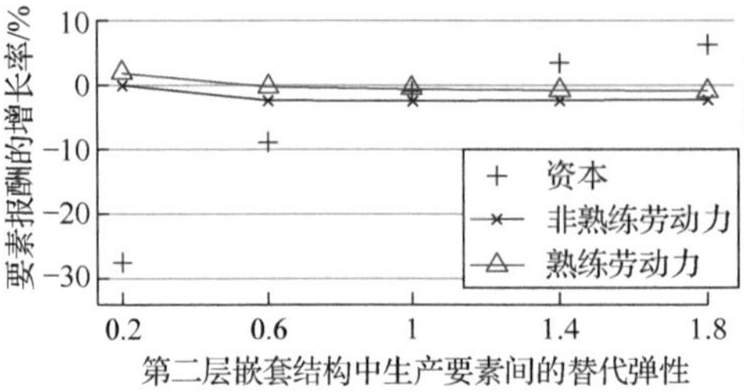

(c) (All,1.1,0.2)

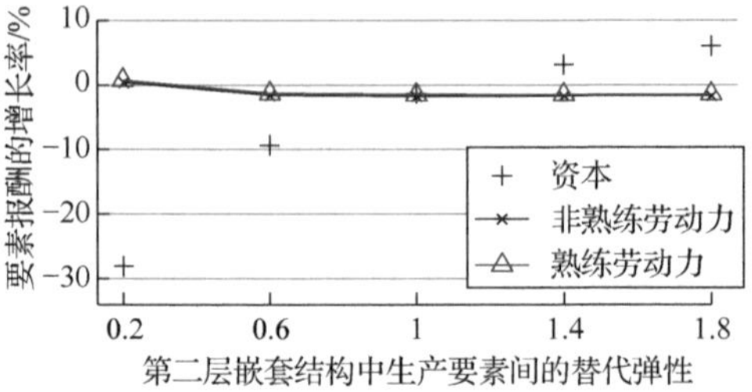

(d) (All,1.1,1.8)

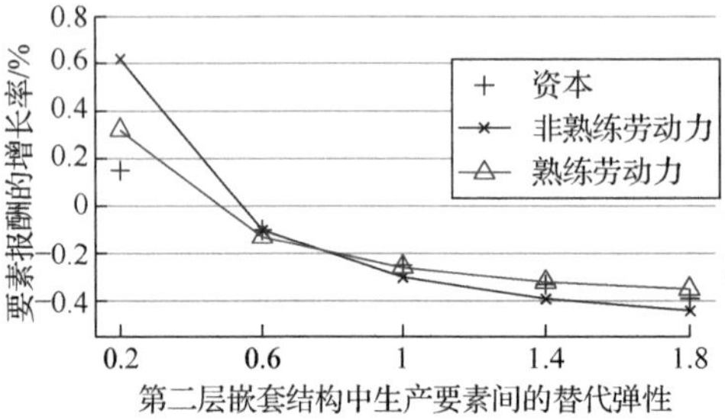

(e) (China,1.05,0.2)

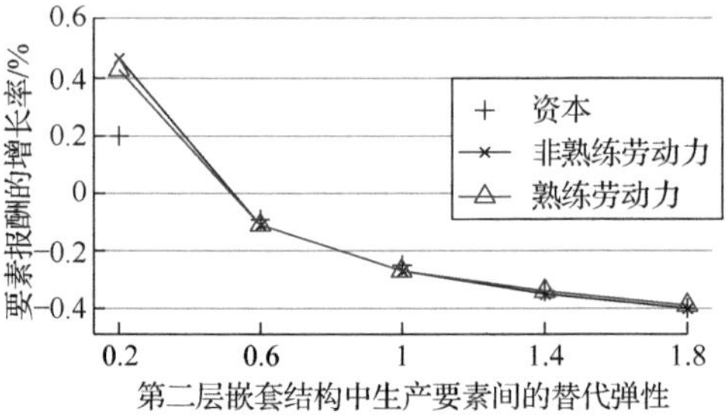

(f) (China,1.05,1.8)

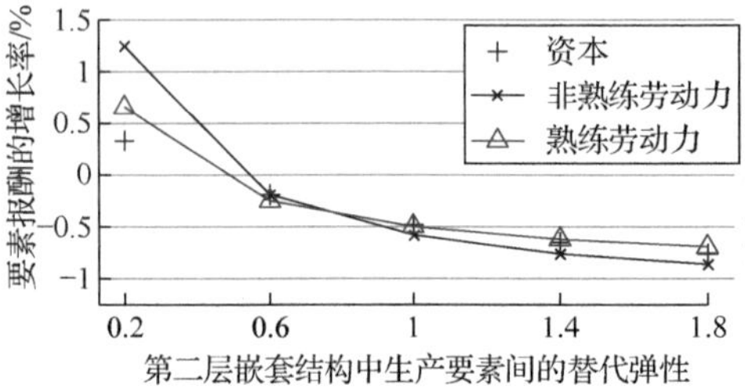

(g) (China,1.1,0.2)

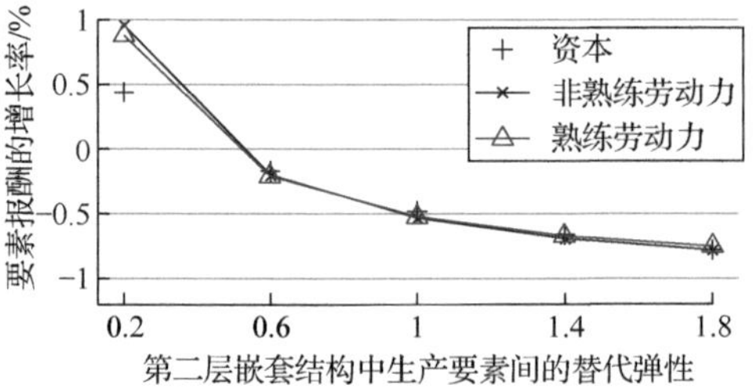

(h) (China,1.1,1.8)

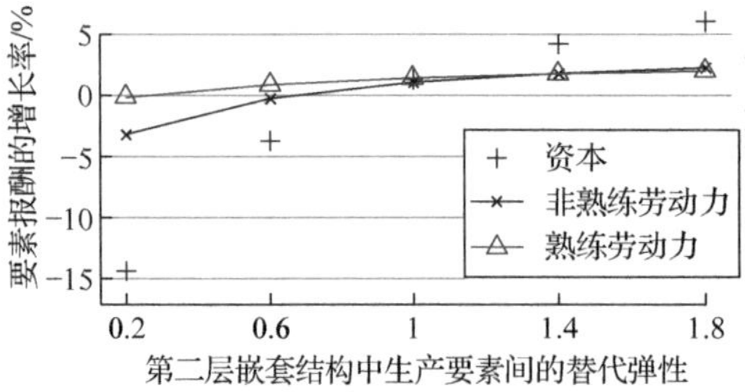

(i) (USA,1.05,0.2)

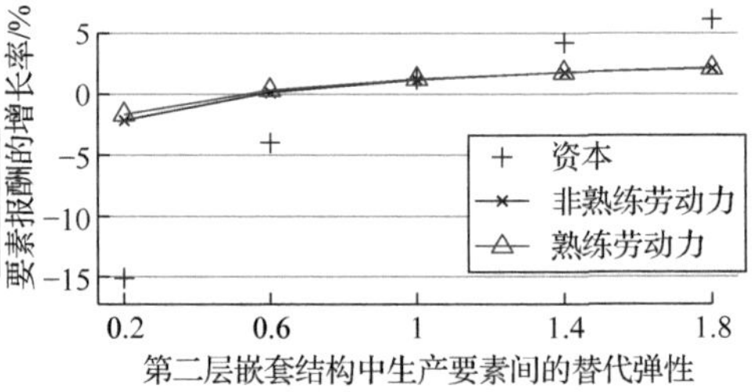

(j) (USA,1.05,1.8)

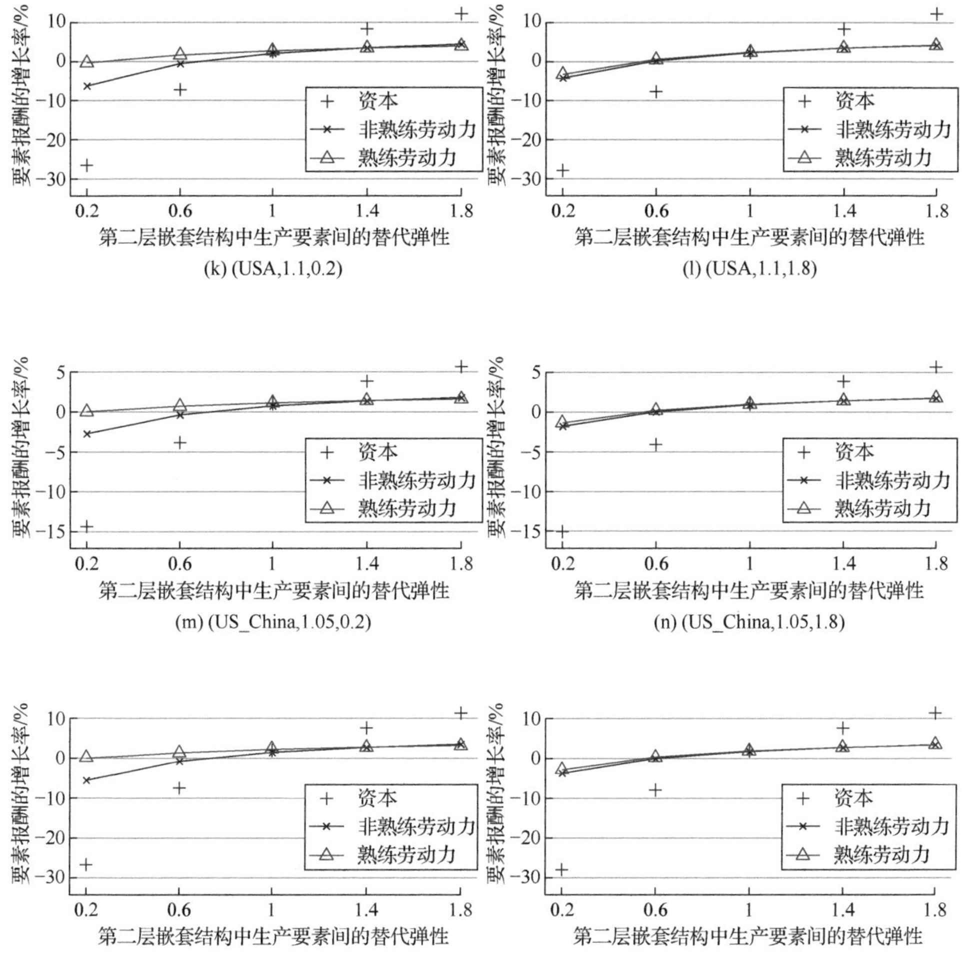

(k) (USA,1.1,0.2)

(l) (USA,1.1,1.8)

(m) (US_China,1.05,0.2)

(n) (US_China,1.05,1.8)

(o) (US_China,1.1,0.2)

(p) (US_China,1.1,1.8)

图 10-4 美国要素报酬的百分比变动

在(#，##，###)中，#定义了资本增进型技术进步发生的区域，取值 All、China、USA、US_China；##定义了资本的技术转换因子，取值 1.05 和 1.1；###定义了非熟练与熟练劳动力的替代弹性，取值 0.2 和 1.8

此外，与中国情况类似，人工智能冲击的强度、熟练与熟练劳动力替代弹性并不会从根本上影响模拟结果。

(1) 针对人工智能冲击强度的分析可知，技术进步率的变动不会影响人工智能冲击美国要素报酬的方向，但会影响要素报酬变动的幅度。具体来说，当仅中国发生技术进步时[对应图 10-4(e)～图 10-4(h)]，随着技术进步率由 1.05 增加到 1.1[图 10-4(e)与图 10-4(g)；图 10-4(f)与图 10-4(h)]，美国地区资本、非熟练和熟练劳动力报酬的增长率(相对于基准结果)幅度变得更为显著。当技术进步的发生地区变更为世界范围[对应图 10-4(a)～图 10-4(d)]、美国地区[对应图 10-4(i)～图 10-4(l)]

以及中国和美国同时[对应图 10-4(m)～图 10-4(p)]受到冲击时，上述结论依然成立。因此，技术进步率(人工智能冲击强度)增加之后，模型的模拟结果依旧稳健。进一步研究发现，随着技术进步率的提高，人工智能深化影响要素报酬的变动趋势不会发生变化，但会加大要素报酬变动的幅度，即对图 10-4 中要素报酬的增长率曲线具有垂直拉伸效应。

(2) 非熟练与熟练劳动力替代弹性的变动不会影响人工智能深化冲击美国要素报酬的方向，而仅会影响图 10-4 中要素报酬增长率曲线的斜率。具体来说，当仅中国[对应图 10-4(e)～图 10-4(h)]受到技术进步冲击时，非熟练与熟练劳动力替代弹性由 0.2 增加到 1.8[图 10-4(e)与图 10-4(f)；图 10-4(g)与图 10-4(h)]，会使美国资本和熟练劳动力要素报酬的增长率曲线(相对于基准结果)变得更为陡峭，而非熟练劳动力报酬的增长率曲线(相对于基准结果)则变得较为平缓；当技术进步的发生地区仅为美国[对应图 10-4(i)～图 10-4(l)]，以及中国和美国地区同时[对应图 10-4(m)～图 10-4(p)]受到冲击时，上述结论依旧成立；当世界范围内发生技术进步冲击时[对应图 10-4(a)～图 10-4(d)]，非熟练与熟练劳动力替代弹性的增加，并未逆转人工智能深化对美国要素报酬的既定影响方向，仅使其要素报酬增长率曲线的斜率发生细微调整。

第四节　小　　结

本章运用标准 GTAP 模型，从人工智能的深化、广度、强度，以及熟练与非熟练劳动力替代弹性四个维度，分析了人工智能应用对世界范围、中国和美国要素报酬的影响。

在全球范围内，人工智能对要素报酬的影响主要取决于人工智能的深化，而其广度、强度以及劳动力替代弹性并不显著。具体而言，资本增进型技术进步情景下，随着资本-加总劳动力替代弹性的增加(即人工智能的深化)，世界范围资本报酬均值将上升，而劳动力报酬均值则会下降。在此情况下，人工智能冲击的广度不会改变要素报酬变动的方向，而技术进步率的提升(即人工智能强度的增强)仅对要素报酬增长率曲线有垂直拉伸作用。此外，非熟练与熟练劳动力要素替代弹性的变化不会影响世界范围要素报酬变动的方向，只会改变其变动幅度。

在单个国家层面，人工智能的深化与广度共同影响要素报酬的分配，而人工智能的强度和劳动力替代弹性则不会改变要素报酬的变动方向。具体而言：①当世界范围发生资本增进型技术进步时，随着替代弹性的增加，中国的资本报酬将由下降转为上升，而劳动力报酬则从上升转为下降。若技术进步仅发生在中国或同时发生在中美两国，中国的资本报酬将先下降后上升，而劳动力报酬则持续增加，增幅有所减小。若仅美国发生技术进步，随着替代弹性的增加，中国的资本及劳动报酬的增长将转为下降；②当世界范围发生资本增进型技术进步时，随着替代弹性的增加，美国的资本报酬也将从下降转为上升，而劳动力报酬从上升转为下降；若技术进步仅冲击中国，美国的资本与劳动力报酬均下降；若技术进步仅发生在美国或同时发生在中美两国，美国的资本和劳动力报酬均呈上升趋势；③在中美两国中，技术进步率的增加不会改变要素报酬的变动方向，但会对其变动幅度产生影响；非熟练与熟练劳动力要素替代弹性的变化也仅影响变动幅度，而不影响方向。

本章的贡献在于，在 GTAP 模型框架下，从人工智能的深化、广度、强度及劳动力替代弹性四个维度，分析了人工智能对收入分配的影响。结果显示，对中国而言，人工智能的深化和广度是影响收入分配的关键因素：世界范围内的人工智能深化有助于提升中国的资本报酬，但对劳动力报酬不利；中国主导的人工智能深化则有利于资本与劳动力报酬的双双提升；而美国主导的人工智能深化则会同时损害中国的资本与劳动力报酬。此外，人工智能的强度和劳动力替代弹性对中国要素报酬的变动方向影响不大。

这些结论对相关政策的制定具有重要的参考价值。中、美在人工智能领域的竞争格局，将深刻影响中国国内的要素报酬分配。中国应积极争取全球人工智能的领导地位，以提高国内的资本与劳动力报酬。若未能在该领域取得领先，中国劳动者的收入将面临负面冲击。因此，在推进人工智能发展的同时，中国应鼓励构建人机协同的模式，创造与人工智能互补的就业机会，如机器维护和调试岗位。同时，政府应设立专项资金，支持人工智能创新与研发，培养相关科技人才。最后，收入分配制度应逐步匹配人工智能的产业化进程。

在中美战略博弈的宏观背景下，中国人工智能的发展急需在优势转化与短板弥补方面进行系统性部署。尽管在顶尖科研人才储备方面与美国仍存在一定差距，但凭借全球最大规模的互联网应用市场(超过 10 亿活跃用户)以及由此产生的丰富场景数据，中国人工智能展现出独特的发展模式。与美国覆盖“基础研究—技术攻关—产业应用”全产业链的布局模式不同，中国现阶段主要聚焦于应用层面的创新，并在计算机视觉、语音识别等技术领域取得了显著进展。着眼于中长期竞争格局，可构建一个分阶段推进的战略框架：短期(3～5 年)的重点在于激活数据要素的价值，通过实施“数据资源整合共享工程”，同步完善数据安全防护体系；中长期(5～10 年)则应致力于构建完整的产业链闭环，其中顶尖人工智能人才培养体系的重塑是关键支撑。为此，教育主管部门应联合头部科技企业，构建跨学科人才培养平台，推动产学研用深度协同创新。

第十一章　CGE 模型应用：随机供给冲击与价格波动

第一节　引　　言

农产品价格的稳定是国家经济健康运行的关键。农产品价格的大幅波动不仅会通过不确定的预期影响稳定供给，还会影响下游消费者的日常生活。因此，“保持农产品价格总体稳定”已成为我国农业供给侧结构性改革的重要目标之一。理顺农产品价格的形成机制具有重要的现实意义。

关于农产品价格的形成机制，现有文献主要从价格波动特征和原因两个方面进行分析。在波动特征方面，学者讨论了农产品价格波动的周期性特征(戴炜等，2014)、非对称性(彭佳颖等，2016)以及价格传递路径(涂涛涛等，2015)。至于波动原因，现有文献主要围绕供给和需求层面的冲击展开。供给层面的冲击包括成本推动(马述忠和屈艺，2017)、国际外部冲击(王钊和姜松，2013)、气候因素(张利庠和张喜才，2011)、农产品库存(Ott，2014)、农产品空间布局(纪龙等，2016)；需求层面的冲击则涉及货币政策(蔡勋和陶建平，2017)和生物能源因素(张亮亮和张晖明，2009；Babcock，2012)。

对现有文献的梳理显示，通过制度性因素探讨农产品价格波动的研究非常有限。有学者研究了汇率因素对农产品价格波动的影响(王阿娜，2012)，但从要素市场有效性角度分析农产品价格波动的文献仍然很少。考虑到地区生产总值竞争、保护本地产业和稳定就业等因素，中国在要素市场的市场化改革滞后于产品市场，导致要素市场配置扭曲(张杰等，2013)。这种扭曲使要素价格信号失灵，导致要素间的比价无法准确反映其稀缺程度(康志勇，2012)，进而降低资源配置的效率。换言之，要素市场的有效性直接影响农业部门资源的有效配置，不仅从供给层面影响农业产出，也从需求层面影响农民收入，从而最终影响农产品价格波动。因此，重新审视要素市场有效性的影响，有助于深入理解农产品价格波动的内在机制。

CGE 模型非常适合量化分析不同制度设计下的经济社会效应，尤其是制度性安排对价格冲击的影响。同时，与制造业部门相比，农业受天气、病虫害等因素的影响更为显著，农业产出往往具有随机波动特征。因此，本章拟在 CGE 模型框架下引入随机供给冲击，以模拟要素市场有效性对农产品价格稳定性的影响。本章结构安排如下：第二节介绍理论模型、模拟情景与实验步骤；第三节为数据处理与模拟分析；第四节为结论性评述。

第二节　理论模型、模拟情景与实验步骤

一、模拟情景预设

本章采用的 CGE 模型主要参考了 IFPRI 的标准 CGE 模型(Lofgren et al., 2002)，该模型在模块定义时已统筹兼顾了发展中国家的属性特征，被广泛应用于不同发展类型国家的政策分析。为了探讨要素市场有效性、供给冲击以及农产品价格波动三者的关联性，需预先构建模拟情景。

(一) 宏观闭合的情景设定

CGE 模型的政策模拟需设定宏观闭合，旨在确定模型的内生与外生变量，从而定义模型中的因果方向。在 IFPRI 标准 CGE 模型框架下，宏观闭合设定包含以下四个方面。

(1) 价格基准。在 IFPRI 标准 CGE 模型中，消费者价格指数或生产者价格指数均可作为价格基准。

(2) 政府闭合。在 IFPRI 标准 CGE 模型中，政府闭合有三种选择：政府储蓄内生，所得税率外生固定(GOV-1)；政府储蓄外生固定，所得税率内生且所得税率按同一百分点(percentage point)调整(GOV-2)；政府储蓄外生固定，所得税率内生且所得税率按同一百分比调整(GOV-3)。

(3) 外部经济闭合。外部经济闭合有两种模式：当选择闭合 ROW-1 时，实际汇率内生可变，外国储蓄外生给定；当选择闭合 ROW-2 时，实际汇率外生给定，外国储蓄内生可变。

(4) 储蓄-投资闭合。在 IFPRI 标准 CGE 模型中，储蓄-投资闭合有五种选项：投资外生给定，储蓄内生且私人储蓄率按同一百分点调整(SI-1)；投资外生给定，储蓄内生且私人储蓄率按同一百分比调整(SI-2)；投资内生可变，私人储蓄率外生给定(SI-3)；名义投资占国内总开支的份额不变，私人储蓄率按同一百分点内生调整(SI-4)；名义投资占国内总开支的份额不变，私人储蓄率按同一百分比内生调整(SI-5)。

根据 Lofgren 等(2002)的观点，当模拟现实世界对外部冲击的真实反应时，储蓄-投资闭合应选择 SI-4 或 SI-5。同时，为了提升研究结论的稳健性，本章将考虑政府闭合(GOV-1、GOV-2、GOV-3)、外部经济闭合(ROW-1、ROW-2)，以及储蓄-投资闭合(SI-4、SI-5)的所有可能组合，见表 11-1。

表 11-1　宏观经济闭合的 12 种情景

情景	政府闭合	外部经济闭合	储蓄-投资闭合
情景 1	GOV-1	ROW-1	SI-4
情景 2	GOV-1	ROW-1	SI-5
情景 3	GOV-2	ROW-1	SI-4
情景 4	GOV-2	ROW-1	SI-5
情景 5	GOV-3	ROW-1	SI-4
情景 6	GOV-3	ROW-1	SI-5
情景 7	GOV-1	ROW-2	SI-4
情景 8	GOV-1	ROW-2	SI-5
情景 9	GOV-2	ROW-2	SI-4
情景 10	GOV-2	ROW-2	SI-5
情景 11	GOV-3	ROW-2	SI-4
情景 12	GOV-3	ROW-2	SI-5

(二) 要素市场有效性界定

在本章中，要素市场的有效性主要体现为要素在行业间自由流动，即要素市场不分割；否则，将视为要素市场失效。在 IFPRI 标准 CGE 模型中，要素市场分割的设置与要素市场闭合相关，即选择不同的内生与外生变量，使要素市场均衡方程成立。具体而言，与要素市场闭合相关的方程如下：

$$\mathrm{WF}_f \cdot \mathrm{WFDIST}_{f,a} = \mathrm{PVA}_a(1-\mathrm{tva}_a)\cdot \mathrm{QVA}_a \cdot \left(\sum_{f\in F'} \delta_{f,a}^{\mathrm{va}} \cdot \mathrm{QF}_{f,a}^{-\rho_a^{\mathrm{va}}}\right)^{-1} \cdot \delta_{f,a}^{\mathrm{va}} \cdot \mathrm{QF}_{f,a}^{-\rho_a^{\mathrm{va}}-1} \tag{11-1}$$

$$\sum_{a\in A} \mathrm{QF}_{f,a} = \mathrm{QFS}_f \tag{11-2}$$

式(11-1)定义了要素需求，式(11-2)为要素市场均衡的条件，即所有生产活动对要素 f 的总需求等于要素 f 的总供给。WF_f 为要素平均价格；$\mathrm{WFDIST}_{f,a}$ 为生产活动 a 中要素 f 的工资扭曲因子；PVA_a 为生产活动 a 加总增加值的价格；tva_a 为生产活动 a 的增值税税率；QVA_a 为生产活动 a 的加总增加值；$\delta_{f,a}^{\mathrm{va}}$ 为 CES 增加值函数中要素 f 的份额；$\mathrm{QF}_{f,a}$ 为生产活动 a 对要素 f 的需求数量；ρ_a^{va} 为 CES 增加值函数的指数；QFS_f 为要素 f 的供给量；F' 为生产要素集合；A 为所有生产活动的集合。

在 IFPRI 标准 CGE 模型框架下，要素市场闭合分为 FMOBFE、FACTFE 和 FMOBUE 三种情形。

(1) 在 FMOBFE 闭合下，生产活动 a 中要素 f 的工资扭曲因子 $\mathrm{WFDIST}_{f,a}$ 和要素 f 供给量 QFS_f 外生给定，要素平均价格 WF_f 和要素需求 $\mathrm{QF}_{f,a}$ 内生给定。

(2) 在 FACTFE 闭合下，要素需求 $\mathrm{QF}_{f,a}$ 和要素平均价格 WF_f 外生给定，要素供给量 QFS_f 和工资扭曲因子 $\mathrm{WFDIST}_{f,a}$ 内生给定。

(3) 在 FMOBUE 闭合下，要素平均价格 WF_f 和工资扭曲因子 $\mathrm{WFDIST}_{f,a}$ 外生给定，要素需求 $\mathrm{QF}_{f,a}$ 和要素供给量 QFS_f 内生给定。

为了实现要素 f 的充分就业，WF_f 和 $\mathrm{WFDIST}_{f,a}$ 中至少一个应为内生变量；同时，只有当生产活动 a 对要素 f 的需求量 $\mathrm{QF}_{f,a}$ 内生时，要素 f 才可在行业间自由流动，即不存在要素市场分割。

因此，FMOBFE、FACTFE 和 FMOBUE 分别刻画了要素市场的三种状态，即要素自由流动且充分就业、要素市场分割且充分就业、要素自由流动且存在失业。在 CGE 模型中，通过选择要素市场的 FACTFE 闭合设定，就可引入要素市场分割因素。

人力资本的差异通常被认为是劳动力市场分割的主要诱因(吴愈晓，2011)，鉴于人力资本的积累有助于缓解劳动力市场的行业壁垒(王甫勤，2010)，所以本章将劳动力市场分割界定为非熟练劳动力不可自由流动、熟练劳动力可以自由流动。同时，为了分析资本市场分割的潜在影响，资本市场分割在本章中体现为资本不可自由流动。

综上，本章将考察有效要素市场、劳动力市场分割、资本市场分割的三种情景，以分析劳动力、资本市场分割的影响，见表 11-2。在有效要素市场情景中，所有生产要素均选取自由流动且充分就业的 FMOBFE 设定；当存在劳动力市场分割时，熟练劳动力和资本选取自由流动且充分就业的 FMOBFE 设定，非熟练劳动力选取不可自由流动且充分就业的 FACTFE 设定；当存在资本市场分割时，非熟练与熟练劳动力选取自由流动且充分就业的 FMOBFE 设定，资本选取不可自由流动且充分就业的 FACTFE 设定。通过比较不同要素市场闭合下供给冲击对农产品价格波动的影响，就可从有效要素市场视角解析农产品价格波动的内在机制。

表 11-2　要素市场的闭合设置

模拟情景	熟练劳动力	非熟练劳动力	资本
有效要素市场	FMOBFE	FMOBFE	FMOBFE
劳动力市场分割	FMOBFE	FACTFE	FMOBFE
资本市场分割	FMOBFE	FMOBFE	FACTFE

二、随机供给冲击的嵌入

在 IFPRI 标准 CGE 模型中，供给冲击的影响主要体现在行业产出上，所以通过改变农业部门生产函数中的效率参数α_a^a，即可模拟农业部门供给面的冲击，见式(11-3)：

$$\mathrm{QA}_a = \alpha_a^a \cdot \left(\delta_a^a \cdot \mathrm{QVA}_a^{-\rho_a^a} + (1-\delta_a^a)\cdot \mathrm{QINTA}_a^{-\rho_a^a}\right)^{-\frac{1}{\rho_a^a}} \tag{11-3}$$

式(11-3)表示，生产活动 a 的产出QA_a是加总增加值QVA_a和加总中间投入QINTA_a的 CES 生产函数。其中，α_a^a、δ_a^a、ρ_a^a分别为 CES 生产函数的效率参数、份额参数和指数。

需要指出的是，气温、降水、病虫害供给冲击对农业部门产出的影响通常具有随机性，为了模拟随机供给冲击的影响，需要在生产活动 a 的产出QA_a中引入随机干扰项。为此，针对农业部门，本章在效率参数α_a^a中引入干扰因素u且定义为

$$\alpha_a^a = \overline{\alpha_a^a} \cdot (1+u) \tag{11-4}$$

式中，$\overline{\alpha_a^a}$为效率参数α_a^a的基准值，通过改变随机变量u，就可模拟随机供给冲击对农业部门产出的影响。为了刻画随机冲击事件对农业部门产出的影响，本章将同时考虑u服从[−0.1,0.1]上的均匀分布和$N(0，0.1)$正态分布的两种情形：①当u服从[−0.1,0.1]上的均匀分布时，效率参数α_a^a在$[\overline{\alpha_a^a}\times(1-0.1),\overline{\alpha_a^a}\times(1+0.1)]$区间内任意点取值，且可能性相同；②当$u$服从均值为 0、标准差为 0.1 的正态分布时，效率参数α_a^a落在$[\overline{\alpha_a^a}\times(1-0.1),\overline{\alpha_a^a}\times(1+0.1)]$区间的概率约为 68.27%。在 CGE 模型中，效率参数基准值$\overline{\alpha_a^a}$的定义为

$$\overline{\alpha_a^a} = \frac{\mathrm{QA0}_a}{\left[\delta_a^a \cdot \mathrm{QVA0}_a^{-\rho_a^a} + (1-\delta_a^a)\cdot \mathrm{QINTA0}_a^{-\rho_a^a}\right]^{-\frac{1}{\rho_a^a}}} \tag{11-5}$$

式中，$\mathrm{QA0}_a$、$\mathrm{QVA0}_a$、$\mathrm{QINTA0}_a$分别为根据 SAM 表计算得到的生产活动 a 的产出QA_a、加总增加值QVA_a、加总中间投入QINTA_a的基准值。

三、模拟实验步骤

基于上述宏观经济闭合和要素市场闭合的设置，本章针对 18 个农业生产部门(水稻、小麦、玉米、其他谷物、豆类、油料作物、棉花、糖类、蔬菜、水果、其他作物、林产品、猪、牛、羊、禽、其他畜产品、渔业)引入随机供给冲击，并考察上述农业生产部门价格波动的系统稳定性。为此，需要构建衡量农业生产部门价格波动程度的指标，见式(11-6)：

$$\text{Fluct}_i = \frac{\sum\limits_{a \in \text{AAGR}} \left| \left(\text{PQ}_{a,i} - \overline{\text{PQ}}_{a,i} \right) \Big/ \overline{\text{PQ}}_{a,i} \right| \cdot \text{cwts}_a}{18} \tag{11-6}$$

式中，$\text{PQ}_{a,i}$ 为基于式(11-4)的第 i 次随机供给冲击实验中，农产品 a 国内市场需求方支付的复合价格(composite price)；$\overline{\text{PQ}}_{a,i}$ 为不存在外部供给冲击时，农产品 a 国内市场需求方支付的复合价格；cwts_a 为商品生产权重，表示农产品 a 在所有农产品生产中的份额；AAGR 为 18 个农业生产部门的集合。通过式(11-6)，可以计算出在第 i 次随机实验中 18 个农产品价格波动的加权均值 Fluct_i。基于式(11-6)将随机供给冲击实验进行 1000 次，可计算 1000 次随机实验中 Fluct_i 的均值 Avg_Fluct [见式(11-7)]，该指标可度量农业生产部门价格波动的系统稳定性。如果 Avg_Fluct 越小，表明农业生产部门面临供给冲击时总体的价格波动越小；反之，则表明农业生产部门价格波动较显著。

$$\text{Avg\_Fluct} = \sum_{i=1}^{1000} \text{Fluct}_i \,/\, 1000 \tag{11-7}$$

具体实验流程如下：

(1) 选定宏观经济闭合、要素市场闭合、随机供给冲击类型。

(2) 基于式(11-4)在水稻、小麦、玉米等 18 个农业生产部门引入随机供给冲击，并计算 Fluct_i。

(3) 将步骤(2)重复 1000 次，并依据式(11-7)计算出农业生产部门的价格波动指标 Avg_Fluct。

当宏观经济闭合、要素市场闭合、随机供给冲击类型发生改变时，通过重复上述实验流程，可计算出不同情景冲击下农业生产部门的价格波动指标。

第三节　数据处理与模拟分析

一、数据处理

SAM 表是构建 CGE 模型最为重要的基础数据库。利用《2012 年中国投入产出表》、世界银行 WITS 数据库、联合国粮食及农业组织的《2012 中国食物平衡表》、《全国农产品成本收益资料汇编 2013》等资料，本章编制了 2012 年中国 SAM 表。本章构建的 SAM 表包括生产活动、商品、生产要素、企业、居民、政府、资本和国外共八类账户。由于本章重点考察农产品价格波动的特征，所以编制的 SAM 表对农业部门进行了细分，具体而言，生产活动与商品账户分别包含 24 个部门：水稻，小麦，玉米，其他谷物，豆类，油料作物，棉花，糖类，蔬菜，水果，其他作物，林产品，猪，牛，羊，禽，其他畜产品，渔业，农林牧渔服务业，采矿业，制造业，电力、燃气及水的生产和供应业，建筑业，服务业；生产要素账户包括非熟练劳动力、熟练劳动力、资本和土地；居民账户包括农村居民和城市居民；资本账户包括储蓄-投资和存货变动；政府账户涵盖政府机构主体及税收收入子项(包含所得税、关税和生产税)，而企业账户与国外账户在 SAM 中未进行二级分类。本章编制的 SAM 表既考虑了多部门对应一种商品和一部门生产多种商品的交叉情形,也考虑了农业部门同时使用非熟练劳动力与熟练劳动力的情形。

表 11-3 显示的是构建的 SAM 表中 18 个农业生产部门的经济结构。由表 11-3 可知，生产要素和中间投入对不同农业部门生产的重要性存在差异：对于油料作物、棉花、蔬菜、水果、其他作物、牛、羊、林产品和渔业等部门，增加值在总产值中占比超过 60%，显示出生产要素对这些部门产出的较大贡献；对于猪和禽部门，中间投入在总产值中占比超过 60%，表明中间投入在这些部门的产出中占据主导地位；豆类、水稻、小麦、玉米、其他谷物、糖类和其他畜产品部门的生产中，生产要素和中间投入的贡献较为接近。进一步分析显示，在 18 个农业生产部门中，劳动占增加值的平均份额高达 87.83%，表明劳动是关键的生产要素。此外,本章构建的动态可计算一般均衡模型中的阿明顿弹性等参数参考了 Diao 等(2012)的研究。

表 11-3　中国 2012 年 SAM 表的经济结构

农业生产部门	总产值/亿元	增加值/亿元	中间投入总量/亿元	增加值在总产值中的占比/%	中间投入在总产值中的占比/%	劳动在增加值中的占比/%	土地和资本在增加值中的占比/%
水稻	6 085	3 492	2 593	57.39	42.61	80.89	24.33
小麦	2 850	1 334	1 516	46.81	53.19	74.65	31.66
玉米	4 117	2 387	1 730	57.98	42.02	77.38	29.91
其他谷物	542	295	247	54.43	45.57	79.40	27.98
豆类	764	455	309	59.55	40.45	56.36	51.04
油料作物	2 234	1 472	762	65.89	34.11	87.73	18.11
棉花	1 424	895	529	62.85	37.15	90.34	14.92
糖类	689	379	310	55.01	44.99	84.62	22.50
蔬菜	12 860	8 186	4 674	63.65	36.35	74.40	32.45
水果	6 188	3 789	2 399	61.23	38.77	89.96	17.24
其他作物	6 399	3 858	2 541	60.29	39.71	79.21	28.18
猪	12 374	3 817	8 556	30.85	69.15	104.07	3.19
牛	2 684	1 836	848	68.41	31.59	102.56	0.66

续表

农业生产部门	总产值/亿元	增加值/亿元	中间投入总量/亿元	增加值在总产值中的占比/%	中间投入在总产值中的占比/%	劳动在增加值中的占比/%	土地和资本在增加值中的占比/%
羊	2 041	1 935	106	94.81	5.19	101.70	0.62
禽	4 080	919	3 161	22.52	77.48	102.02	7.88
其他畜产品	6 239	3 509	2 730	56.24	43.76	92.54	11.28
林产品	3 242	2 076	1 166	64.03	35.97	102.21	4.05
渔业	8 789	5 350	3 439	60.87	39.13	100.93	3.61

二、模拟分析结果

基于 IFPRI 标准 CGE 模型框架，本章模拟了在面临随机供给冲击的情景下，劳动力、资本要素市场有效性对农产品价格波动稳定性的影响。为了确保研究结果的稳健性，本章考察了 12 种宏观闭合情景；结合要素替代弹性在生产环节的关键作用，本章考察了要素替代弹性小于 1(取值 0.45)和大于 1(取值 1.80)的两类情形；同时，在均匀分布和正态分布两种概率特性条件下进行随机供给冲击实验。

(一) 均匀分布的随机供给冲击

表 11-4 显示出在均匀分布随机供给冲击时，三类要素市场闭合、两种替代弹性下 12 种情景下农业生产部门价格波动指标的模拟结果。

表 11-4 不同情景下农业生产部门价格波动指标：基于均匀分布的随机供给冲击

情景	Avg_Fluct					
	要素替代弹性=0.45			要素替代弹性=1.80		
	有效要素市场	劳动力市场分割	资本市场分割	有效要素市场	劳动力市场分割	资本市场分割
情景 1	0.295%	0.467%	0.304%	0.289%	0.411%	0.292%
情景 2	0.296%	0.469%	0.305%	0.289%	0.412%	0.292%
情景 3	0.295%	0.467%	0.304%	0.289%	0.411%	0.292%
情景 4	0.296%	0.470%	0.306%	0.290%	0.413%	0.293%
情景 5	0.294%	0.465%	0.303%	0.287%	0.409%	0.290%
情景 6	0.295%	0.468%	0.305%	0.289%	0.411%	0.292%
情景 7	0.295%	0.469%	0.304%	0.289%	0.411%	0.292%
情景 8	0.298%	0.471%	0.307%	0.291%	0.414%	0.294%
情景 9	0.295%	0.466%	0.304%	0.288%	0.410%	0.291%

续表

情景	Avg_Fluct					
	要素替代弹性=0.45			要素替代弹性=1.80		
	有效要素市场	劳动力市场分割	资本市场分割	有效要素市场	劳动力市场分割	资本市场分割
情景 10	0.294%	0.467%	0.303%	0.288%	0.410%	0.290%
情景 11	0.295%	0.466%	0.304%	0.288%	0.410%	0.291%
情景 12	0.296%	0.468%	0.305%	0.289%	0.411%	0.292%

(1) 要素市场为有效的设定。当要素替代弹性小于 1 时，价格波动指标为 0.294%～0.298%；当要素替代弹性大于 1 时，价格波动指标为 0.287%～0.291%。

(2) 要素市场为劳动力市场分割的设定。当要素替代弹性小于 1 时，价格波动指标为 0.465%～0.471%；当要素替代弹性大于 1 时，价格波动指标为 0.409%～0.414%。

(3) 要素市场为资本市场分割的设定。当要素替代弹性小于 1 时，价格波动指标为 0.303%～0.307%；当要素替代弹性大于 1 时，价格波动指标为 0.290%～0.294%。

由此可得，在给定宏观闭合情景和要素市场闭合的前提下：无论要素间为互补(要素替代弹性小于 1)还是替代关系(要素替代弹性大于 1)，要素市场有效背景下农业生产部门价格波动的系统稳定性要显著强于要素市场分割情形；劳动力市场分割相比资本市场分割所导致的农业生产部门价格波动更为显著。同时，与要素替代弹性小于 1 的情形相比，要素替代弹性大于 1 时，农业生产部门价格的系统稳定性更强。

(二) 正态分布的随机供给冲击

利用正态分布置换均匀分布条件下的模拟结果如表 11-5 所示。

表 11-5　不同情景下农业生产部门价格波动指标：基于正态分布的随机供给冲击

情景	Avg_Fluct					
	要素替代弹性=0.45			要素替代弹性=1.80		
	有效要素市场	劳动力市场分割	资本市场分割	有效要素市场	劳动力市场分割	资本市场分割
情景 1	0.480%	0.664%	0.495%	0.469%	0.609%	0.473%
情景 2	0.481%	0.670%	0.497%	0.469%	0.616%	0.474%
情景 3	0.480%	0.659%	0.496%	0.468%	0.613%	0.473%
情景 4	0.477%	0.663%	0.493%	0.466%	0.614%	0.471%

续表

情景	Avg_Fluct					
	要素替代弹性=0.45			要素替代弹性=1.80		
	有效要素市场	劳动力市场分割	资本市场分割	有效要素市场	劳动力市场分割	资本市场分割
情景 5	0.483%	0.667%	0.498%	0.471%	0.617%	0.476%
情景 6	0.473%	0.645%	0.489%	0.462%	0.599%	0.467%
情景 7	0.469%	0.655%	0.486%	0.458%	0.604%	0.463%
情景 8	0.471%	0.653%	0.487%	0.460%	0.602%	0.465%
情景 9	0.477%	0.666%	0.493%	0.466%	0.609%	0.471%
情景 10	0.473%	0.646%	0.489%	0.462%	0.601%	0.467%
情景 11	0.477%	0.658%	0.492%	0.465%	0.607%	0.470%
情景 12	0.484%	0.668%	0.501%	0.472%	0.617%	0.477%

(1) 要素替代弹性小于 1 时的农业生产部门价格波动状况：当要素市场为有效时，价格波动指标为 0.469%～0.484%；当存在劳动力或资本市场分割时，价格波动指标分别为 0.645%～0.670%、0.486%～0.501%。

(2) 要素替代弹性大于 1 时的农业生产部门价格波动状况：当要素市场为有效时，价格波动指标为 0.458%～0.472%；当存在劳动力或资本市场分割时，价格波动指标分别为 0.599%～0.617%、0.463%～0.477%。

与均匀分布的随机供给冲击相比，整体结论相同，仅仅是冲击导致价格波动的大小有所差异，即在正态分布的随机供给冲击下，12 种情景模拟时得到的农业生产部门价格波动会更剧烈。

第四节 小 结

本章采用中国 CGE 模型，模拟在面临随机供给冲击的情景下，劳动力和资本要素市场有效性对农产品价格波动的影响。研究发现，在所有模拟情景下，当要素市场有效时，农业生产部门价格的系统稳定性最强；而在劳动力市场或资本市场分割的情况下，农业生产部门价格波动的系统稳定性则会削弱。特别地，劳动力市场分割导致的价格波动强度大于资本市场分割的情况。这可能是因为，在我国当前的农业生产中，劳动力对产出的贡献显著高于资本，因此劳动力市场分割对农业产出及价格的影响更为显著。进一步研究表明，随着要素替代弹性的提高，农业生产部门价格波动的系统稳定性也会增强。要素替代弹性反映了地区经济的灵活度(Klump and Preissler，2000)，弹性越大，劳动力与资本等生产要素的灵活替代可能性越高。较高的要素替代弹性通过效率效应和分配效应提升产出水平(Irmen and Klump，2009)，从而减缓外部随机冲击对产量和价格的影响。

本章的贡献在于：在研究视角上，从劳动力和资本要素市场有效性角度探讨了农产品价格波动的稳定性；在研究方法上，首次在 CGE 框架下引入随机供给冲击机制，增强了模拟研究的稳健性和可靠性。政策意义在于，促进劳动力和资本的自由流动以及提高要素替代弹性，将有助于增强农业生产部门价格的系统稳定性。

然而，本章在要素替代弹性视角上的局限性在于，未结合中国的现实背景解析要素替代弹性的决定因素。通过文献梳理发现，工会势力(Klump and de La Grandville，2000)、市场开放度(Saam，2008)等均会影响要素替代弹性的大小。针对这一方向的本土化研究将提升政策实施的可操作性，也是研究未来探索的方向。

第十二章 CGE 模型应用：贸易自由化的经济效应分析

第一节 引 言

在全球多边贸易谈判停滞的背景下，双边和区域自由贸易协定成为中国等经济体融入全球经济的必然选择。尽管全球关税壁垒逐渐成为新常态，但推动双边或区域自贸协定仍是中国未来对外贸易的关键战略。中国积极推进区域经济一体化，至今已与 30 个国家和地区签署了 23 个自贸协定，覆盖五大洲，并持续开展其他自贸区谈判。关税减让是这些自贸协定的重要内容之一。例如,《中国—新西兰自由贸易协定》和《中国—东盟全面经济合作框架协议》规定，中国对新西兰的多种农产品及对东盟 7000 多种商品已实施零关税。此外,《中国—新西兰自由贸易协定》自 2008 年生效，2021 年签署了升级议定书，2024 年启动了服务贸易负面清单谈判，进一步推动贸易投资合作深化。尽管国际贸易环境日益复杂，中国仍坚定推动贸易自由化。根据中华人民共和国海关总署的数据，2023 年中国的关税总水平已从 2001 年的 15.3%降至约 7.3%，农产品的平均税率也大幅下降。2025 年 5 月 20 日，中国与东盟经贸部长宣布全面完成中国—东盟自贸区 3.0 版谈判，进一步扩大市场开放、深化经贸合作。中国还与智利、巴基斯坦等国签署并实施了自贸协定，推动多领域合作。2024 年，中智双边贸易额达到 616.55 亿美元，中国成为智利最大的贸易伙伴。构建开放型经济体系仍是中国经济转型和高质量发展的必由之路，因此，深入研究贸易自由化对中国福利效应的影响，具有重要的现实意义。

理论上，贸易自由化对一国福利的增进效应得到了广泛认可。无论小国还是大国，经济由封闭转向开放通常都会提高总体福利。然而，针对中国贸易自由化的实证研究结果却不尽一致。一些学者发现，贸易自由化有助于提高中国的社会福利。例如，翟凡等(1996)、Wang 和 Zhai(1998)利用中国 CGE 模型模拟贸易自由化的福利效应，结果表明其提高了经济效益。李荣林和鲁晓东(2006)以及周曙东等(2006)分别利用局部均衡模型和 GTAP 模型分析了自由贸易区对中国福利的影响，结果均显示自由贸易区的建立能提升国民福利。此外，涂涛涛(2011)和陶红军(2013)也验证了农产品贸易自由化的正向福利效应。然而，并非所有研究者都认可这一观点。王胜和邹恒甫(2004)认为，关税降低会减少经济规模较大的国家的整体福利；郑桂环和汪寿阳(2005)则指出，零关税制度导致了中国内地税收和福利的损失。为了解释这些分歧，现有研究主要从两个视角出发：首先，基于贸易创造和贸易转移效应的分析，许光和王利荣(2007)指出，当自贸区的贸易创造效应大于贸易转移效应时，降低关税通常增进一国福利；反之，则可能降低福利；其次，从贸易条件的视角，海闻和施建淮(2011)的研究表明，大国实施进口关税削减政策虽有助于缓解经济扭曲并提升资源配置效率，但也存在导致贸易条件恶化的潜在风险。只有当效率提升超过贸易条件恶化带来的福利损失时，贸易自由化才能改善总体福利。

上述研究有助于揭示中国融入贸易自由化进程中的利弊得失，具有重要的理论与现实意义。然而，现有文献在探讨贸易自由化的福利效应时，普遍忽视了中国劳动力市场的分割特征。转型期的中国劳动力市场存在显著的分割现象，这与人力资本差异(严善平，2011；吴愈晓，2011)、户籍制度(蔡昉等，2001；余向华和陈雪娟，2012)及性别差异(张抗私，2009；邓峰和丁小浩，2012)等因素密切相关。具体而言，国内劳动力市场分割表现为所有制分割(陈弋等，2005)、垄断与非垄断部门的行业分割(Démurger et al.，2009；岳希明等，2010)，以及区域与城乡分割(李实和王亚柯，2005；乔明睿等，2009)。劳动力市场的分割通过影响资源配置，从而影响农产品贸易自由化的福利效应，具体体现在生产效率(赵自芳和史晋川，2006；朱喜等，2011)、就业(康志勇，2012；宁光杰，2012)和收入分配(陈萍和李平，2012)等方面。

简而言之，贸易自由化通过改变资源配置来影响一国福利，而中国二元经济中的劳动力市场分割势必扭曲资源配置。因此，忽视劳动力市场分割的现实将不利于准确分析贸易自由化对中国经济与福利的影响。基于这一考虑，本章将在中国 CGE 模型中引入劳动力市场分割因素，考察农产品进口关税减让的福利效应。

第二节 农产品贸易自由化福利分析的一般均衡模型

为了模拟农产品贸易自由化的福利效应，本章采用了 IFPRI 提出的标准 CGE 模型(Lofgren et al.，2002)。IFPRI 长期关注发展中国家的粮食安全与贫困议题，而 IFPRI 标准 CGE 模型充分考虑了发展中国家的重要特征，所以非常适合模拟中国、非洲等发展中国家或地区的政策效果。本章将在 IFPRI 标准 CGE 模型的框架下引入劳动力市场分割，并解析农产品进口关税减让的福利效应。

一、CGE 模型框架下劳动力市场分割的引入

中国劳动力市场的分割存在三个方面的诱因：人力资本差异、户籍制度以及性别差异。人力资本的差异通常被认为是劳动力市场分割的主要诱因(吴愈晓，

2011)，人力资本的提升不仅有利于突破劳动力市场的行业分割(王甫勤，2010)，还有助于消除劳动力市场的性别分割(邓峰和丁小浩，2012)。所以本章将主要考虑人力资本差异诱发的劳动力市场分割。具体而言，本章将人力资本的高低视为劳动力市场分割的基准：熟练劳动力具有较高的人力资本，被设定为可在行业间自由流动；非熟练劳动力具有较低的人力资本，被设定为存在流动障碍。

在 IFPRI 标准 CGE 模型(Lofgren et al.，2002)中，劳动力市场分割的引入涉及要素市场闭合的选择，与之相关的三个核心方程如下：

$$\mathrm{QVA}_a = \alpha_a^{\mathrm{va}} \cdot \left(\sum_{f \in F} \delta_{f,a}^{\mathrm{va}} \cdot \mathrm{QF}_{f,a}^{-\rho_a^{\mathrm{va}}} \right)^{-\frac{1}{\rho_a^{\mathrm{va}}}} \tag{12-1}$$

$$\mathrm{WF}_f \cdot \mathrm{WFDIST}_{f,a} = \mathrm{PVA}_a (1 - \mathrm{tva}_a) \cdot \mathrm{QVA}_a \cdot \left(\sum_{f \in F'} \delta_{f,a}^{\mathrm{va}} \cdot \mathrm{QF}_{f,a}^{-\rho_a^{\mathrm{va}}} \right)^{-1} \cdot \delta_{f,a}^{\mathrm{va}} \cdot \mathrm{QF}_{f,a}^{-\rho_a^{\mathrm{va}}-1} \tag{12-2}$$

$$\sum_{a \in A} \mathrm{QF}_{f,a} = \mathrm{QFS}_f \tag{12-3}$$

式(12-1)表示，对于任意生产活动 a，其增加值为细分要素需求的 CES 函数；式(12-2)表示，生产活动 a 对要素的需求将在要素边际成本等于要素边际收益时达到平衡；式(12-3)表示，要素总需求等于要素总供给。QVA_a 为生产活动 a 的加总增加值；α_a^{va} 为 CES 增加值函数中的效率参数；$\delta_{f,a}^{\mathrm{va}}$ 为 CES 增加值函数中要素 f 的份额参数；$\mathrm{QF}_{f,a}$ 为生产活动 a 对要素 f 的需求数量；ρ_a^{va} 为 CES 增加值函数指数；tva_a 为生产活动 a 的增值税率；WF_f 为要素 f 的平均价格；$\mathrm{WFDIST}_{f,a}$ 为生产活动 a 中要素 f 的工资扭曲因子；QFS_f 为要素 f 的供给量。

要素市场的闭合涉及四个变量——平均工资 WF_f、工资扭曲因子 $\mathrm{WFDIST}_{f,a}$、要素需求 $\mathrm{QF}_{f,a}$ 和要素供给量 QFS_f。当 WF_f 和 $\mathrm{WFDIST}_{f,a}$ 中的一个为内生变量时，要素可实现充分就业；当 $\mathrm{QF}_{f,a}$ 内生时，要素可在行业间自由流动，即不存在要素市场分割；当 $\mathrm{QF}_{f,a}$ 外生给定时，要素不能在行业间自由流动，即存在要素市场分割。具体而言，IFPRI 标准 CGE 模型的要素市场闭合包括三种情形。

(1) 要素市场分割且充分就业。要素需求和平均工资(即 $\overline{\mathrm{QF}}_{f,a}$ 和 $\overline{\mathrm{WF}}_f$)外生给定，要素供给量 QFS_f 和工资扭曲因子 $\mathrm{WFDIST}_{f,a}$ 内生给定。此时，$\overline{\mathrm{WF}}_f \cdot \mathrm{WFDIST}_{f,a}$ 灵活变动出清要素市场。

(2) 要素自由流动且充分就业。工资扭曲因子和要素供给(即 $\overline{\mathrm{WFDIST}}_{f,a}$ 和 $\overline{\mathrm{QFS}}_f$)外生给定，平均工资 WF_f 和要素需求 $\mathrm{QF}_{f,a}$ 内生给定。此时，

$WF_f \cdot \overline{WFDIST}_{f,a}$ 灵活变动出清要素市场。

(3) 要素自由流动且存在失业。要素平均价格和工资扭曲因子(即 $\overline{WF}_f$ 和 $\overline{WFDIST}_{f,a}$)外生给定，要素需求 $QF_{f,a}$ 和要素供给量 QFS_f 内生给定。每个行业在既定工资 $\overline{WF}_f \cdot \overline{WFDIST}_{f,a}$ 下自由雇佣劳动力要素 $QF_{f,a}$，而内生变量 QFS_f 记录了总就业水平。

在本章中，劳动力市场的分割体现为熟练劳动力的自由流动和非熟练劳动力的不可自由流动，所以熟练劳动力被设定为自由流动且充分就业，非熟练劳动力被设定为不可自由流动但充分就业。进一步，为了分析劳动力市场分割对关税削减的福利效应的影响，本章将考虑以下两种情景，见表 12-1。如表 12-1 所示，在基准情景中，熟练与非熟练劳动力均充分就业且自由流动，即不存在劳动力市场分割；当存在要素市场分割时，设定非熟练劳动力充分就业但不可自由流动。通过比较不同情景下政府贸易政策的影响差异，就可甄别劳动力市场分割对贸易自由化福利效应的影响。

表 12-1 劳动力市场分割情景的设置

情景	熟练劳动力	非熟练劳动力
基准情景	充分就业+自由流动	充分就业+自由流动
劳动力市场分割的情景	充分就业+自由流动	充分就业+不可自由流动

二、宏观闭合选择与经济福利度量指标

为了模拟农产品关税削减的福利效应，还需选择合适的宏观闭合规则，从而设定中国的现实宏观经济背景。在 IFPRI 标准 CGE 模型中，宏观闭合的选择包含政府闭合、外部经济闭合以及储蓄-投资闭合的设定，见表 12-2(Lofgren et al., 2002)。

表 12-2 宏观经济闭合的不同选择

政府闭合	外部经济闭合	储蓄-投资闭合
GOV-1：政府储蓄内生；直接税率固定	ROW-1：外国储蓄固定；实际汇率灵活调整	SI-1：投资数量外生固定；储蓄内生调整，且非政府机构的储蓄率按照相同比率进行调整
GOV-2：政府储蓄外生固定；直接税率内生，且直接税率的调整机制为按固定比例调整税率	ROW-2：外国储蓄内生；实际汇率固定	SI-1：投资数量外生固定；储蓄内生调整，且不同机构储蓄率的调整比率依赖于基准储蓄率
GOV-3：政府储蓄外生固定；直接税率内生，且不同机构税率变化受初始税率的影响		SI-3：投资内生决定；所有非政府机构储蓄率外生固定

续表

政府闭合	外部经济闭合	储蓄-投资闭合
		SI-4：投资与政府消费在名义总吸收中的份额固定；非政府机构的储蓄率按照相同比率进行调整
		SI-5：投资与政府消费在名义总吸收中的份额固定；不同机构储蓄率的调整比率依赖于基准储蓄率

本章试图模拟贸易政策的福利效应。根据 Lofgren 等(2002)的观点，当模拟不同政策的福利效应时，通常应选取外国储蓄、实际投资和实际政府消费外生固定的闭合。这种闭合选择体现为表 12-2 中 ROW-1、SI-1(或 SI-2)，以及政府闭合中任意选择的组合。本章将分别考虑上述宏观闭合组合的六种情景，见表 12-3。

表 12-3　宏观经济闭合的六种情景

情景	政府闭合	外部经济闭合	储蓄-投资闭合
情景 1	GOV-1	ROW-1	SI-1
情景 2	GOV-1	ROW-1	SI-2
情景 3	GOV-2	ROW-1	SI-1
情景 4	GOV-2	ROW-1	SI-2
情景 5	GOV-3	ROW-1	SI-1
情景 6	GOV-3	ROW-1	SI-2

进一步，为了度量关税削减的经济福利效应，本章采用希克斯等价变化(equivalent variation，EV)指标，定义如下：

$$\mathrm{EV}=\mathrm{ep}(p^0,U')-\mathrm{ep}(p',U') \tag{12-4}$$

式中，ep 为消费者的支出函数；p^0 为基期价格；p' 为变化后价格；U' 为价格变化后的消费者福利。EV 是以价格变化后的福利水平 U' 为基准，计算价格变化对消费者带来的支出变化。根据式(12-4)的定义，当 EV 变大时，表示消费者福利提高；反之，消费者福利下降。为了模拟关税削减的福利效应，本章假定所有农产品的进口关税均下调 50%，并模拟分析此政策冲击下不同消费者福利水平以及要素收入的变化。

三、数据描述

CGE 模型的数据基础为 SAM 表，本章采用 Diao 等(2012)提供的 2007 年中国 SAM 表。为了简化分析，本章对部分行业进行合并：煤炭开采和洗选业、石油和天然气开采业、金属矿采选业、非金属矿采选业合并为采矿业；食品制造及烟草加工业、纺织业、化学工业合并为制造业；电力、热力、燃气和水的生产与供应合并为电力、燃气及水的生产和供应业；交通运输、仓储业、邮政业以及信息传输、计算机服务和软件业合并为经营服务业；科学研究、综合技术服务、水利、环境及公共设施管理合并为公共服务业。最终，合并后的 SAM 表包含农林牧渔业(20 个子部门)，采矿业，制造业，电力、燃气及水的生产和供应业，建筑业，经营服务业和公共服务业共 26 个子部门。其中，农林牧渔业细分后的 20 个部门包括水稻、小麦、玉米、其他谷物、豆类、油料作物、棉花、糖类、蔬菜、水果、其他作物、猪肉、牛肉、羊肉、禽类、其他畜产品、林业、木材及竹材采运业、渔业，以及农林牧渔服务业。

此外，CGE 模型中的阿明顿弹性、CET、生产要素替代弹性以及加总要素与中间投入的替代弹性等参数值均参考了 Diao 等(2012)的研究结果。

第三节　农产品贸易自由化福利效应的 CGE 模拟分析

基于 IFPRI 标准 CGE 模型，模拟测算出不同宏观闭合情景下关税削减的福利效应及要素收入变化率见表 12-4、表 12-5。

表 12-4　不同宏观闭合情景下关税削减的等价变化

模拟方案	居民类型	等价变化	
		无劳动力市场分割	存在劳动力市场分割
宏观闭合情景 1	农村居民	−0.3	−17.2
	城市居民	1.7	10.3
宏观闭合情景 2	农村居民	−0.3	−16.6
	城市居民	1.7	9.7
宏观闭合情景 3	农村居民	−0.3	−17.1
	城市居民	1.7	10.2
宏观闭合情景 4	农村居民	−0.2	−16.4
	城市居民	1.6	9.5
宏观闭合情景 5	农村居民	1.1×10^{-2}	−16.2
	城市居民	1.4	9.3
宏观闭合情景 6	农村居民	6.4×10^{-2}	−15.5
	城市居民	1.3	8.6

表 12-5　不同宏观闭合情景下关税削减导致的要素收入变化率　(单位：%)

模拟方案	要素类型	要素收入变化率	
		无劳动力市场分割	存在劳动力市场分割
宏观闭合情景 1	非熟练劳动力	−0.002	−0.041
	熟练劳动力	0.003	-5.31×10^{-4}
	资本	0.004	−0.022
	土地	−0.026	−0.483
宏观闭合情景 2	非熟练劳动力	−0.002	−0.04
	熟练劳动力	0.003	-6.31×10^{-4}
	资本	0.004	−0.022
	土地	−0.026	−0.482
宏观闭合情景 3	非熟练劳动力	−0.002	−0.04
	熟练劳动力	0.003	-5.52×10^{-4}
	资本	0.004	−0.022
	土地	−0.026	−0.483
宏观闭合情景 4	非熟练劳动力	−0.002	−0.04
	熟练劳动力	0.003	-6.67×10^{-4}
	资本	0.004	−0.022
	土地	−0.026	−0.481
宏观闭合情景 5	非熟练劳动力	−0.002	−0.04
	熟练劳动力	0.003	-7.08×10^{-4}
	资本	0.004	−0.022
	土地	−0.026	−0.48
宏观闭合情景 6	非熟练劳动力	−0.002	−0.04
	熟练劳动力	0.003	-8.21×10^{-4}
	资本	0.004	−0.022
	土地	−0.026	−0.479

由表 12-4 可知，当不存在劳动力市场分割时，关税削减在所有情景下均导致城市居民福利的增加；而农村居民的福利在情景 1～4 中呈下降趋势，仅在情景 5、6 中有所增进，且福利增加的幅度仅为城市居民的 0.79%和 4.92%。当存在劳动力市场分割时，所有情景下的结果均显示，关税削减将导致城市居民福利的增进和农村居民福利的减少。换言之，对于存在劳动力市场分割的中国而言，城市居民是贸易自由化的主要受益者，农村居民的福利则可能受损。这一结论具有重要的政策含义：当存在劳动力市场分割时，降低农产品关税的贸易自由化政策会加剧中国城市和农村居民的收入分化，从而不利于缩小城乡收入差距。

表 12-5 进一步显示了关税削减对劳动力、资本、土地等要素报酬的影响。从

表 12-5 可知，当不存在劳动力市场分割时，削减农产品关税将导致非熟练劳动力与土地回报分别下降 0.002%和 0.026%，而熟练劳动力与资本回报分别增加 0.003%和 0.004%。其原因在于，削减农产品进口关税会降低进口农产品价格，从而对国内农产品价格产生负向冲击，而这会降低农业生产中非熟练劳动力与土地的回报。进一步，当存在劳动力市场分割时，削减农产品关税将导致所有要素回报的下降。这表明，非熟练劳动力的不可自由流动会造成生产效率的损失。这不仅会降低非熟练劳动力的回报，还会对熟练劳动力、资本与土地收益产生负向溢出效应。

第四节 小 结

贸易自由化影响一国福利的一个重要机制是资源配置的变化。在中国的二元经济中，劳动力市场的分割导致了资源配置的扭曲，因此，分析农产品贸易自由化的福利效应时需考虑劳动力市场分割的现状。劳动力市场分割的诱因主要包括人力资本差异、户籍制度和性别差异。

基于中国动态可计算一般均衡模型，本章引入了人力资本差异所导致的劳动力市场分割，并考察其对农产品贸易自由化福利效应的影响，主要研究结论如下：

(1) 当不存在劳动力市场分割时，农产品关税削减对城市居民福利的提升效果显著高于农村居民；但在存在市场分割的情况下，城市居民受益更大，而农村居民的福利则受到损害。这表明，劳动力市场分割是导致贸易自由化背景下收入不平等加剧的一个重要因素。这一结论与 Choi(2002)的研究具有一致性。

(2) 在没有市场分割的情况下，农产品关税削减将导致非熟练劳动力与土地的收益下降，而熟练劳动力与资本的收益增加；而在存在市场分割时，所有要素的收益均会下降。这一结论与赵自芳和史晋川(2006)、朱喜等(2011)的研究一致，表明劳动力市场分割对生产效率产生负面影响。在本章中，劳动力市场分割的负向冲击体现在生产要素回报率的下降方面。

本章的贡献在于在 CGE 模型中引入了劳动力市场分割因素，验证了其对中国农产品贸易自由化福利效应的影响。本章的政策含义如下：在中国不断提高开放型经济水平的背景下，消除劳动力市场分割是增进国民福利和缩小城乡收入差距的重要保障。本章验证了劳动力市场分割、资源配置效率与贸易自由化福利效应之间的关联性。人力资本差异导致的市场分割会扭曲资源配置，进而降低生产率；在这种情况下，农产品贸易自由化可能导致福利损失，并扩大城乡收入差距。简而言之，提升劳动者的人力资本，消除户籍制度等制度性障碍，有助于突破劳动力市场中的所有制分割、行业分割及城乡区域分割。这对于提升中国的资源配置效率和整体福利，以及缩小不同阶层的收入差距具有重要的现实意义。

第十三章　结论与研究展望

第一节　研 究 结 论

本书系统地介绍了 GAMS 软件的操作与 CGE 模型的理论与应用，内容分为三个主要部分。首先，本书提供了 GAMS 软件的基础操作指南，包括程序结构、控制符和循环语句等，帮助读者掌握必要的编程基础。其次，从理论角度出发，深入探讨了 SAM 的平衡方法，并逐步引入复杂的经济模型，涵盖了自给自足经济体与开放经济体中的消费、生产决策、中间投入品和技术进步等问题。书中还通过最新的中国统计数据，构建了宏观和细化农业部门的 SAM 表。最后，展示了 CGE 模型在粮食安全、收入分配、价格波动和贸易自由化等领域的具体应用。通过结合理论与实践，帮助读者掌握模型构建的技巧，并为政策模拟与经济研究提供方法论支持。

尽管 CGE 模型在经济研究中应用广泛，但学习和使用这一工具仍面临两个主要障碍：首先，入门门槛较高，需要扎实的经济学理论和编程技能；其次，模型的应用大多依赖现有研究，基于模型本身的创新较为稀缺。本书的目标是通过将 CGE 模型的理论构建与 GAMS 代码操作相结合，帮助提升国内学术界在 CGE 模型方面的能力。书中内容按照从基础到高级的顺序编排，使读者可以循序渐进地掌握 GAMS 的操作，并理解 CGE 模型的理论与应用。

第二章提供了 GAMS 的基本程序结构、美元控制符与循环语句等，为读者动手实践打下基础。通过实例代码与中文注释，降低了学习的难度，使初学者能够迅速理解每段代码的功能。第三章详细介绍了最小二乘法、交叉熵法与 RAS 法，突出数据准确性对模型结果的重要性，并对不同平衡方法的精度进行比较，以便读者在实践中选择合适的方法。第四章至第六章则逐步介绍了消费与生产模块，以及封闭与开放经济体的模型，引入了技术进步和中间投入品等复杂概念，通过模拟人口老龄化背景下的技术进步，展示了理论的实际应用，帮助读者更好地理解经济学原理。

在理论模块介绍的同时，书中还通过引用前面章节的内容，帮助读者理解各个模块之间的联系，形成系统性的知识网络。第七章介绍了 LSCE 平衡方法，编制了 2020 年中国宏观 SAM 表与细化农业部门的 47 部门 SAM 表。第八章至第十二章深入探讨了粮食安全、收入分配、价格波动与贸易自由化等主题，展示了 CGE

模型在这些领域的实际应用。通过这些内容，读者不仅可以掌握 CGE 模型的基本原理，还能在实际应用中获得丰富的实践经验，从而提升解决现实经济问题的能力。

此外，在 CGE 模型的应用方面，本书详细讨论了 SAM 表的编制与平衡问题，并围绕粮食安全、收入分配、价格波动以及贸易自由化等主题进行了深入研究，得出了一些重要的结论和政策建议。

1) 关于 SAM 表的编制与平衡

本书探讨了 SAM 表的编制与平衡问题。研究发现，SAM 表的数据来源复杂，包括政府统计、调查数据以及估算和预测数据等。数据定义和分类标准的差异常导致数据不一致，进而引发 SAM 表的不平衡。为了解决这一问题，常用的方法有最小二乘法、交叉熵法和 RAS 法。本书重点介绍了最小二乘交叉熵法的原理及其在 2020 年中国宏观 SAM 表编制中的应用。进一步地，基于《2020 年中国投入产出表》、《2020 年中国资金流量表》和《2020 年国际收支平衡表》构建了细化到 47 个部门的农业部门 SAM 表。针对原始数据中储蓄-投资项与其他项的不平衡，采用最小二乘法进行平衡处理。相比现有研究，本书编制的 SAM 表具备两大优势：其账户结构符合 IFPRI 的标准 CGE 模型，便于 CGE 模型的应用；此外，考虑了多部门生产单一商品和单一部门生产多种商品的情况，增强了模型的适用性。

2) 城镇化与粮食安全的研究

基于 IFPRI 标准 CGE 模型，从国内粮食产量、进口依赖度、国内粮食消费者价格和人均粮食占有量四个角度，模拟了人口老龄化和城镇化对中国粮食安全的影响。结果表明：①无论劳动力市场是否存在分割，人口老龄化和城镇化都会对粮食安全产生负面影响，表现为粮食产量下降、价格上涨、进口依赖度增加和人均粮食占有量减少；②消除劳动力市场分割可在一定程度上缓解这些负面影响，若要素替代弹性增强，劳动力市场分割与否将决定粮食产量的变化；③若劳动力市场分割存在，粮食产量将下降；若分割不存在，粮食产量反而可能增加。政策建议：为了提升城镇化进程中的粮食安全，应打破劳动力市场的分割，促进要素自由流动。

3) 技术进步与粮食安全的研究

基于 GTAP 模型，使用 CGEBox 软件模拟了要素增进型技术进步对粮食安全的影响。结果显示：①土地和非熟练劳动力增进型技术进步对农产品产量提升效果显著，尤其是作物部门；②土地增进型技术进步能普遍提高营养供给，而非熟练劳动力增进型技术进步虽能提升作物部门的营养供给，却在肉类和奶类部门减少了营养元素供给。政策建议：①技术进步是应对农村劳动力短缺和耕地有限的有效手段，应重点推广土地增进型和非熟练劳动力增进型技术进步；提高土地生产效率的措施包括套种、轮作和测土配方施肥，而提高非熟练劳动力生产效率的手段是技术培训与推广现代耕作技术；②在考虑营养供给的情况下，土地和非熟练劳动力增进型技术进步不仅能提高农产品产量，也能提升营养元素供给。因此，政策应优先发展这两类技术进步，以保障国内营养安全。

4) 技术进步与收入分配的研究

通过GTAP模型分析了人工智能在深化、广度、强度和替代弹性四个维度对要素报酬的影响，研究发现：①人工智能深化对世界范围的资本报酬有积极影响，但对劳动力报酬不利；②在中国，人工智能的深化和广度促进了资本和劳动力报酬的增长；而在美国主导的人工智能深化下，中国的要素报酬受到了负面影响。政策建议：中美在人工智能领域的竞争格局，将深刻影响中国国内的要素报酬分配。中国应争取在全球人工智能领域取得领先地位，从而提升国内的资本和劳动力报酬。为了减少人工智能对劳动力报酬的负面冲击，应推进人机协同模式，增加人工智能互补性岗位，同时加强人才培养与收入分配制度改革。

5) 随机供给冲击与价格波动

采用CGE模型模拟了劳动力和资本市场的有效性对农产品价格波动的影响。结果表明：①当要素市场有效时，农业部门的价格稳定性最强；②劳动力市场的分割导致的价格波动强度大于资本市场分割，尤其在劳动力对产出贡献显著的背景下。政策建议：促进劳动力和资本的自由流动，提升要素替代弹性，可以增强农业部门价格的系统稳定性。

6) 农产品贸易自由化的福利效应研究

通过动态CGE模型引入劳动力市场分割因素，分析了其对农产品贸易自由化福利效应的影响。研究结果显示：①无市场分割时，农产品关税削减对城市居民福利的提升效果显著高于农村居民；②有市场分割时，城市居民的福利获益更大，而农村居民的福利受到损害。劳动力市场的分割加剧了收入不平等。政策建议：消除劳动力市场的分割，尤其是通过提升人力资本和破除户籍制度等体制性障碍，可以改善资源配置效率，增进整体福利，并有效缩小城乡收入差距。

第二节　本书特色与应用研究的创新点

与国内外同类书籍相比，本书有以下几个显著特点。

(1) 理论与实践紧密结合，模块化设计引导学习。本书不仅深入探讨了CGE模型的理论，还通过大量的GAMS代码实例引导读者逐步掌握模型构建的全过程。模块化的设计使学习路径清晰，特别是在HOS模型中引入有偏技术进步和人口老龄化等前沿议题，进一步增强了对理论与实际问题的理解。

(2) 系统介绍了SAM表的构建与平衡方法。书中详细介绍了SAM表的构建及其平衡方法，涵盖了最小二乘法、交叉熵法和RAS法三种主要平衡技术，并对它们的精度进行比较。尤其是通过中国 2020 年最新数据编制的细化农业部门 SAM 表，使本书在数据处理与模型应用上更具实用性，特别适合从事农业经济与发展经济学的研究人员与政策分析师。

(3) 全面覆盖 CGE 模型在多领域的应用。本书不仅从基础到高级系统介绍了 CGE 模型的构建，还展示了其在粮食安全、收入分配、价格波动和贸易自由化等经济学核心议题中的广泛应用。尤其在人口老龄化背景下的技术进步模拟分析，以及不同经济体中贸易政策研究的应用，展示了 CGE 模型在政策模拟中的广泛适用性。

(4) 循序渐进的内容组织，适合教学与自学。本书由浅入深，内容安排适合课堂教学，也适合自学。GAMS 软件的基础操作指南、详细的代码注释和实例分析为初学者提供了清晰的学习路径，而复杂模型的引入则为有基础的研究者提供了深入探讨的机会。通过这些中文注释与丰富的实践案例，本书提供了从理论到实操的全流程指导，降低了学习难度并提升了效率。本书不仅为读者提供了 CGE 模型的系统化学习路径，也为未来经济研究中的方法创新与应用拓展提供了丰富的资源与启发。

与前人的研究相比，本书中 CGE 模型应用研究的创新之处如下：

(1) 采用 CGE 模型从供需层面探讨粮食安全，同时引入劳动力市场分割因素，分析人口结构变迁对粮食安全的动态影响。

(2) 综合考察粮食安全的多个维度，并系统性地区分农业技术进步类型，揭示技术进步路径选择的适应性影响。

(3) 在粮食安全指标中同时考虑产量和营养供给，细分农业生产要素，比较农业技术进步路径对中国粮食安全的影响。

(4) 从人工智能深化、广度、强度以及熟练与熟练劳动力替代弹性四个维度探讨人工智能的收入分配效应，揭示其对中国资本和劳动力要素报酬的影响机制。

(5) 在研究视角上，从劳动力和资本要素市场有效性角度探讨农产品价格波动的稳定性；在研究方法上，首次在 CGE 框架下引入随机供给冲击机制，增强了模拟研究的稳健性和可靠性。

(6) 在 CGE 模型中引入了劳动力市场分割因素，验证了其对中国农产品贸易自由化福利效应的影响。

第三节 研究展望

需要指出的是，随着人工智能和大数据分析技术的发展，将机器学习算法融入可计算一般均衡模型，可能成为一个有前景的研究领域。然而，这一融合面临的核心挑战是 CGE 模型的代数规划求解框架与大多数机器学习算法之间的不兼容性，尤其是除少数线性算法外，CGE 模型难以直接嵌入复杂的机器学习模型。为了有效结合 CGE 模型与机器学习算法，可以从以下三个方向进行探索。

(1) 输入环节：机器学习算法可以为 CGE 模型提供数据处理支持，例如，填补缺失的 SAM 表数据和预测未来的 SAM 表数据。此外，机器学习算法还可以从历史数据中校准外生参数，使其更加真实。

(2) 建模环节：在建模过程中，利用机器学习中的聚类算法对建模主体进行区分，有助于实现对相似主体的统一建模和对差异显著主体的差异化建模。这种区分在保证模型可求解的前提下，可以提升 CGE 模型对现实世界的拟合能力。

(3) 结果输出环节：CGE 模型的结果可以为机器学习提供数据基础，而机器学习则能够帮助生成更全面的预测情景。可以将研究问题拆分为两部分：核心部分由 CGE 模型呈现以阐释机制，剩余部分由机器学习替代，以捕捉那些因可行性问题或理论机制不明确而难以被 CGE 模型模拟的内容。这种相互反馈机制使研究既兼顾预测效果，又强调机制阐释。综上所述，机器学习能够显著提升现有 CGE 模型的拟合和预测能力。两者的互动将实现优势互补，极大地拓展 CGE 研究的广度与深度，为经济政策分析和预测提供更加丰富与精确的工具。这将是本书研究未来的重要方向。

参考文献

白军飞, 闵师, 仇焕广, 等. 2014. 人口老龄化对我国肉类消费的影响[J]. 中国软科学, (11): 17-26.
白重恩, 钱震杰, 武康平. 2008. 中国工业部门要素分配份额决定因素研究[J]. 经济研究, (8): 16-28.
蔡昉, 都阳, 王美艳. 2001. 户籍制度与劳动力市场保护[J]. 经济研究, (12): 41-49, 91.
蔡勋, 陶建平. 2017. 货币流动性是猪肉价格波动的原因吗——基于有向无环图的实证分析[J]. 农业技术经济, (3): 33-41.
曹静, 周亚林. 2018. 人工智能对经济的影响研究进展[J]. 经济学动态, (1): 103-115.
陈径天, 温思美, 陈倩儿. 2018. 农村金融发展对农业技术进步的作用——兼论农业产出增长型和成本节约型技术进步[J]. 农村经济, (11): 88-93.
陈萍, 李平. 2012. 劳动力市场的所有制分割与城乡收入差距[J]. 财经问题研究, (5): 100-107.
陈弋, Démurger S, Fournier M, 等. 2005. 中国企业的工资差异和所有制结构[J]. 世界经济文汇, (6): 11-31.
戴炜, 胡浩, 虞祎. 2014. 我国肉鸡市场价格周期性波动分析[J]. 农业技术经济, (5): 12-20.
邓峰, 丁小浩. 2012. 人力资本、劳动力市场分割与性别收入差距[J]. 社会学研究, 27(5): 24-46, 243.
翟凡, 李善同, 王直. 1996. 关税减让、国内税替代及其收入分配效应[J]. 经济研究, 31(12): 41-50.
海闻, 施建淮. 2011. 国际经济学[M]. 北京: 高等教育出版社.
郝枫, 盛卫燕. 2014. 中国要素替代弹性估计[J]. 统计研究, 31(7): 12-21.
胡雪枝, 钟甫宁. 2012. 农村人口老龄化对粮食生产的影响——基于农村固定观察点数据的分析[J]. 中国农村经济, (7): 29-39.
黄常锋. 2013a. 交叉熵方法理论上的缺陷及其改进研究——基于社会核算矩阵平衡和更新的分析[J]. 数量经济技术经济研究, 30(3): 151-161.
黄常锋. 2013b. 社会核算矩阵平衡方法研究[J]. 统计研究, 30(7): 82-88.
纪龙, 李崇光, 章胜勇. 2016. 中国蔬菜生产的空间分布及其对价格波动的影响[J]. 经济地理, 36(1): 148-155.
康志勇. 2012. 赶超行为、要素市场扭曲对中国就业的影响——来自微观企业的数据分析[J]. 中国人口科学, (1): 60-69, 112.
李坤望, 陈维涛, 王永进. 2014. 对外贸易、劳动力市场分割与中国人力资本投资[J]. 世界经济, (3): 56-79.
李路路, 朱斌, 王煜. 2016. 市场转型、劳动力市场分割与工作组织流动[J]. 中国社会科学, (9): 126-145, 208.
李录堂, 薛继亮. 2008. 人口增长、耕地变化与粮食安全分析及预测[J]. 南京师大学报(社会科学版), (5): 39-42.
李荣林, 鲁晓东. 2006. 中日韩自由贸易区的贸易流量和福利效应分析: 一个局部均衡的校准方法[J]. 数量经济技术经济研究, 23(11): 69-77.
李实, 王亚柯. 2005. 中国东西部地区企业职工收入差距的实证分析[J]. 管理世界, 21(6): 16-26.
李云森, 罗良. 2018. 贫困与农村孩子的一般认知能力发展[J]. 劳动经济研究, 6(6): 44-68.

刘景景, 孙赫. 2017. 老龄化是否影响我国农业生产? ——基于三大粮食品种的观察[J]. 西北人口, 38(1): 71-76, 84.

刘莉, 张文爱. 2017. 我国农业全要素生产率增长与空间溢出效应——基于31个省市区2000—2014年数据的实证分析[J]. 西部论坛, 27(6): 49-57.

刘亚清, 李林鹏, 吴振信. 2015. 投入产出表更新调整方法及应用研究[J]. 中国管理科学, 23(S1): 706-710.

陆菁, 刘毅群. 2016. 要素替代弹性、资本扩张与中国工业行业要素报酬份额变动[J]. 世界经济, 39(3): 118-143.

马述忠, 屈艺. 2017. 市场整合与贸易成本——基于中国粮食市场空间价格传导的新证据[J]. 农业经济问题, 38(5): 72-82, 112.

宁光杰. 2012. 自我雇佣还是成为工资获得者? ——中国农村外出劳动力的就业选择和收入差异[J]. 管理世界, 28(7): 54-66.

彭代彦, 文乐. 2016. 农村劳动力老龄化、女性化降低了粮食生产效率吗——基于随机前沿的南北方比较分析[J]. 农业技术经济, (2): 32-44.

彭佳颖, 谢锐, 赖明勇. 2016. 国际粮食价格对中国粮食价格的非对称性影响研究[J]. 资源科学, 38(5): 847-857.

彭小辉, 史清华, 朱喜. 2018. 中国粮食产量连续增长的源泉[J]. 农业经济问题, 39(1): 97-109.

乔明睿, 钱雪亚, 姚先国. 2009. 劳动力市场分割、户口与城乡就业差异[J]. 中国人口科学, (1): 32-41, 111.

陶红军. 2013. 世界主要农产品进口国进口价格弹性及关税福利损失估算[J]. 国际商务(对外经济贸易大学学报), (4): 27-40.

涂涛涛. 2011. 农产品技术贸易壁垒对中国经济影响的实证分析: 基于GTAP与China-CGE模型[J]. 国际贸易问题, (5): 88-99.

涂涛涛, 李崇光, 张玉梅. 2015. 中国谷物价格波动的传递路径解析[J]. 华中科技大学学报(社会科学版), 29(3): 53-62.

涂涛涛, 马强, 李谷成. 2017. 极端气候冲击下中国粮食安全的技术进步路径选择——基于动态CGE模型的模拟[J]. 华中农业大学学报(社会科学版), (4): 30-36, 146.

涂涛涛, 马强. 2014. 农产品贸易自由化的福利效应分析——基于中国劳动力市场分割视角[J]. 国际经贸探索, 30(9): 4-12.

涂涛涛, 马强. 2012. 社会核算矩阵平衡方法研究——最小二乘交叉熵法[J]. 数量经济技术经济研究, 29(7): 134-147.

涂涛涛, 马强. 2021. 社会核算矩阵平衡方法研究——再议最小二乘交叉熵法[J]. 数量经济技术经济研究, 38(6): 166-180.

王阿娜. 2012. 浮动汇率制下农产品价格波动分析[J]. 农业经济问题, 33(5): 95-100.

王琛, 吴敬学, 钟鑫. 2014. 中国农业技术类型对粮食综合生产能力影响的实证分析[J]. 农业现代化研究, 35(5): 513-518.

王甫勤. 2010. 人力资本、劳动力市场分割与收入分配[J]. 社会, 30(1): 109-126.

王胜, 邹恒甫. 2004. 关税、汇率与福利[J]. 世界经济, (8): 3-12, 80.

王通. 2018. 联根式流动: 中国农村人口阶层分化与社会流动的隐蔽性特征[J]. 求实, (5): 77-89, 112.

王钊, 姜松. 2013. 我国蔬菜价格变动的空间计量分析[J]. 农业技术经济, (11): 4-14.

吴愈晓. 2011. 劳动力市场分割、职业流动与城市劳动者经济地位获得的二元路径模式[J]. 中国社会科学, (1): 119-137, 222-223.
席利卿, 彭可茂, 彭开丽. 2014. 中国务农人口老龄化对粮食增产的影响分析[J]. 北京社会科学, (5): 116-123.
向晶, 钟甫宁. 2013. 人口结构变动对未来粮食需求的影响: 2010—2050[J]. 中国人口 · 资源与环境, 23(6): 117-121.
徐建玲, 查婷俊. 2014. 基于城镇化视角的省域粮食安全研究——以江苏省为例[J]. 资源科学, (11): 2353-2360.
许高峰, 王运博. 2013. 城镇化进程中中国粮食安全问题研究[J]. 中国青年政治学院学报, 32(5): 120-127.
许光, 王利荣. 2007. 中国—东盟自由贸易区 “10+1” 方案的福利效应分析[J]. 国际商务(对外经济贸易大学学报), (2): 61-65.
严善平. 2011. 中国大城市劳动力市场的结构转型——对 2003 年、2009 年上海就业调查的实证分析[J]. 管理世界, 27(9): 53-62.
颜玉华. 2011. 耕地红线是我国粮食安全生命线[J]. 调研世界, (4): 29-33.
杨静, 陈亮, 冯卓. 2017. 国际农业垄断资本对发展中国家粮食安全影响的分析——兼对保障中国粮食安全的思考[J]. 中国农村经济, (4): 75-87.
杨义武, 林万龙, 张莉琴. 2017. 农业技术进步、技术效率与粮食生产——来自中国省级面板数据的经验分析[J]. 农业技术经济, (5): 46-56.
余向华, 陈雪娟. 2012. 中国劳动力市场的户籍分割效应及其变迁——工资差异与机会差异双重视角下的实证研究[J]. 经济研究, 47(12): 97-110.
岳希明, 李实, 史泰丽. 2010. 垄断行业高收入问题探讨[J]. 中国社会科学, (3): 77-93, 221-222.
张杰, 刘元春, 郑文平. 2013. 为什么出口会抑制中国企业增加值率？——基于政府行为的考察[J]. 管理世界, 29(6): 12-27, 187.
张抗私. 2009. 社会排斥与劳动力市场分割——以性别歧视为例[J]. 财经问题研究, (5): 40-45.
张利庠, 张喜才. 2011. 外部冲击对我国农产品价格波动的影响研究——基于农业产业链视角[J]. 管理世界, (1): 71-81.
张亮亮, 张晖明. 2009. 国际油价、生物燃料与世界粮食价格上涨——危机对中国经济增长模式的启示[J]. 江淮论坛, (3): 13-20.
张欣. 2023. 可计算一般均衡模型的基本原理与编程[M]. 3 版. 上海: 格致出版社.
赵自芳, 史晋川. 2006. 中国要素市场扭曲的产业效率损失——基于 DEA 方法的实证分析[J]. 中国工业经济, (10): 40-48.
郑桂环, 汪寿阳. 2005. 关税递减的福利效应及其实证分析——CEPA 货物贸易零关税的一种验证[J]. 公共管理学报, (3): 1-6,92.
周梅芳, 刘宇, 张金珠, 等. 2020. 新冠肺炎疫情的宏观经济效应及其应对政策有效性研究[J]. 数量经济技术经济研究, 37(8): 24-41.
周曙东, 胡冰川, 吴强, 等. 2006. 中国—东盟自由贸易区的建立对区域农产品贸易的动态影响分析[J]. 管理世界, 22(10): 14-21.
朱喜, 史清华, 盖庆恩. 2011. 要素配置扭曲与农业全要素生产率[J]. 经济研究, 46(5): 86-98.
Démurger S, Fournier M, 李实, 等. 2009. 中国经济转型中城镇劳动力市场分割问题——不同部门职工工资收入差距的分析[J]. 管理世界, 25(3): 55-62, 71.

Acemoglu D. 2002. Directed technical change[J]. The Review of Economic Studies, 69(4): 781-809.

Acemoglu D, Restrepo P. 2020. Robots and jobs: Evidence from US labor markets[J]. Journal of Political Economy, 128(6): 2188-2244.

Aghion P, Jones B F, Jones C I, 2017. Artificial Intelligence and Economic Growth[M]. Cambridge: National Bureau of Economic Research.

Autor D H. 2015. Why are there still so many jobs? The history and future of workplace automation[J]. Journal of Economic Perspectives, 29(3): 3-30.

Autor D H, Levy F, Murnane R J. 2003. The skill content of recent technological change: An empirical exploration[J]. The Quarterly Journal of Economics, 118(4): 1279-1333.

Babcock B A. 2012. The impact of US biofuel policies on agricultural price levels and volatility[J]. China Agricultural Economic Review, 4(4): 407-426.

Britz W, van der Mensbrugghe D. 2018. CGEBox: A flexible, modular and extendable framework for CGE analysis in GAMS[J]. Journal of Global Economic Analysis, 3(2): 106-177.

Brynjolfsson E, McAfee A, Spence M. 2014. New world order: Labor, capital, and ideas in the power law economy[J]. Foreign Affairs, 93(4): 44-53.

Choi E K. 2002. China's WTO Accession and Income Inequality[EB/OL].[2004-07-15]. https://www.karyiuwong.com/confer/seoul02/papers/choi.pdf.

DeCanio S J. 2016. Robots and humans–complements or substitutes?[J]. Journal of Macroeconomics, 49: 280-291.

Diao X S, Zhang Y M, Chen K Z. 2012. The global recession and China's stimulus package: A general equilibrium assessment of country level impacts[J]. China Economic Review, 23(1): 1-17.

Frey C B, Osborne M A. 2017. The future of employment: How susceptible are jobs to computerisation?[J]. Technological Forecasting and Social Change, 114: 254-280.

Friedlander D. 1961. A technique for estimating a contingency table, given the marginal totals and some supplementary data[J]. Journal of the Royal Statistical Society: Series A (General), 124(3): 412-420.

Gilbert J, Tower E. 2012. Introduction to Numerical Simulation for Trade Theory and Policy[M]. Singapore: World Scientific.

Habtemariam L T, Mgeni C P, Mutabazi K D, et al. 2019. The farm income and food security implications of adopting fertilizer micro-dosing and tied-ridge technologies under semi-arid environments in central Tanzania[J]. Journal of Arid Environments, 166: 60-67.

Hémous D, Olsen M. 2022. The rise of the machines: Automation, horizontal innovation, and income inequality[J]. American Economic Journal: Macroeconomics, 14(1): 179-223.

Hicks J R. 1932. The Theory of Wages [M]. London: Palgrave Macmillan.

Iliyasu A, Mohamed Z A, Hashim M. 2015. Productivity growth, technical change and efficiency change of the Malaysian cage fish farming: An application of Malmquist Productivity Index approach[J]. Aquaculture International, 23(4): 1013-1024.

Irmen A, Klump R. 2009. Factor substitution, income distribution and growth in a generalized neoclassical model[J]. German Economic Review, 10(4): 464-479.

Jackson R, Murray A. 2004. Alternative input-output matrix updating formulations[J]. Economic

Systems Research, 16(2): 135-148.

Klump R, de La Grandville O. 2000. Economic growth and the elasticity of substitution: Two theorems and some suggestions[J]. American Economic Review, 91(1): 282-291.

Klump R, Preissler H. 2000. CES production functions and economic growth[J]. The Scandinavian Journal of Economics, 102(1): 41-56.

Lofgren H, Harris R L, Robinson S. 2002. A Standard Computable General Equilibrium (CGE) Model in GAMS[M]. Washington: International Food Policy Research Institute.

Manyika J, Chui M, Miremadi M, et al. 2017. A Future that Works: Automation, Employment and Productivity[M]. San Francisco: McKinsey Global Institute.

Marivoet W, Ulimwengu J, Sedano F. 2019. Spatial typology for targeted food and nutrition security interventions[J]. World Development, 120: 62-75.

Matuszewski T I, Pitts P R, Sawyer J A. 1964. Linear programming estimates of changes in input coefficients[J]. Canadian Journal of Economics and Political Science/Revue canadienne de economiques et science politique, 30(2): 203-210.

Ott H. 2014. Extent and possible causes of intrayear agricultural commodity price volatility[J]. Agricultural Economics, 45(2): 225-252.

Pak J. 2017. Contributing factors for protein calorie malnutrition in District Mardan[J]. Pakistan Journal of Medical Research, 56(2): 44-47.

Pan Y, Smith S C, Sulaiman M. 2018. Agricultural extension and technology adoption for food security: Evidence from Uganda[J]. American Journal of Agricultural Economics, 100(4): 1012-1031.

Robinson S, Cattaneo A, El-Said M. 1998. Estimating a social accounting matrix using cross entropy methods[R]. Washington: International Food Policy Research Institute.

Robinson S, Cattaneo A, El-Said M. 2001. Updating and estimating a social accounting matrix using cross entropy methods[J]. Economic Systems Research, 13(1): 47-64.

Saam M. 2008. Openness to trade as a determinant of the macroeconomic elasticity of substitution[J]. Journal of Macroeconomics, 30(2): 691-702.

Stiglitz J E, Korinek A. 2017. Artificial intelligence, worker-replacing technological progress and income distribution[J]. NBER Working Paper, 24174.

Traore F, Camara A, Fonton K Y. 2020. A comparative analysis of updating and balancing methods for social accounting matrices[R]. Washington: International Food Policy Research Institute.

van der Mensbrugghe D. 2018. The standard GTAP model in GAMS, version 7[J]. Journal of Global Economic Analysis, 3(1): 1-83.

Vermeulen B, Kesselhut J, Pyka A, et al. 2018. The impact of automation on employment: Just the usual structural change?[J]. Sustainability, 10(5): 1661.

Wang Z, Zhai F. 1998. Tariff reduction, tax replacement, and implications for income distribution in China[J]. Journal of Comparative Economics, 26(2): 358-387.